U0948345

INTERNATIONAL RELATIONS STUDIES NO.3.2011
《国际关系研究》2011年第3辑（总第22辑）

地缘关系与区域秩序的建构

上海社会科学院世界经济与政治研究院

时事出版社

丛书编辑委员会

目　录

地缘关系

区域秩序

上海合作组织专题

国家与区域关系

理论分析

专题探讨

书 评

Contents

The Shanghai Cooperation Organization

Nations and Regional Relations

Theoretical Analysis

Theoretical Investigation

Book Review

地缘关系

互联网时代的地缘关系新范式

蔡文之*

内容提要：网络空间代表的是一个新的地缘关系环境，网络传播革命正在造就更复杂、更独特的地缘政治问题。在全球范围内，由此催生的新的关系“结构”，不仅动摇着整个世界关键行为者的组织结构和权力基础，而且还催发出许多新的相互依赖和相互制约的关系。在此背景下，国家对自我身份的认知和定位不仅成了国家安全利益和安全观念判定及形成的关键要素，也成了构筑新的世界格局和秩序机制的源动力。2011年5月，美国政府发布的《网络空间国际战略》，可以被看作是当前地缘关系的风向标，它预示着传统的地缘战略必须要有一个新的视野和新的突破。

计算机网络的全球联网，使得全球约 200 多个国家的 20 多

* 蔡文之，上海社会科学院信息研究所副研究员。

亿用户异常紧密地联系在一起。这种联系彻底打破了物理空间上的有形界限，形成了全球性的网络空间。随着全球互联的不断强化和发展，特别是以新社交媒体为表征的网络传播革命的兴起，以前所未有的规模和形式进行交流、合作甚或参与、鼓动的故事时时刻刻在这个空间中演绎。它不仅改变了世界，而且还改变了世界变化的方式。在这场革命中，国际政治层面正在呈现出新的地缘政治特点和国际关系新范式。

一、互联网时代的地缘政治新特点

20世纪以来，地缘政治概念被不断引入国际政治领域。尽管各种地缘政治理论经过演变与不断修正，正在逐步摆脱狭隘地理因素的束缚，然而，它们所关注和立足的地理因素都是传统的物理空间。现在，随着全球互联的不断强化和发展，一个联网革命的新空间正在形成。这个集虚拟与现实于一体的网络空间在全球范围内不断扩展，并正在成为一种新的地缘政治环境，这是对传统的地缘政治概念的一次质的突破。

（一）联网革命对地缘政治关键要素的冲击

尽管人们在提及“地缘政治”这一范畴时，所指不尽相同，但地缘政治的关键要素不外乎地理空间、关系结构和政治过程。然而，互联革命所构建的新世界却以自己显著的特征和标志对传统进行了颠覆或新的诠释：（1）网络空间正在成为全球经济、政治和战争的运作环境；（2）数字融合技术日趋成熟，结果使任何形式的信息都能以数字形式表达，然后以原创者无法控制和意料不到的方式加以组合、改变和再利用；（3）计算机系统日益控制关键的社会基础设施；（4）新媒体的发展使得全球全面联系成为现实；（5）网络空间的技术结构和运行模式正在引起新的授权过程，导致权力的转移和利益的重新分配。

特别是伴随着以联网革命为标志的媒介、过程和技术的不断变革与发展，新的时空纬度和全球因素将传统的国内与国外，在场与不在场，虚拟与现实等传统概念进行了全新的诠释，并赋予了新的内涵。问题的复杂性还在于，实在与虚无、点空间和流动空间、即时和互动往往是交织在一起的。互联革命引起的各种突变已涉及到过去被视为恒量的许多问题，其中包括地缘政治的关键要素：地理距离与时空关系、权力形式与权力空间、关系结构和利益关系、政治行为和政治过程等。由此我们可以说，一个非传统的地缘政治环境平台已经凸显。

（二）网络传播革命铸就场域关系

地缘政治强调地理距离和权力之间的关系，博尔丁的“力量梯度损失”概念表达的就是实力随距离增加而削弱，距离的摩擦损耗侵蚀实力的强度。[①] 然而，“网络效应”不仅突破了传统的时空概念，而且颠覆了与之相伴的效率和价值含义。网络效应的核心意义在于：当只有少数人上网或使用移动互联时，是没有什么效应的，当越来越多的人使用网络和移动互联时，每个终端作为一个整体的价值也就提高了。今天，社会性媒介的兴起和效应已经大大超越了以地理距离构建的权力关系。

值得重视的是，“网络效应”的生成和影响领域是一个全新的社会场域。这个场域突破了时空，跨越了国界，弱化了身份和阶层，模糊了虚拟和实在，彻底颠覆了既往的在场与不在

① 陆俊元：“地缘政治规律再探”，《现代国际关系》，2006 年第 7 期。

场的地点位置，以及形成了一种新型的国际关系和社会关系……虽然布尔迪厄当初提出的“场域”概念并不是针对互联网这个大网，但其“场域”概念中包含的关于社会网络、社会要素的联结关系、行动者在网络中的位置等丰富内涵，都适合用来解释和描述网络传播行为和传播关系。因为，网络传播本质上不仅是信息的流动，而是信息承载的参与网络活动的各种行为体的共享、协商、妥协、对抗等活动，包括行动背后的观念、意志、情绪等深层次的活动，当然也承载着从宏观层面上把网络作为一个“竞争性场域”来看待的战略思想和战略谋划，甚或作为“战场”来利用的恐怖思想和恐怖行为。必须正视的是，互联革命所产生的网络效应是一个复杂的过程，其结果充满着矛盾和悖论。它可能会跨越社会各层次（地区、国家、国际），跨越各行为领域（公共、私人），在各个方向同时引发新的合作、竞争和冲突。它也可能会在某些方面削弱国家的地位，而同时在其他方面加强其地位。在近期阿拉伯世界的“茉莉花革命”、中东地区的“Twitter 革命”中，我们看到跨越国境的信息传递、组织动员和放大渲染的“网络效应”作用，以及跨地域的国外不同势力的介入、操纵和挑衅。对这种场域关系的认知正在成为国际政治的新课题。

（三）网络权力催生全球战略新范式

网络时代战略环境的最显著特征是“我们正在从以国家为中心转入到以网络为中心”，由此改变了传统的关系“结构”。这一新现实正在动摇这个世界的关键行为者的组织结构和权力基础，新型政治动员、新的社会运动以及新的传播技术正在引起主权概念的弱化和变异，催生新的授权过程、新的权力源和新的权力阶层。国家将不再是唯一的具有强大能力的国际行为者，许多跨国公司、非政府组织、恐怖组织和犯罪集团，甚至个人也能与国家抗衡。由此引出的另一个重要特征是，安全概念的变异和战略范式的突变。例如，维基解密事件对美国政府来说关乎国家利益，这些文件泄密“可能会危及美国的国家安全”。而对行动者阿桑奇们来说是为了“创造和维护真正的历史”。这个新现实吻合詹姆斯·罗森若（James Rosenau）早年所阐述的理论，即一个“无主权”、“多中心世界”中的行为者们所关注的“自治”正在与“主权化”、“以国家为中心的世界”中的行为者们所关注的“安全”以平行的方式发展着。后一个世界所对应的是传统的主权国家系统，前一个世界所对应的是非国家行为者，他们的数量、多样性和影响力正在提高。这些非国家行为者们除了全球性公司，还包括国际组织以及民间社会的支持集团。[①] 在这个范式变化过程中，旧的国际关系体制和格局正以信息为导向进行重新组合，使权力结构、政治过程等诸多方面都出现了新的跨国趋势。这一时代背景为信息战略的建立提供了一个基础和理由：在信息时代，权力、关系、安全和战略需要重新定义。在这个新时代中，信息战略已成为国家大战略的基石。

二、美国《网络空间国际战略》的标杆要义

2011年5月16日，美国政府发布了一份《网络空间国际战略》（International Strategy for Cyberspace）。文档副标题是：构

---

① Rosenau，James N.，Turbulence in World Politics：A Theory of Change and Continuity，Princeton：Princeton University Press，1990.

建一个繁荣、安全和开放的网络化世界（Prosperity, Security, and Openness in a Networked World）。这份文档既是美国网络空间安全领域的一份最新的纲领性文件，也可以被看作互联网时代地缘关系的全球新标杆。从地缘政治视角看，美国《网络空间国际战略》体现的是对近年来网络环境下国际关系新范式的一种肯定和最新诠释。

（一）以“空间”思维为主导

谁曾想到20世纪80年代由小说家威廉·吉布森（William Gibson）杜撰的用来描述虚拟空间概念的“Cyberspace”（赛博空间，网络空间）这个词汇，今天竟然成了美国国家战略中的关键词。尽管对于什么是“网络空间”，人们的认知将永远落后于现实。但在近年来美国政府发布的一系列文件中，我们还是可以看到其大致的轮廓。2008年初，在布什政府发布的第54号国家安全总统令中，网络空间是指：由信息技术基础设施构成的相互依赖的网络，包括因特网、电信网、计算机系统，以及嵌入式处理器和关键工业中的控制器。通常使用这个术语也涉及信息与人际交互的虚拟环境。其后，美国空军则声称：网络空间是一个全球域，如同陆、海、空一样，必须予以防卫。美国政府在2009年发表的《网络空间政策评估报告》，则将网络空间定义为“全球相互连接的数字信息和通信基础设施”。美国战略与国际问题研究中心在同年发表的题为《确保新总统任内网络空间安全》的研究报告，对网络空间作了形象的比喻，说网络空间既像城市广场，可以在这里讨论政治，发表演说；又像商业大街，可以在此购物、观光；也像阴暗小巷，滋生和潜藏着各种罪恶；还像秘密通道，间谍可以通过这里窃取经济和军事情报；更像看不见的战场，充满攻防厮杀。

在给网络空间定义的同时，美国政府还全面加强对网络空间战略地位的研究，与此相匹配的战略思维也不断清晰，即美国要确保在网络空间的战略威慑力。

这种空间思维的演进体现在两方面：一是战略视角的开拓；二是战略部署的整合。如 2003 年 2 月通过的《网络空间安全国家战略》是美国公布的第一份以网络空间概念出现的针对网络安全的国家战略。但当时只是被作为美国保护国家安全整体战略的一部分。此后，网络空间被作为一个安全域时时被提及，其视野或“域界”逐渐扩大。如从奥巴马上任后先后发布的《网络空间政策评估》、《网络空间可信身份标识国家战略》等战略性文件中我们可以看到，其内容与目标已从美国自身能感知的网络空间范围扩展到全球网络空间。而今年新发布的《网络空间国际战略》，则是“美国第一次针对网络空间制定的全盘计划”，正如奥巴马在序言中所称，目的是“使网络空间有一个开放、可共同使用、安全和可靠的未来”。这又引出了第二个方面，即与地缘关系有关的安全与威胁，安全与发展的关系问题。如果说第一步强调的是对传统地缘关系的被动型突破，那么现在的第二步则是对新地缘关系的主动性构建，这从《网络空间国际战略》的文件结构、思路和所强调的重点中清晰可见（见下表）。

《网络空间国际战略》摘要目录和各章强调的重点①

<table>
<tr><td colspan="2">第一章</td><td colspan="4">第二章</td><td>第三章</td><td>第四章</td></tr>
<tr><td colspan="2">制定网络空间政策</td><td colspan="4">网络空间的未来</td><td>政策重点</td><td>继续前进</td></tr>
<tr><td rowspan="3">战略手段</td><td>构建成功</td><td rowspan="3">我们的未来</td><td>开放和互通：赋予人们能力的网络空间</td><td rowspan="3">我们的角色</td><td>外交：加强伙伴关系</td><td rowspan="3">1. 经济
推动国际标准和创新的开放市场
2. 保护我们的网络
加强安全性、可靠性和恢复能力
3. 法律执行
拓展合作和加强法治
4. 军事
准备应对 21 世纪安全挑战
5. 互联网治理
推动有效和包容性的管治结构
6. 国际发展
构建能力、安全和繁荣
7. 互联网自由
确保基本自由和隐私安全</td><td rowspan="3">路线图
提供了建立在全球共识基础上的可依循的前进路线图

号召
私营机构、公民社会和终端用户共同努力

邀请
世界各国及其人民加入我们的行列</td></tr>
<tr><td>认清挑战</td><td>安全和可靠：长久生存的网络空间</td><td>防务：兼顾防御和威慑</td></tr>
<tr><td>基于原则</td><td>通过规则实现稳定</td><td>发展：确保繁荣和安全</td></tr>
<tr><td colspan="2">强调 3 个核心原则：基本自由、隐私、信息的自由流动。</td><td colspan="4">强调国家要成为网络空间中负责任的行动者；网络治理的参与者应包括所有具备资质的利益攸关者。</td><td>强调上述 7 个政策重点都是美国未来拓展外交的重点；都需要政府内部、国际伙伴和私营机构等伙伴的合作。</td><td>强调网络空间未来愿景的 4 个关键特征：开放、可共同使用、安全和可靠。</td></tr>
</table>

① 本表改编自《网络空间国际战略》摘要。http：//www.whitehouse.gov/sites/default/files/rss _ viewer/International _ Strategy _ Cyberspace _ Factsheet.pdf。

(二) 利益相关者关系被强化

报告称，“这个世界——网络空间——是一个我们每一天都要依靠的世界……（它）把我们比人类历史上任何时候都要更加紧密地联系在一起”。在空间思维明晰的基础上，利益相关者的关系问题被放到了战略高度予以构建。

在这份报告中，Like-minded（志同道合）、Countries（相关国家）、Allies（盟友）、Partners（合作伙伴）和Stakeholders（利益相关者）等关系角色的词语被反复提及，从中我们可以看到这种被强化的新关系的几个特征：

一是关系主体被强化。在此战略文件中，政府内部、各国政府、私营机构和其他各方是被重点提及的主要关系主体。文件中的其他各方主要指向民间团体、基金会或公民社会团体，希拉里在发布现场的讲话给了其他各方一个定语“与我们有同样志向的”。值得关注的是，除了目标一致志向相同的盟友，“为消除分歧，我们将努力就‘可接受行为’的内涵达成共识，同时与那些同样认为网络系统事关国家和集体利益的人们建立伙伴关系”。与此相呼应，在文件第四章简短的“继续前进”一节中我们还看到了美国政府的“邀请”。

二是利益目标被强化。综观这份文件，利益目标并不是空洞虚无的，它在超地域的全球范围内被分解成对共同愿景、挑战和威胁、共识和责任等互相递进和互为影响的几方面，从而使得利益目标变得更清晰、更具体，也更具有可实现性。

三是合作方式和领域被强化。作为第一份面向国际的互联网战略，这份报告在国际合作方面改变了美国过去的一贯立场。首先，提升了合作的战略地位，“为维系这一环境，国际协作不仅是必须的做法，而且是一项首要的原则”。其次，拓展了合作的领域，即从单纯的只停留在集中打击网络犯罪的合作，拓展到主张在外交、军事、经济信息、知识产权这些方面进行全方位的国际合作。奥巴马在序言中写道，这是美国“第一次阐述它将如何与国际伙伴共同应对全方位的网络议题”。希拉里也提到，现在“不能再继续进行零敲碎打、分散孤立的讨论”了，国际社会要“以综合协调的方式应对这些问题”。最后，细化了合作方式，包括“协调美国与国际伙伴在所有网络空间事务上进行的接触”、与“志同道合”的国家一起建立一个人们所期望的环境或者相关行为准则，以及开展多形式的对话和技术交流，加强能力建设，做好援助项目和完善论坛功能等等，最终达到共享实践成果，共同总结经验的目标。

四是保障机制被强化。文件用专门篇章强调构建网络空间各利益攸关方的责任机制。同时，为了协调相关努力，美国还专门建立了一个新的隶属于国务院负责的网际事务协调员办公室（Office of the Coordinator for Cyber Issues），由原任职于白宫和国家安全委员会（NSC）的克里斯·佩因特（Chris Painter）负责。

（三）巧权力策略的灵活运用

纵观《网络空间国际战略》，通篇透露出美国的技术强势、价值强势和观念强势。美国率先把国家战略引向国际战略的升级，其本身就基于给这场网络传播革命定调和引航的霸权思维。然而，目前在新的地缘政治中，这种思维在文件中则体现为奥巴马的巧实力战略。

一是在“互联网自由”的主题下，实现舆论掌控和观念塑造。“网络空间的变化就发生在我们眼前，我们必须影响这种变化。”“今后美国将全力推进这些政策，并会在这些政策领域继续发挥美国的领导作用。”[①] 在此处，能吸引其他国家自愿追随的力量，就是美国近年来定音的“互联网自由”版本，《网络空间国际战略》则以国际战略形式完成了上升为普世价值观的意图。早在20世纪，约瑟夫·奈就一直强调，“美国软实力的一个源泉是其价值观念，在某种程度上美国被认为是自由、人权和民主的灯塔，而其他国家则纷纷效仿”。[②] 今天，这种价值观正在向网络空间渗透。

二是在共同世界的框架内，为网络空间定原则，定规范。通过强调核心原则来体现战略意图，是柔性和聪明的举措。描绘美好的未来，强调恪守的核心原则，声明自己的角色和责任，提炼重点的行动和策略等等。鉴于此战略的跨界特质，给了“我们”的利益以更多的想象空间，也给回避对其他主权国家利益的尊重和兼顾以合适的借口，更关键的是给美国利益的最大化以名正言顺的造势平台。“我们必须首先谋求与持相近观点的国家一起，签订含义清晰的协定，并以此为出发点，扩大国际社会对网络空间行为规范的理解。”在互联网缺乏规范和原则的今天，美国的责任担当必定会等同于约瑟夫·奈描述的“软实力”。

三是在共同利益的基础上，试探网络威慑战略。这份战略报告与美国对网络安全以防御为主的一贯态度不同，此文件第一次试探性地表达了网络威慑战略。其中最强硬的一条是“如果日后美国遭遇有可能威胁国土安全的网络攻击，美国可以动用军事实力反击”。在这个战略里我们既看到了美国积极的应战姿态和强

① 希拉里·克林顿就公布《网络空间国际战略》发表讲话，美国参考，2011年5月17日。http：//iipdigital. usembassy. gov/st/chinese/texttrans/2011/05/20110517164629x0. 1508862. html＃axzz1XipIMFmL。

② Joseph S. Nye，Jr.，“The Power We must not Squander，” *New York Times*，Jan. 3，2000.

者的威慑力，同时也看到了其中蕴涵的希冀支持和合作的友善要求。“美国承诺要保护和提升数字网络为我们的社会和经济带来的利益”，对扰乱网络者美国将进行阻遏及回应，并“保留使用所有必需的外交、信息、军事和经济手段的权利，以便保护我们的国家、我们的盟国、我们的伙伴和我们的利益”。真可谓软硬兼具，既有利诱和威慑，也有号召和邀请。从中我们不难看出，国家安全战略的内涵和外延在这场传播革命中的突破或调适正在成为一种趋势。

三、新安全观与国家安全战略的调适

透过美国《网络空间国际战略》升级的现实，我们看到国家安全战略的调适正在出现与网络 2.0 的交互性特征相吻合的两大鲜明特征，即跨界整合和柔性渗透相结合。对这种战略调整，人们大多只关注其刚性的、张扬的一面，忽视了它背后为支撑这种安全战略的柔性的、缜密的、步步为营的战略思维。具体来看，就是在表面强势的背后我们看到了对“微能量”的聚合。这一新趋势或新方向，给我们从大安全观视角调适国家战略提出了一些新的启示。

（一）契合全球战略范式的变化

安全观对构建国家安全战略起着内在的决定性作用。有什么样的安全观就有什么样的国家安全战略。在网络 2.0、服务 2.0、管理 2.0 的背景下，国家战略必须超越 2.0，只有超越 2.0 战略视角的大安全观才能是一种建立在动态的“位置”视角和“关系”角度的一种对新场域的参与和把握。随着网络传播革命的演进，2.0战略视角的大安全观应相应地从传统的以层序官僚中心为基础的实力政策转向以网络中心为基础的信息战略。如，在独联体范围内一系列“颜色革命”中饱受打击的俄罗斯，对互联网问题有着敏锐而直观的认识。互联网在梅德韦杰夫治下的俄罗斯已被纳入国家深层战略领域。[①] 关注、利用并掌控好国家—国家之间，国家—社会之间正在出现的某种调和机制与过程，以及对于“公民外交”的容忍和支持，甚或展开国家和民间社会行为者之间的“深度联合”应该成为大安全观的题内之意。

（二）正视技术权力和政治权力的交融和互嵌

现实表明，由技术支撑的，由数十亿人参与的网络传播革命正在加速使世界正在成为一个各种技术和观念的比拼场。具体来说，网络环境下的信息安全涉及技术和政治安全两个维度。从技术维度看，关注的主要是技术的开发和运用，即如何利用信息技术防卫敌对政权、恐怖分子和罪犯对网络系统的攻击和破坏，以及如何利用信息技术来进行反击。当前，这个维度的最大威胁是日渐清晰的各类“网络战”。另一个维度是文化和观念，关注的是政治和文化观念的影响，即如何培育、控制和表达代表国家观念的“软权力”，并通过网络传播技术和平台进行战略性输出，以扩散自己国家的利益和价值观。我们必须看到，这一维度在Web 2.0的社会关系网络中更能显示其战略价值。近年来美国政府与互联网巨头的暧昧关系，以及在新战略中强调与私营部门的合作就是这方面的极佳诠释。而正在走近的云计算和Web 3.0人机智能的融合则可能将两个维度的战略谋划推向极致。

---

① 美国“互联网自由”是“政治神话”，文汇报，2011年3月5日。

(三) 从多元维度保卫开放式社会

在 Web 2.0 的“开放式社会”中，国家安全早已突破传统的以边界为标志的军事领域。如英国在 2010 年发布的首份《国家安全战略》中，网络安全被定义为与恐怖主义、战争、自然灾难并列的“头等威胁”。[①]《2020 年前俄罗斯国家安全战略》则明确提出“国家安全的力量和资源将集中用于政治、经济和社会领域，用于科学教育、国际、精神、信息、军事、军工、生态领域和社会安全。”[②] 虽然 20 世纪 70 年代末提出的“综合安全观”对此都有涉及，但立足于传统安全视野的改良无法涵盖和应对 2.0 甚至 3.0 环境下国家安全面临的诸多交互性、预判性、甚至突变性因素。这里我们提出，要实现“保卫开放式社会”的目标，必须借力开放式的大安全观理念。奥巴马政府提出的“实现前所未有的政府开放性”的承诺，以及全球政府对信息自由和信息公开等的制度安排实际上就是一种战略层面的谋划。

(四) 给对话、合作和互动注入新的动能

在这个逐步去中心化的多级的国际关系场域中，单个国家已无法获得自身的绝对安全，更无法应对各种带有全球性的非传统安全威胁，真正的安全只能来自制度化的国际合作，这是国家安全的全球视野。

基于此，大安全观应突破以国家为唯一主体的理念，把个人、社会、国家甚至国际都纳入多元化的安全主体体系，国家虽

---

① 唐明灯：“互联网时代，更要坚持正确价值观”，《时代周报》，2011 年 2 月 24 日。

② 张晶：“《2020 年前俄罗斯国家安全战略》及其内外政策走向”，《俄罗斯中亚东欧市场》，2010 年第 1 期。

然仍是安全的基本主体，但不再是安全的唯一主体。在这个框架下，2.0 的对话、合作和互动要素，以及新媒体的技术平台可以为传统的安全观注入新的能量。在国际层面，虽然我们绝对不能同意目前世界已经进入了新资本主义与新社会主义合流的时代，不能否认价值观念的分歧、政治制度的差异和民族利益的博弈仍然是国际关系中的基本现象，但在一段时间内意识形态的宽容和以合作发展为基调的全球秩序将会因传播革命所推动的广泛参与和“协调互动”而逐步建立。

在国家层面，穿越国境的传播革命，使得“人民”实际上正在变成超越民族—国家意识形态和政治统治的全球公民。全球化带来的国内政治国际化与国际政治国内化的现实，经常使政府处于两难困境。从长期来看，网络向政府发出的最严重的挑战并不是来自国际冲突，而是来自国内人民和网络所引起的政治、思想、文化和社会综合效应。因此，建立在对话和交流基础上的互动，不仅是建立民主和平等关系的有效途径，也是化解社会和政治危机的有效手段。作为国家安全战略来说，对话交流和互动是为了吸纳和积聚民间微力量。如 2009 年 5 月，俄联邦总统梅德韦杰夫批准了《2020 年前俄罗斯国家安全战略》，克里姆林宫新闻发布会宣布，总统签署《安全战略》是“使联邦权力机构，国家主体政权机构、组织机构和公民为保证国家安全而团结起来”，甚至明示，“为保证国家地区发展的安全，国家安全力量将促进与公民社会机构的相互作用”①。

---

① 张晶：“《2020 年前俄罗斯国家安全战略》及其内外政策走向”，《俄罗斯中亚东欧市场》，2010 年第 1 期。

国际金融危机后的日本经济

——问题与出路

孙震海*

内容提要：在国际金融危机爆发之前，日本即已进入不景气状态。它的发生和持续，是由内外复合型原因造成的。紧缩、财政失衡、人口老龄化制约经济等是日本在国内面临的突出问题。在国际上，由于新兴经济体等发展中国家在当前特定背景下可以发挥应急发动机的作用，所以日本遇到了从那里寻找经济活动新空间并扩大经济增量的机会。要使经济回到健康轨道，日本需要从国内外两个方面同时寻找出路，既要应对好危机的直接影响，又要致力于克服长期积累形成的各种矛盾。

日本经济自 2002 年 2 月开始，持续了 69 个月的经济上升周期，超过了战后最长的“伊奘诺景气”（尽管年均实际经济增长

---

* 孙震海，上海社会科学院世界经济研究所副研究员。

率高不过 2%左右，远低于“伊奘诺景气”的 11.5%)[①]。从 2008 年第二季度起，连续两个季度的负增长结束了 2002 年以来的景气过程，日本以比国际社会“领先”的步调，提前进入新的衰退过程。从这个时间先后关系来说，日本的长期景气过程，在危机爆发前即已结束。它的结束主要是由自身经济矛盾积累和结构问题造成的，而不可完全把衰退和始发于美国的危机联系在一起。但是，稍后出现的国际金融危机，又确实产生了推波助澜的作用。国际金融危机对近几年的日本经济形势和未来走势产生了严重影响，进而还影响到了日本和有关地区及国家的经济互动关系。

危机对日本经济的直接影响，主要集中在和国际经济联系比较密切的实体经济方面。从受冲击程度来看，在初期表现比较强烈，但 2009 年二、三季度即开始缓慢回复。2010 年，从经济指标本身看则更好一些，似乎危机爆发突然，影响消退也快。但是，在就业形势等尚未根本好转，自律恢复尚无坚实基础，特别是在日元汇率上升长期化等背景下，日本经济仍存在较强的向下压力。速度的反弹并不能掩盖日本经济中的一些深层次问题。表面上的顺利回复也不表示日本经济的各种结构性矛盾已经消除。所以，对于日本经济，仍需从中长期视角把握。

一、日本经济存在的问题

这些问题大多是过去遗留下来的，而不是在本次危机当中才

① 林靖：“日本出现二战后最长经济增长”，http：//www.caijing.com.cn/2006—11—23/100013441.html。

显现出来。只是受危机的影响，它们更为严峻。

(一) 紧缩

在危机爆发以后，截至2010年11月，日本的CPI指数已经连续20个月下降[①]。持续的通货紧缩状态，成为日本经济恢复的桎梏。摆脱紧缩，对于日本经济今后的健康发展，具有重要意义，并已被日本政府作为最重要经济政策目标之一加以应对。紧缩的关键原因是供求失衡。从20世纪90年代初开始，日本持续处于这种失衡之中。其规模达GDP的7%、35万亿日元以上[②]。这反映出日本经济持续处于结构性需求不足状态。尽管在2005年前后，由于出口扩大而有所缓解，但是2008年之后，受国际贸易规模急速缩小的影响，这一问题又变得更为突出。持续紧缩，是日本经济面临的长期风险。当前的紧缩主要来自于需求方面的原因，其中尤以工资水平下落影响最为关键。

(二) 日元汇率上升并持续坚挺

关于日元汇率走势，早在危机爆发之初，有人就曾有过比较准确的预测，认为日元和美元之间，将形成美元贬日元升的基本格局，并称日元汇率会在最近几年保持七、八十日元兑一美元的高位[③]。从这几年的实际情况看，这样的预测是符合实际的。当时认为国际资金由于向美国债券等市场的流入减少而导致资金剩

---

① 吴心韬："10月CPI同比降0.6% 日本暗示不扩大宽松规模"，http://www.ce.cn/macro/more/201011/29/t20101129_22004885.shtml。

② [日] 伊藤元重："2010年的日本经济"，http://www.nira.or.jp/pdf/review45.pdf。

③ [日] 白川浩道："走向消费主导型增长"，http://www.nira.or.jp/pdf/review35.pdf。

余，向欧元市场流动而被吸收掉的可能性又不大，这样，它们就必然会流向包括日元在内的亚洲货币市场。汇率的上升态势，使外需下降，进而造成设备投资和就业需求的停滞或下降。尤其是通过企业向海外转移生产，最终抑制了国内经济的恢复和增长。

（三）财政困难以及人口老龄化等问题严重

在长期赤字财政背景下，为应对危机，又需要加大政府投入，使得财政面临更大压力。日本政府债务余额对GDP的比值，2007年度约为140%，在主要的发达国家中局面最为严峻①；2014年预计公共债务将达到GDP的245%②。财政赤字的大量存在，不仅导致财政逐步失去调控经济的灵活性。同时，还产生了固化国内储蓄的后果。近年来，家庭金融资产的45%，投向了公共债务，通过信贷和股市等流向企业的，不足20%③。发行国债虽然可解决短期资金需求问题，但却会削弱社会整体的经济效率。

人口问题不仅减少了社会的劳动力供给，老龄化还给社会保障提出了一系列新问题。2005年，日本总人口开始转入下降状态。使得劳动力人口减少问题更趋深刻。人的发展机会不平衡问题也成为更为突出的问题。由于近年来就业困难，年轻人群的非正规就业规模扩大。长此以往，其中所谓成功者与不成功者的区分将被过早固定化，不利于整个劳动人群在经济发展中显现出积极的活力。

---

① ［日］内阁决策报告："日本经济的方向和战略"，http：//www.kantei.go.jp/jp/singi/keizai/kakugi/070125kettei.pdf。

② ［日］中岛厚志："日本经济的风险分析"，http：//www.nira.or.jp/pdf/review45.pdf。

③ 同上。

二、国内调整为治本之举

在国内，日本政府需要采取积极应对措施，企业也需要根据变化了的形势调整经营策略。就构筑基础而言，国内调整尤为重要。日本政府近来一直在进行恢复景气和提升经济活力的努力，并期望自己的政策能对企业产生积极的诱导作用，官民并举，以实现既定经济政策目标。

（一）摆脱紧缩局面，扩大国内需求

日本力争在2011年度实现消费者物价上升率由负转正，终结紧缩状态。为此，一方面是持续提升民间消费；另一方面是要努力争取实现物价的稳定上升。

在紧缩背景下，实际利率上升，抑制了和设备投资和住宅投资。为此需要通过保证资金供应，提升企业从事相关经营活动的能力；需要通过改革住宅税制、创设发展绿色住宅的配套政策等，扩充住宅投资。

过去，日本推动经济发展的策略，多从供给角度入手。而在当今经济形势下，应注重从提升需求能力入手，实现需求的自律恢复。要扩大内需，就必须重视占GDP近六成的个人消费。特别是要努力调动家庭储蓄资金。在主要发达国家中，家庭金融资产余额对可支配收入的比率，平均为258%，而日本却为404%，高出其他发达国家约150个百分点，绝对值大约为450万亿日元[①]。

① ［日］白川浩道："走向消费主导型增长"，http：//www.nira.or.jp/pdf/review35.pdf。

争取这部分财力转变为消费需求，对日本具有特殊意义。

（二）创新和发展相关产业、扶助中小企业

日本在创新方面面临着新的机遇：第一，通过创新实现新发展。在人口下降和老龄化背景下，创新是实现经济增长的关键。尤其是在IT、环境、纳米技术、生物技术等领域，通过持续创新和广泛的产业化，可以对经济发展产生积极推动作用。第二，鉴于危机后汽车业受到重创，日本加强了汽车业创新，从“环保”理念出发，积极开发“环保型”汽车，力图逐步形成新能源环保汽车产业链。第三，内容产业、通信购物、网上交易等在不断扩大。借助IT技术，既可以促进这些市场和相关产业的发展，又可以提升日本在相关领域的国际竞争力。第四，占日本经济七成的服务业，尤其是在服务于老龄化社会的健康与福利、以及观光、商业支持、物流与商贸等领域，日本均遇到了提升经营效率的机会。

中小企业占日本企业总数的90％以上，是日本经济的基础力量。为提升其活力，日本需要提供资金供应、研发、商业环境完善等政策和社会支持。在跨国经营上，则是积极帮助中小企业开拓国外销售渠道，支持低碳型、能创出就业机会的产业以日本为舞台开展经营活动等。

（三）体制和机制调整

主要是积极调整财政税收制度，同时也包括经营政策环境的调整。以近年编制的财政预算为例，其基本方针是：短期以恢复景气为中心，中期目标为重建财政，长期目标为实现经济增长。

在财政税收政策调整上，首先，当前的核心是为恢复景气而减税。日本拟通过降低实际法人税率和积极的税收优惠支持，优

化企业研发、设备投资和经营条件。其次，设法吸引海外企业对日投资，积极在日本开展经营活动。再次，确保社会保障所需财源，以提升全社会的经济信心。

在中长期来说，日本将引入有益于企业活力上升的"增长力强化税制"[①]，以发挥所谓日本经济的潜在能力。其中主要包括：促进投资、便于企业海外投资收益回流的税收政策；促进引入节能和新能源设备的政策；有利于基础研究和研发创新的税制；提高服务产业经营效率的税制等。

日本还在加快进行其他方面的改革或调整。主要是缓和各种规制，以创造宽松的经营环境。这是一种无需扩大政府任何经济负担的经济对策。例如，在促进贸易发展方面，积极推动手续的简便化。尤其是通过完善制度，为日资企业将在海外获得的收益汇回国内提供便利。在金融、物流等领域，也积极推动类似的交易和运营便利化政策。

三、面向世界更具现实意义

危机之后，西方发达国家市场仍然是托举日本经济的重要力量，它不仅维持着日本既有的市场空间（即使在危机之初出现了较大波动），而且还是日本货币金融资本运作和获得市场利益的主要依靠地区。但是，这个传统的需求市场和经济利益源，在危机发生之后，无法为日本经济提供尽快恢复的动力。良好的经济增长态势和市场前景的存在，就使得日本需要在继续巩固既有阵

① ［日］内阁决策报告：《2009 年编制预算的基本方针》，http：//www.kantei.go.jp/jp/kakugikettei/2008/1203housin.pdf。

地的同时，尤其注重对新兴经济体等发展中国家市场的开拓。特别是以新兴经济体为代表的亚洲国家，中等收入以上人口已达数亿人规模。这样的市场需求力量，对于日本具有重要意义。过去，日本仅仅是将它们作为通常意义上的外需市场。但是在金融危机以后，这一市场的重要性上升，具有了应急发动机的意义。基于这样的变化，日本正迅速调整经济活动的空间布局，加大在新兴经济体等发展中国家的经营力度。因为它为日本经济带来的机会，至少在目前，是其他地区所无法提供的。

概括地说，日本在国际上要努力争取的是：一方面巩固传统优势，继续保持在欧美国家实体和虚拟市场中的地位，获取相应经济利益。这是因为，虽然新兴经济体等的发展给日本带来了机会，但是如果在欧美国家市场出现大的退却，特别是一旦出现在欧美金融资本运作等虚拟市场中的退却，其损失是无法通过其他地区的收益来弥补的；另一方面，是积极通过在新兴经济体拓展实体经济活动，求得更大的市场空间，获得良好的市场营销收益和资本输出回报。

（一）加大在新兴经济体等亚洲国家的市场经营力度

当前，官民并举参加亚洲各国的基础设施建设，成为日本在亚洲地区有代表性的市场开拓活动之一。日本对一些国家核电出口、高速铁路推销、企业扩大机械设备和环境技术出口的努力，均属此类。尤其是在企业呼吁下，日本政府已开始注重公共部门和资金对民间企业海外拓展的直接支持。例如，2010 年 12 月，日本强化官办的国际协力银行机能、以公共资金为后盾支持民间企业参与海外基础设施建设。

在开拓新兴经济体市场方面，日资企业面向当地的销售规模正迅速扩大。尤其值得关注的是，无论是在日本长期拥有竞争优势的行业，还是其他行业，当地经营规模和业绩都在扩大和上升。在经营环境和手法上，过去发达国家靠低价购买资源再高价向世界市场销售产品牟取利益。但在当前这一局面不得不发生变化——日本企业面临着需要以相对较高的价格购买资源而低价在新兴经济体销售产品的局面。为此，日本不得不进行产业改组或跨国重组以适应变化了的市场。从产业方向上，日本需要致力于发展未来先导产业——做新兴经济体做不到的，通过技术或工艺的领先，保持在市场上的竞争力。

（二）政企协同，开拓海外业务

主要包括推动企业发展海外业务，推动有关领域的经营拓展，以及为企业经营活动争取有利的当地环境等。

1. 以公共力量支持中小企业发展海外业务

经过长期积累，日本的中小企业通常都握有各自专长的关键技术、以及其他特有的无形资产，这些往往是新兴经济体的企业所不具备的。如何将这些技术和能力优势转化为现实的经济效果，是日本所关注的。由于仅仅依靠中小企业自身力量开拓国际市场存在诸多困难，就需要政府发挥支持作用。主要包括针对中小企业采取必要的优惠政策、研发支持、各级地方政府对中小企业海外扩展进行协调和配合等。

2. 社会各方协同，拓展在有关领域的活动

有代表性的是，积极参与国外的低碳经济发展：通过系统研发和供给，参与国外低碳经济项目；借助贸易保险等手段降低民间企业的经营资金风险；通过公共资金背景的国际协力银行强化民间企业开展相关业务的资金能力；通过国内协作强化民间企业研发能力等。

3. 推动有关国家或地区的标准化建设，以利日本开拓市场

日本将努力争取亚洲国家支持，以便使那些被广泛使用的主要来自日本的技术规范和标准等被确立为国际化标准（基本上是环境、燃料电池、电动汽车等日本有技术优势的领域）。这种对日本有利的标准化，将对其拓展在亚洲的商业活动提供便利，尤其是有利于提高日本在相关地区的基础设施建设参与和成套促销的能力。

（三）对华经济活动呈现出新特点

过去，由于技术和经济实力的差距，中国的发展对日本的依赖程度更高一些。但是现在中日经济互动关系却可以概括为——中国是大买家，但日本已不是唯一卖家！中日经济关系从过去的不对称依赖关系演变成了一种新的不对称依赖关系，只是这个不对称的方向正好反了过来。尽管这个概括在时间上或许超前了一些，而且也并不十分严密，但是从危机后中国市场对于日本经济回复的意义来说，还是存在一定合理性的。

中国发展对于日本经济的意义，包括两部分：一个是当前，一个是中国沿海地区成为成熟的市场之后。在危机发生之初，日本关注的是中国国内需求带来的眼前利益；但是也有人在观察长期意义并提出远期对策。日本有关观察者对中国经济发展趋势和中日经济互动关系进行了分析，认为中国将逐步由世界工厂成长为重要的世界市场。特别是在沿海地区，由于中等收入人群规模的扩大，需求不仅在数量上扩张，更会对产品的品质提出更高要求。这个不断扩大的中国市场，需要有供给者去满足。日本企业由于具有雄厚的技术积累和灵活的经营能力，所以能应对这种需求。而要持续扩大在中国市场的经营活动，日本企业需要把握好进入中国市场的策略——诸如推动成套商品或服务进入中国；不

以牺牲质量为代价；既加强在中国中西部的生产类业务开拓，也提升在东部沿海地区的市场竞争力度等。

（四）推动区域经济合作机制建设

为进一步拓展国际市场，日本需要尽可能排除各种经济活动的障碍。为此，日本对贸易和投资自由化机制建设态度积极。一方面，日本重视维护 WTO 机制；另一方面，则积极推动其他各种形式的区域经济合作机制建设。

在面临国内各方不同意见、利弊并存的情况下，2010 年 11 月，在横滨 APEC 会议期间，日本宣布将与有关国家开始协商所谓“泛太平洋战略经济伙伴关系协定”（TPP），尽管对于最终是否正式加入构筑这一机制的谈判目前尚无定论。我们从中可以看出，日本在亚太地区区域经济合作上一些态度的两难。所谓的 TPP，至少在一定时期内并不具有泛区域性质。一方面，如果日本能从中获得积极的效果，当然是有意义的；另一方面，假如对 TPP 这个局部性合作的参与妨碍了来自泛区域的利益，其负作用就会更大一些。正是这种矛盾使得日本在究竟应如何迈步的问题上表现出了彷徨和犹豫。从终极目标来说，日本期望构筑起泛区域自由贸易圈，以便从地区经济的发展中获得更大机会。

双轮驱动：日本太空体制变迁与技术动力研究

袁小兵*

内容提要：太空开发承载着日本“科学技术创新立国”的重任以及政治乃至政治抱负，经过约60年的努力，日本已跻身世界太空强国之列。随着日本从“半主权国家”、“民事力量”向“正常国家”过渡以及日本“政治大国”乃至“军事大国”口号的提出和践行，日本太空探索将继续谋求突破禁区，扩展到安全和军事领域。而随着日本自身太空体制的不断完善、太空技术的不断突破，日本的自主性不断增强，日美太空关系将更加均衡。纵览日本太空发展全过程，不断调整的太空体制、一波三折的技术探索、时隐时现的美国因素，不仅深刻影响日本太空发展的进度与方向，而且在可以预见的未来继续影响日本太空事业的发展。

* 袁小兵，上海社会科学院外事处助理研究员。

一、民间与政府二元研发体制的建立(1955—1970)

二战结束后，联合国总司令部禁止日本研究生产一切航空器。朝鲜战争爆发后，联合国总司令部对日政策急变，1952 年，美日旧金山和平条约签订，美国归还日本航空航天主权，但航天技术的研究开发只能在民间进行，不能军事利用。所以日本的太空活动是从民间开始的。1954 年，东京大学生产技术研究所航空器设计工程师系川英夫教授（日本火箭之父）和十几名研究者受通产省（230 万日元）和文部省（40 万日元）的资助，成立航空技术研究班，开始研究设计航空器火箭。1955 年，航空技术研究班成功发射了日本第一枚长 23 厘米、直径 1.8 厘米、重 202 克小型火箭。

1954 年，国际科学联合会理事会在意大利的罗马召开预备会议商讨举行 IGY 活动事宜。日本政府旋即委托生产技术研究所参与此项国际合作活动，并拨款 6000 万日元开发资金给予大力支持；系川教授决定把火箭研发方向由航空改为航天，并取名为“K 系列”。同年太空开发经费正式编入日本政府财政预算（当年为 1742 万日元）。①

1955 年，东京大学生产技术研究所在秋田县道川海岸建造了日本最初的火箭发射实验场。1956 年，成功发射了具有世界

① 木原正雄『戦後日本における兵器生産とその特徴について一ロケット・ミサイル兵器の生産を中心に一』《經濟論叢》京都大学経済学会、1975 年 3 月、第 144 頁。

水平的K-1单级探空火箭。这是日本第一枚取得高度成功的探空火箭，为后来的日本探空火箭及运载火箭的发展提供了直接的技术基础。同年日本火箭协会成立，系川教授担任会长。1957年，K-4二级火箭首次发射装有有效载荷系统（宇宙线探测装置）到达50千米高度附近的平流层。

1958年，符合IGY高空物理观察标准的K-6火箭（发射到达高度为60千米）正式使用。同年10月，在阿姆斯特丹召开的第九届国际宇宙航行联合会上，日本成为国际宇宙航行联合会成员。IGY期间，拥有独立发射探空火箭能力的国家只有美国、苏联、英国和日本。日本航天火箭开发基本上从零开始，花了短短的4年，成为世界技术一流国家。

1962年，K-8-10火箭发射失败落下大量碎片，引发了附近居民的强烈反对，道川发射场被迫关闭（使用以来共试射88枚火箭），发射实验场迁移到鹿儿岛县大隈半岛内之浦，命名为“内之浦宇宙空间观测所”（USC）。内之浦宇宙空间观测所从开始使用起，一直是固体火箭的发射场，主要承担小行星探测器以及中小型科学实验卫星的发射工作。[①]

在政府方面。1955年，岸信介内阁在首相府内设置了航空技术研究所。1956年，为了促进原子能、太空等尖端科学的研究开发，科学技术厅成立。1959年科学技术厅成立太空科学振兴筹备委员会，并发表了《目前太空科学技术开发规划》，这是日本第一部国家太空发展规划。1960年，首相府设置宇宙开发审议会。1962年，科学技术厅增设航空宇宙科。1963年，航空

① 内之浦宇宙空间观测所于2006年9月23日发射完最后一颗卫星“日出号”后，由于M-V系列火箭的引退，至今为止一直没有再被使用。现在正在开发中的M-V新生代“爱普西隆”新型运载固体火箭，预定2013年6月在内之浦宇宙空间观测所发射。

宇宙科设置宇宙开发室。同时，航空技术研究所改名为航空宇宙技术研究所（NAL），归属科学技术厅。1964 年，东京大学生产技术研究所改名为宇宙航空研究所。同年 7 月，科学技术厅成立宇宙开发推进总部。[①]

宇宙航空研究所、航空宇宙技术研究所、宇宙开发推进总部、宇宙开发审议会相继成立，四者各司其职，分别负责科学探测、技术开发、技术应用、项目审议。日本国家太空体制的布局基本完成。

1957 年，苏联发射了全世界第一颗人造卫星“斯普特尼克 1 号”，同样，美国也在 1958 年发射了第一颗人造卫星“探险者 1 号”。日本国内舆论要求日本“卫星上天”呼声日益高涨。不论是否正确，世界各地的人们都会将一个国家在太空探索方面的成功等同于它的综合国力。[②] 日本政府认识到了太空成就的象征意义和由此产生的凝聚力，日本可以利用太空重新赢得世界的尊敬，抵消二战给日本带来的负面影响，确立自己的大国地位；此外，和平利用太空技术还可以间接有助于军事活动和经济发展。为此，日本制定了非常积极的太空计划：1965 年，宇宙开发推进总部发表了人造卫星 Q 计划（以固体火箭为主，1972 年之前完成高度为 1000 千米、150 千克卫星）和 N 计划（以液体火箭为主，1974 年之前完成 100 千克的地球同步卫星）。1966 年，日本宇宙开发审议会发表了《我国开发应用人造卫星长期计划建议书》，第一次明确提出了日本要有计划的独自发展人造卫星；1967 年，日本加入联合国《外太空条约》（OST）。

---

① JAWA『日本宇宙開発の歴史』，http：//spaceinfo. jaxa. jp/ja/space _ projects _ 1960. html。

② ［美］约瑟夫·A. 安吉洛著，龙志超、王欢译：《太空先锋——卫星》，上海科学技术文献出版社，2010 年版，第 14 页。

宇宙开发推进总部首先着手开发容易使卫星进入预定轨道的制导控制液体运载火箭。1964年，首枚LS-A二级液体火箭在防卫厅的新岛基地成功发射。之后，宇宙开发推进总部在新岛频繁试验发射火箭，并准备在新岛建设新的火箭发射基地。此举遭到了日本和平团体及附近居民的强烈反对，科学技术厅不得不放弃此计划，寻找别的代替基地。1965年科学技术厅决定在鹿儿岛县熊毛郡南种子町建立永久性航天器发射基地，1968年9月基地竣工，起名“种子岛宇宙中心”（TNSC）。

1968年，太空开发审议会改名为太空开发委员会，由科学技术厅厅长担任委员长，直接负责日本太空开发计划和开发资金。当时日本有两个内容相似的火箭研发机构，东京大学所属的宇宙航空研究所和官方的宇宙开发推进总部。为了避免研发内容的重复，宇宙开发委员会规定，宇宙航空研究所主要是负责太空科学领域的研究，研发火箭的直径不得大于1.4米；而宇宙开发推进总部主要是负责航天领域的开发，研发火箭的直径不得小于1.4米。

日本早期的太空开发政策是坚持独立自主，而独自开发太空技术需要大量的资金和时间。为了迅速提高太空能力赶上世界先进水平，技术引进是一条非常有效的捷径。1967年，佐藤荣作首相在美国访问期间与美国约翰逊总统发表了“关于探讨两国合作开发太空可能性”的共同声明，表示要与美国合作引进火箭技术。同时，日本政府为了加强与美国在太空领域的全面合作，准备对宇宙开发推进总部进行了重组，扩大提高其机构的规模和地位。

日美谈判持续了两年，美国国内对提供日本火箭和卫星技术是否会被军事利用一直抱有戒心，提出了许多技术转让的限制条件；同时日本国内社会民主党等一些社会团体、新闻媒体以及著名人士则掀起了反对日美军事合作的浪潮。1968 年，在美国及日本官僚的强压下，火箭之父系川教授因坚持日本应独立发展太空事业而被迫辞职，从此再也没有从事火箭的研发工作。

为了消除国际社会对日本积极发展火箭技术的疑虑，平息国内社会舆论及民众反对日本“军国主义复活”的呼声，1969 年，日本众议院通过了《关于我国宇宙开发利用的基本原则》决议、参议院通过了《日本宇宙开发事业团法》，这两个法律都添加了“日本太空开发限于和平目的”条款。

对“日本太空开发限于和平目的”的定义，1966 年日本国会在审议是否批准国际公约《外太空条约》时[①]，科学技术厅厅长代表政府对条约中“和平目的”条款的解释是：“日本对于太空开发的和平利用和核能的和平利用一样，只能是‘非军事’”[②]。同样，参议院在表决《日本宇宙开发事业团法》会上，参与制定《关于我国太空开发利用的基本原则》的众议员石川次夫说明：“国际上对和平利用有二种解释，一种是‘非侵略’，另一种是‘非军事’，我们的解释非常清楚，就是‘非军事’、‘非核’”。[③] 可以明确地说，日本政府当时对于“日本太空开发限于和平目的”的定义，就是非军事。

从 1960 年初开始，日本向南斯拉夫、印度尼西亚等国家出口其独立开发的固体火箭，并把出口火箭作为日本太空外交的重

---

① 包括美国、俄罗斯、中国在内的 96 个国家加入了《外太空条约》，这部条约被看作是关于外层空间的国际宪法。根据条约，太空开发须用于“和平目的”，这个词是全文中最模糊不清的，不同的条约签署国为此有不同的解释。

② 参議院内閣委員会会議録第 14 号、1968 年 4 月 25 日、第 27 頁。

③ 参議院科学技術振興対策特別委員会会議録第 7 号、1969 年 5 月 15 日、第 2 頁。

要手段。[1] 由于固体火箭与弹道导弹在技术上只隔着一层纸，因此，为了阻止日本火箭技术的世界性扩散，美国提出向日本提供液体火箭核心技术，作为交换，日本放弃出口固体火箭。佐藤内阁认为这一条件符合日本的国家利益，最终同意；1969 年，美国与日本签署了“美国与日本关于太空开发合作交换公文”协定。[2]

1969 年，日本宇宙开发事业团（NASDA）成立，原宇宙开发推进总部机构被取消。NASDA 由日本科学技术厅、邮政省、运输省主管。注册资本 4000 万美元，研究人员 151 名。

民间的宇宙航空研究所继续独自开发固体运载火箭。继“K 系列”后，“L 系列”、“M 系列”的研发相继进行；1963 年 L-2-1、1964 年 L-3-1 相继成功发射，高度达到了 1000 千米。1966 年，宇宙航空研究所第一次正式发射 L-4S 观测卫星，结果失败；之后连续试射三次又都全部失败。1970 年 2 月 11 日，第五次发射终于获得成功，日本成为世界上继美国、苏联和英国后第四个实现上天梦想的国家。为了纪念这颗具有划时代意义的人造卫星，日本把这它取名为“大隅”（发射基地的地名）。

二、官僚主导的研发导向型体制，发展与挫折(1971—2003)

NASDA 成立后，在美国的压力下放弃了 Q 计划，全面实行

① 衆議院科学技術振興対策特別委員会議録第 6 号、1964 年 2 月 26 日、第 12 頁。

② 青木節子『宇宙探查の意義』宇宙開発と国益を考える研究会、2008 年 3 月、第 25 頁。

N 计划（开发“N 系列”火箭），从美国引入液体技术，加紧实施应用卫星的开发。N 计划是日本引进美国的“雷神—德尔塔”液体火箭技术[①]，制造大型液体系列火箭。这一系列包括两个型号，N-1 型和 N-2 型，日本引进美国火箭技术后进行仿制和改进，导致“N 系列”火箭的部分技术超过“雷神—德尔塔”同类水平，与美国形成竞争关系。20 世纪 70 年代，美国在太空无可匹敌的军事优势越来越受到挑战，新力量的崛起，对美国能力形成竞争和反制，这些趋势令美国不安，美国开始实施技术管制，控制所有具有潜在军事价值的技术，包括向日本出口火箭尖端技术。[②] 美国对美日太空合作持矛盾心理：一方面，太空合作可以成为美日同盟建设（特别是冷战时期）的工具；另一方面，美国又担心对日本过分慷慨，即不能从太空研发合作中获得有效的“投资回报”。[③]

为了购买美国技术，日本不得不和既严厉又含糊的规定和执行这些规定的美国官僚打交道，不仅费时费力，而且效率低下。1969 年的美日“关于日本与美国关于太空开发合作交换公文”协定规定：“进口美国制造的零部件，日方要保证设备和知识不向第三方转移”。也就是禁止日本出口火箭和卫星。阻止技术传播和封存技术已经被人们看作是美国阻扰其他国家发展的行为模

---

① 从 1969 年到 1978 年间，雷神—德尔塔液体火箭是美国使用最多、最安全的火箭，在十年里发射了 85 次，成功率达到 92%，是当时全世界最高的。

② 出口管理法案（EAA）诞生于冷战时期的 1949 年，1979 年稍作改动。目的是保护美国核心优势，避免敏感技术落入苏联等敌对国家之手。这项法案于 2001 年终止。但苛刻的双重用途（军民两用）出口控制制度仍以处理非常情况为基础，在法律授权下（International Emergency Economic Powers Act）沿用。

③ Kurt M. Campbell，Christian Beckner et al，U. S. -Japan Space Policy：A Framework for 21st Century Cooperation，*CSIS*，July 2003，p. 4.

式之一。[①]

1978年，日本宇宙开发委员会颁布了未来15年日本太空探索规划的“宇宙开发政策大纲”，提出了火箭技术的国产化和发展商用卫星的目标；具体计划是要研制“H系列”火箭。“H系列”也有两个型号，H-1型和H-2型。独立自主的开发火箭一直是日本追求成为航天大国的努力目标，火箭技术的国产化率从N-1的53%提高到H-1的98%。尽管H-1火箭具有发射能力强、安全系数高的特点，但由于它含有美国技术，因此，日本在国际发射市场的竞争中仍然受到限制。为满足日本航天工业的需要，增强日本在太空上的国际竞争力，1984年日本开始研制全国产的H-2运载火箭，1994年，经过10年的艰苦努力，H-2终于发射成功。H-2运载火箭是日本完全独自开发和生产的、世界上首枚两级都使用液氢液氧燃料的液体火箭，和当时欧洲的“阿丽亚娜-3”、美国的“大力神-3”、俄罗斯的“质子-M”并驾齐驱。[②]它的投入使用，使日本火箭的运载能力又提高到一个新的水平。

与此同时，宇宙航空研究所在太空科学探测领域也获得了傲人成果。1970年第一次成功发射人造卫星以后，又相继开发了“M系列”的固体火箭M-4S、M-3C、M-3H、M-3S、M-3S-2，在24年里共计发射了21颗科学观测卫星。1981年，东京大学宇宙航空研究所改名为宇宙科学研究所（ISAS），由文部省直接管辖，并对日本所有的大学开放。长期以来，ISAS一直以发展中小规模的科学卫星为主，并保持了年均发射1颗的频率，取得

① ［美］J.J.弗里泽著，叶海林等译：《空间战争》，国际文化出版公司，2008年版，第61页。

② 五代富文『国産ロケット「H-II」宇宙への挑戦』徳間書店、1994年4月30日、第43頁。

了长足进展。1990 年，为了实现对月球、火星、金星等遥远星球的探测，日本宇宙开发委员会发布了《发展空间探测和技术研发计划》，计划的重点是深空探测。为此，日本宇宙开发委员会取消了 ISAS 开发火箭直径不得大于 1.4 米的禁令，ISAS 开始着手研发大型 M-V 固体火箭技术。M-V 是直径为 2.51m 的世界最大级别的三级固体火箭，具有将约 1.8 吨的卫星发射到近地轨道的能力，主要用于发射以科学探索为目的的卫星（1997—2006）。

1998 年，第一枚 M-V 火箭把日本第一颗天文卫星“遥远号”发射上天，应用甚长基线干涉测量技术对远距离异常天体进行观测。第二枚卫星由于发动机故障未能进入预定轨道，第三枚把对火星大气上层构造进行科学探测的“希望号”送抵环火星轨道，“希望号”火星勘测轨道飞行器是当时全球最大的火星探测飞船，它装载了不少新型科学仪器，探测火星水资源和生命线索并为未来的火星探测使命寻找合适的登陆点。2003 年，M-V 火箭运送小行星探测器“隼鸟号”至近地小行星“系川”①，进行采样和试验返回技术，2010 年“隼鸟号”顺利返回，带回了小行星上的岩土试样，这是人类的探测器首次往返于地球和月球之外的天体。“H-2”系列和“M 系列”连续成功上天，日本宣布其航天技术和太空科学已经进入世界一流水平。

20 世纪 80 年代中期开始，日美贸易摩擦不断加剧，1989 年，美国商务部公布对日本人造卫星启动“超级 301 条款”。同年，日美贸易委员会开始进行谈判，1991 年双方达成签署了“日美卫星采购协议”。协议规定：“日本政府和 NTT 等机构购买卫星，除了研究用以外的必须在国际市场上公开招标，NAS-

① 以日本导弹之父系川英夫命名的小行星。

DA 只能开发以新技术试验为目的的科研卫星。”[①] 冷战时期制权思想主导了美国太空政治。这一思想认为，每一个环境——大气层、陆地、海洋——都发生过冲突，太空也将一样。太空是一个与大气层、陆地和海洋一样的环境。所谓“卧榻之侧岂容他人酣睡”，美国维持全球霸权的太空控制政策注定将遏制日本太空事业发展。

此后几年，日本卫星发射失败接踵而来。1993 年，地球资源卫星“芙蓉 1 号”上的短波红外遥感器由于致冷器故障导致其功能失灵。1994 年，H-2 火箭第二次发射，将卫星“菊花 6 号”送入大椭圆地球同步转移轨道，但是因卫星上的双组元远地点发动机故障而未进入预定的地球静止轨道。1995 年，高超音速飞行试验器（HYFLEX）在海上回收失败。1996 年，先进地球观测卫星“翠绿号”在发射入轨 10 个月后由于太阳电池阵故障而失去工作能力。1998 年，H-2-5 火箭由于第二级发动机燃烧室发生故障，未能把通信广播技术卫星“桥梁”送入预定的地球同步转移轨道。1999 年，H-2-8 火箭在发射一颗多功能运输卫星时，第一级 LE-7A 发动机的燃烧室提前 107 秒突然停止燃烧，制导控制系统失灵，首次人为引爆炸毁卫星。2000 年，宇宙科学研究所发射 X 线天文卫星（ASTRO-E）再次失败。

日本航天计划失败的原因总括起来有制度和技术缺陷两方面原因。长期以来，日本太空政策是由科学技术厅主导的；科学技术厅的性质决定了日本太空政策偏向新技术的研发，因为日本是以科技立国为国策的国家，只有专注于研发新技术，才能得到政府巨额的财政支持。而文部省管辖的宇宙科学研究所只是从事宇

① 社团法人日本航空宇宙工業会『日本の航空宇宙工業50年の歩み』、2003 年 5 月、第 179—180 頁。

宙科学的研究，因此大量的资金投入在技术开发上，忽视了应用的重要性。[①]

其次，美日采购协议迫使日本专注于科技研发领域。该协议对日本的卫星产业造成了巨大的损害，因为其产业竞争力要远远落后于美国，而且事实上，自协议以后，日本几乎所有的非科研用卫星都是从美国采购的。[②]

再次，日本火箭单项技术水平非常先进，其发动机、箭体结构、电子设备等在当时均为世界最高水平，但由于过于追求单项技术先进性，致使系统过于复杂，安全性难以提高，成本居高不下。这在一定程度上与日本航天产业缺乏国家职能机构统一管理有关，各产业集团按照各自的利益相对独立进行发展，导致了研制过程的曲折。[③]

战后，日本的行政官僚主导型政治体制取得了辉煌的成绩，官僚出色的指导、管理能力被认为是日本经济发展的主要原因。20 世纪 90 年代初泡沫经济崩溃后，日本经济经历了长达 10 年的衰退，讨论其原因，官僚主导型被大多数人认为是罪魁祸首。其理由是在官僚主政的日本政治中，日本的决策机制是由下而上的，因此政治意志没有反映在整个政策的决断中，官僚们往往为了一已部门的私利而不顾国家的整体大局和根本利益。

---

① 自由民主党政務調査会/宇宙開発特別委員会『新たな宇宙開発利用制度の構築に向けて』自由民主党政務調査会/宇宙開発特別委員会・中間報告、2006 年 4 月、第 13 頁。

② 韩晓峰："转型中的日本太空政策"，《国际资料信息》，2008 年第 9 期，第 21 页。

③ 李东、孙来燕："日本 H-2A 火箭对我国火箭技术发展的启示"，《中国航天》，2009 年第 4 期，第 3—7 页。

三、国家基本法、基本战略、基本计划、一元体制的确立（2004—至今）

2001年，日本政府实施了史上最大规模的行政体制改革，中央省厅由原来的1府22省厅减为1府12省厅。内阁府新设综合科学技术会议，负责制订国家科学技术政策，协调各省厅独自的科学技术的研发和政策规划的实施。综合科学技术会议下设宇宙开发利用专门调查会，接管原宇宙开发委员会的工作，而宇宙开发委员会归属由文部省和科学技术厅合并成立的文部科学省管辖，工作职能调整为审议评估宇宙开发事业团的项目。另外，宇宙科学研究所、航空宇宙技术研究所、宇宙开发事业团统一归文部科学省领导。为了整合国家资源、实现优势互补，进一步提高太空研发的合理性和有效性，2003年，以上三机构合并成立宇宙航空研究开发机构（JAXA），太空体制由原来的“政出多头”变为一元化领导。

2002年，宇宙开发委员会发表了《我国宇宙开发应用的目标和方向性》报告，提出了太空开发利用三大目标：（1）确保国家和国民的安全；（2）提高国民的生活水平；（3）扩大知识产权。报告首次提出了安全问题，并把它作为重要课题和主要目标。[①]

2004年，综合科学技术会议颁布了《我国宇宙开发利用的

① http://www.mext.go.jp/b_menu/shingi/uchuu/gijiroku/h20/gx/08042524/002/001.htm。

基本战略》规划。规划阐述了太空开发作为国家战略技术的重要性和太空利用对于国家的综合安全保障的贡献。并表示为了确保日本国际强国的地位，维持独自拥有发射人造卫星和制造太空运输系统能力是日本太空开发利用的基本方针。规划制订了实施日本发展航天事业的两大战略：横向推进战略和各领域推进战略的具体措施。横向推进战略分五大部分：(1) 基础技术和重点化战略。(2) 安全保障和危机管理。(3) 产业化的推进。(4) 国际合作的多元化。(5) 激励研究基金的充分利用。各领域推进战略分六大部分。(1) 卫星系统。(2) 运载系统。(3) 太空科学研究。(4) 国际空间站。(5) 基础研究。(6) 基础研发的方向。[①]

2005 年，河村建夫众议员从文部科学省卸任后，在自民党内部成立了一个名为“国家宇宙战略立案委员会”，呼吁政府制定国家太空法和国家太空开发战略，并对现行的太空研发体制进行改革。在河村建夫的推动下，自民党成立太空开发特别委员会，组织起草了“建立新的太空开发体制——和平国家日本的太空政策”报告。该报告认为，日本政府现行的政策已不适合当今太空的发展，政府各部门制定的太空政策分散凌乱相互矛盾，财政预算重复浪费，导致了日本太空开发远远落后于他国；建议制定新的国家太空战略和开发计划以及领导机构；并提出取消 1969 年确定的太空开发“非军事原则”，实行“非侵略原则”，即只要是防御性的军事开发应用，都属于和平范畴。2007 年，自民党和公明党联合成立“《宇宙基本法》项目小组”，推动该法案在国会的通过；2008 年，日本众参两院分别批准了《宇宙基本法》。

《宇宙基本法》是日本第一部国家太空法，它从法律上确认

① http：//www8. cao. go. jp/cstp/output/iken040909 _ 1. pdf。

了日本太空体制是以政治为主导的应用导向型一元体制，并把太空开发定位为国家战略。《宇宙基本法》共分五章三十五条及附则，第一章，总则。第二章，基本政策。第三章，宇宙基本计划。第四章，宇宙开发战略总部。第五章、宇宙活动的法制建设。[①]

《宇宙基本法》第三条规定：“宇宙的开发利用，必须以提高国民生活水平、形成安全且安心生活的社会、消除灾害、贫困及其他对人类生存和生活的各种威胁、确保国际社会的和平与安全并促进日本的安全保障环境为目标。”这一规定确认了日本对于和平利用开发太空的原则是“非侵略”，解除了先前“非军事”的限制。

根据《宇宙基本法》第四章，日本成立了“宇宙开发战略总部”，首相任总部长，内阁官房长官和宇宙开发大臣任副部长，成员由政府部门所有省厅的大臣组成。宇宙开发战略总部下设事务局和专业审查委员会，事务局局长由内阁官房副大臣担任，副局长由内阁官房分别负责内政、外政和安全保障的三名副大臣助理担任；成员由政府部门所有省厅的相关局长组成。专业审查委员会由航天界经验丰富的专业人士组成，成员由首相直接任命。宇宙开发战略总部是日本太空开发战略政策制定的总司令部。至此，日本形成了宇宙开发战略总部决策、文部科学省管理、JAXA具体实施的真正意义上的国家对太空探索的统一领导格局。[②]

2009年，宇宙开发战略总部发表了《宇宙基本计划》。该

---

① http：//stage. tksc. jaxa. jp/spacelaw/country/japan/date/a _ japan _ uchu _ kihonhou. pdf.

② 王存恩：“对日本新‘航天基本法’颁布后的航天政策与计划解读”，《国际太空》，2009年12月号，第28—37页。

计划由宇宙基本计划的定位、宇宙开发应用的基本方针、四部分组成，是根据国家太空战略需要，以太空开发领域未来10年的发展为视野，对2015年前日本的太空开发应用而制定的综合规划。

《宇宙基本计划》为日本有计划地推进太空开发确定了6个努力方向：（1）安心、安全的富裕社会。（2）强化安全保障。（3）推进太空外交。（4）进行尖端技术研发创造有活力的未来。（5）培育21世纪的战略产业。（6）太空环境保护。为了实现以上目标，《宇宙基本计划》具体制定了逐步建成5个应用卫星系统和完成4个研究项目的计划。《太空基本计划》的出台，标志着日本国家太空战略的正式形成，并将过去以研究开发为主导政策导向转为重视安全保障、产业振兴等领域的太空活动。安全保障成为日本太空开发的首要目的，它的经费占全太空开发预算的50%。①

1998年朝鲜大浦洞一导弹飞越日本海之后，日本对依赖于从美国获取情报卫星图像感到不满，为此决定自主开发“情报搜集卫星系统”，提高侦察的自主性和灵活性。2003年“光学1号”和“雷达1号”、2006年“光学2号”、2007年“雷达2号”、2009年“光学3号”相继升空，最大分辨率为0.4米，②初步形成日本独自的太空侦察系统。日本将在2011年发射“光学4号”和“雷达3号”、2012年“雷达4号”、2014年“光学5号”和“雷达5号”上天，届时将覆盖整个亚太地区。

在组建太空预警系统方面，根据《宇宙基本计划》提出的研

① 宇宙開発戦略本部、宇宙開発戦略専門調査会『第10回会合議事要旨』、2010年12月20日、第3頁。

② 吉井英勝『宇宙政策の政府見解に関する質問主意書』平成十九年六月二十九日提出、質問第四三五号、第3頁。

究开发早期警戒卫星的要求，2009年末，日本防卫省在发表的“新防卫计划大纲”和“新中期防卫力量发展计划”中，也提出了要对开发早期警戒卫星进行充分的研究。

在军民两用的导航卫星系统方面，日本也在致力于发展自己的“准天顶”卫星系统，这是一个兼具导航定位、移动通信和广播功能的区域导航定位系统，为美国的全球卫星导航系统GPS提供辅助功能，提高导航定位信号接收的质量和精度。[①] 2010年，发射了首颗定位卫星“引路号”，另外两颗卫星也将在2015年之前陆续发射。

20世纪70年代，日本开始讨论研发载人飞船，但由于载人航天需要庞大的资金和绝对的安全，日本迟迟没有发展独自的载人航天技术，载人航天计划一直被搁置。2003年中国的“神舟”飞船成功发射震动了日本朝野，时任日本首相小泉纯一郎宣布，日本将重新审视在航天开发领域政策上的“基本构架”，尽早启动载人航天计划。2005年，宇宙航空研究开发机构公布了《2005～2025年JAXA长期规划》，将载人航天列为重点研发项目，计划在20年内，完成可独自载人的航天飞船。20世纪末，日本开始研发货运飞船（HTV）。2009年，第一艘耗资6.8亿美元的HTV“白鹳1号”成功将货物运送至国际空间站，并携带空间站的废弃物质返回，这些废物在飞船再入大气层时和飞船一起焚毁。2011年，“白鹳2号”再次携带5.3吨的货物前往空间站完成对接工作。HTV计划进行7次飞行，每年一次。美国航天飞机退役之后，HTV成为唯一可以运送大型太空设备的飞船。

① 宇宙開発利用専門調査会『我が国における衛星測位システムのあり方について』、2004年1月16日。

日本对月球探索的兴趣由来已久，但是在过去几十年中，由于在资金、技术、研究活动统筹方面出现的问题，日本的探月计划始终未能顺利实施。1990 年，日本 M-3S-2 火箭发射“飞天号”月球探测器成功进入预定轨道，可惜该探测器没有从月球轨道上发回数据，但这是第一次由美苏之外的国家发射的月球探测器。1994 年，日本宇宙开发委员会颁布了《宇宙开发长期规划》，把登月定为日本太空开发的中心工作，并制定了“SELENE 探月计划”，该探月计划在很大程度上是试探性的。2007 年，日本第一颗绕月探测卫星“辉夜姬”（SELENE-1）由 H-2A 运载火箭顺利发射升空并进入绕月轨道。2009 年，“辉夜姬”在成功结束月球观测任务后有意撞向了月面，这标志着日本的深空探测又迈上了一个新台阶，正式开启了自美国“阿波罗计划”以来世界上技术最复杂、规模最大的探月计划。日本将在 2012 年发射“辉夜姬 2 号”登陆月球，进行探测活动。

结 语

太空开发是日本“科学技术创新立国”国策的重要组成部分，也是日本国家重要发展战略之一，迄今为止日本已成功研制出 K、L、M、J、N、H 等 6 个系列 12 种运载火箭，发射了 114 颗卫星，已经成为世界一流的太空强国。日本在航天技术综合实力仅次美国、俄罗斯居世界第三，在太空科学探测领域居世界第一。同样，科学技术具有政治意义，它被认为是政治实力的象征。太空科学代表着人类最尖端技术，它与日本在世界上的地位相关，太空强国可以提升日本在国际上的政治地位，提高日本在地区乃至全球事务上的话语权，这是一种新的地缘政治模式。

虽然日本在太空采取行动已逾 50 年，日本仍然缺乏一个全面的太空战略和统一的规划。日本能否从通过国家的政治决断从根本上解决体制和财政上的问题，对日本太空事业的发展起着至关重要的作用。

美国实施第三轮量化宽松政策的背景、可能性及其影响

崔大沪*

内容提要：为抗御严重的金融危机，美国除了维持零至0.25%的历史最低利率外，还相继推出两轮量化宽松政策（QE1及QE2）。目前，正当美国经济复苏乏力，失业高企、可能会陷入二次衰退的困境之际，是否会再次推出第三轮量化宽松政策（QE3），这已成为当前美国及世界经济的争议焦点。本文旨在对实施QE3的背景、可能性及其对美国和世界经济的影响进行分析。

* 崔大沪，上海社会科学院世界经济研究所研究员。

一、美国第三轮量化宽松政策(QE3)实施的背景及可能性

(一) 美国实施第三轮量化宽松政策(QE3)的背景

量化宽松是一货币政策，由中央银行通过公开市场操作以提高货币供应，可视之为“人为地”创造出指定金额的货币，也被简化地形容为间接增印钞票。其操作是中央银行通过公开市场操作购入证券等，增加银行在央行开设的结算户口内的资金，从而为银行体系注入新的流通性。

2008 年 9 月雷曼兄弟倒闭后，为抗御严重的金融危机，美国随后推出首轮量化宽松政策（QE1），以避免美国房地产市场的进一步衰退和美国经济及金融体系陷入大萧条。在短短的 3 个月中，美联储就创造了超过一万亿美元的储备，主要是通过将储备贷给它们的附属机构，然后通过直接购买抵押贷款来支持证券金融。

一年多后，当全球金融危机有所缓解，为防止流动性泛滥导致通胀上升，包括中国在内的其他国家相继退出危机时采取的刺激经济政策，然而美联储主席伯南克却一意孤行，在 2010 年 11 月 3 日宣布实施第二轮量化宽松政策（QE2），维持对到期证券回笼资金再投资的相关措施，并在此基础上于 2011 年 6 月底前购买 6000 亿美元的美国国债，以进一步刺激美国经济复苏。

与金融危机时以救市为目的的 QE1 相比，美联储的 QE2 则受到了国际社会、特别是新兴市场国家的批评，称其是损人利已政策，原因之一是它配合美国政府新一轮的财政刺激计划，促进美国经济的增长和就业；原因之二是通过货币的扩张，刺激美国

金融资产价格的回升，改善美国的资产负债状况；原因之三是通过宽松的货币政策让美元继续贬值，为美国出口增长计划服务。

由于QE2通过大肆印钞，使美元贬值，促进美国出口，并最终制造通胀，造成全球性的流动性泛滥，资本大规模涌入新兴市场，从而加剧新兴市场国家经济过热和资产泡沫的风险。2011年6月底，因期限到期，美联储宣布结束第二轮量化宽松货币政策（QE2），伯南克在为其QE2政策辩护时认为从股票市场，到经济增长，再到就业，量化宽松政策的确改善了美国经济。

然而美国经济发展的现状却并非如伯南克宣称的那么乐观。美国经济形势持续低迷，无论是GDP、失业率、房价以及银行倒闭数量都显示美国经济增长步伐蹒跚。2011年一季度，美国经济增幅为1.75%，远低于市场的预期和2010年四季度3.1%的增幅；一季度失业率在9%以下短暂停留后，5月再次回升到9.1%。2011年第二季度经济数据更加糟糕，首先是GDP增长只有1.3%，大幅低于市场预期的1.8%，经济增速放缓的迹象非常明显。以这样的数据来推断，美国GDP全年增长很可能低于市场预期的2.5%/2%或低于2%的增速可能性更大一些。

其次，是失业率居高不下。美国就业市场的恢复情况曾一度十分良好，但失业率从2011年4月份开始回升，目前又回到了9.%以上的高位，就业市场想要在下半年大幅改善的可能性较小。

第三，是居民消费不振。数据显示近来其增速出现大幅下降，从2010年第四季度的3.6%和2011年第一季度的2.1%直至下降到二季度的0.1%。居民消费是个极为重要的指标，因为它不仅在美国经济中的占比最大，而且它是自2009年第三季度美国经济复苏以来的主要动力。目前出现的居民消费不振则表示经济复苏已显疲软。

此外，美国行业研究机构世界大型企业联合会发布的数据显示，2011 年 8 月份美国消费者信心指数从前一个月修正后的 59.2 降至 44.5，为 2009 年 4 月以来的最低水平，同时这也是该指数 2008 年 10 月以来的最大单月降幅。

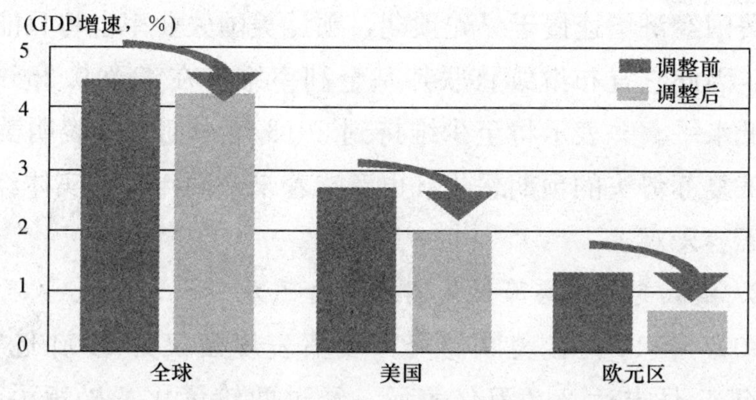

IMF 下调 2012 年经济增长预期

面对美国经济的现实，美联储主席伯南克不得不认错，在 2011 年 7 月 13 日的发言中他认为经济疲软持续时间将比预期更长，通货紧缩风险可能重新出现，表明有采取新政策支持的必要。

（二）美国第三轮量化宽松政策（QE3）实施的可能性

如上所述，QE2 的执行，并没有达到美联储的预期目标。随着美国经济再次陷入低迷，加上美国债务风险的大幅上升，在利率几乎为零的状态下，美国政府的政策选择捉襟见肘。为提振低迷的经济，保证到期国债偿付、维持较低的债券利率、不排除美联储推出第三轮量化宽松货币政策（QE3）的可能性，继续增加收购美国政府债券，向疲弱的经济注入更多流动性，以刺激经济复苏。

1. 延续超宽松货币政策应对经济疲软

美联储对美国经济形势的判断基调比之结束 QE2 时有所变化。在 2011 年 8 月 9 日货币政策决策例会后，美联储发表声明说，美国经济复苏速度显著低于美联储预期，就业市场近月来出现恶化状况，居民消费意愿疲软，房地产业依旧疲弱。未来几个季度美国经济增速慢于早先预期，预计美国失业率也将只能缓慢下降。因此它宣布继续将联邦基金利率维持在零至 0.25％的历史最低水平，并表示将至少维持到 2013 年中期。这表明美联储对经济复苏势头的预期恶化，也意味着未来两年美国实体经济复苏或不容乐观。

2. 拉低美元价格降低美国的偿债压力

2007 年 12 月，美联储资产负债表规模仅为 8700 亿美元，2011 年 5 月末达 2.8 万亿美元，经过两轮量化宽松货币政策，美联储持有美国债已经超过 1.4 万亿美元，在单个持有者中居第一位。2011 年大约 3 万亿美元国债到期，届时，财政部将重新发行 3 万亿美元国债，以保证财政收支正常运转。量化宽松是摆脱债务危机的办法之一，通过印钞票拉低美元价格，美国可以压低借贷成本。如早前 QE2 的推出，使得美国长期利率下降 10 到 30 个基点，相当于联邦基金利率下调 40 到 120 个基点，以此变相降低美国的偿债压力。

3. 注入流动性化解欧债危机所带来的负面效应

当前欧债危机悬而未决，并有愈演愈烈之势。此时，美联储如果收紧银根，不再向市场注入流动性，将不利于从全球范围内化解欧债危机所带来的负面效应。

然而美联储要解决多个棘手问题才能顺利推出 QE3。

首先是资金问题。截至 2011 年 6 月 QE2 到期时，美联储已向市场共计注入了 2.3 万亿美元。2011 年 8 月 24 日，美国国会预算局发布的最新报告预测，2011 财年，美国联邦政府财政赤字将逼近 1.3 万亿美元。8 月初，为提高举债上线，美国总统奥巴马签署法案削减政府赤字，这将导致尔后的美国财政大幅紧缩，而为维持货币的宽松政策，美国利率已几乎为零。在这种背景下，美联储若想筹集到实施进一步宽松政策所需的资金难度较大。

其次是通胀数据呈现上升迹象。在 QE2 结束后，全球商品和能源价格飞涨。过去 12 个月，美国消费者物价指数上涨 3.6%，创三年来新高，而核心消费者物价指数年增率也迅速接近 2%。通胀上升是限制放宽货币政策的一个重要因素。

在通胀苗头显现的情况下美联储不可能长期维持低利率，而要启动 QE3，就不得不继续维持低利率水平。

第三是美联储内部分歧加大。根据美联储 2011 年 8 月底公布的最近一次货币政策决策例会纪要，美联储理事在是否采取新的刺激性货币政策问题上产生了分歧。在参加投票的 10 位美联储货币政策决策者当中，有 7 人投了赞成票，3 人投了反对票。这种情况在美联储历史上是少见的。反对者担心进一步的宽松货币政策会导致未来通货膨胀加剧。亚特兰大联储总裁丹尼斯·洛克哈特指出，只有美国经济增长大幅放缓且就业形势急剧恶化，才会促使美联储推出新一轮量化宽松刺激政策。达拉斯联储总裁理查德·费舍尔则表示，美联储在当前情况下印更多钞票并非解决问题的答案。芝加哥联储总裁查尔斯·埃文斯指出，尽管若干中等规模的动荡可能令情况发生改变，但目前通缩风险很低，并且已不再是美国经济的重大风险，他不赞成推出更多量化宽松政策。

最后是面临政治博弈。鉴于前两轮量化宽松政策效果不佳，美国国会共和党人批评美联储的国债购买计划会引发通胀和市场投机，而对经济却几乎没有作用。

值得关注的是，2011 年 9 月 8 日，美国总统奥巴马在国会联席会议上提出了一项规模为 4470 亿美元的经济和就业振兴新计划。与此相关联，在美联储推出 QE1 和 QE2 之前，奥巴马都推出了规模巨大的财政和经济刺激计划。因此，这次新财政和经济刺激计划，增大了 QE3 从推测变成现实的概率。同一天，美联储主席伯南克也发表讲话称，将在有关的货币政策会议上讨论可用来提振经济的货币刺激工具，并已经准备好了在必要的时候动用这些工具。

二、可能实施的美国第三轮量化宽松政策（QE3）的影响

（一）促进美国经济增长的作用有限

首先是美国经济复苏的内生性因素较低。美国国会预算办公室报告认为，金融危机以来美国经济的增长，几乎完全是政府财政刺激和企业补库存效应带来的，其中 2010 年四个季度，财政刺激平均贡献了 1.5％－4.2％的经济增长率，扣除刺激因素后经济仍是负增长。2011 年第一季度，美国 1.75％的经济增长中，同样有 0.93％是由于库存增加带动的，真正的最终需求贡献只有 0.82％，而财政刺激的贡献在 1.1％－3.1％之间。由此可见，以往的宽松政策并没有形成美国经济内生增长的驱动因素。

其次是货币政策的实施效应缩减，难以促使美国企业创造就业岗位。美联储采取一系列常规和非常规的货币政策，如长期维持极低的基准利率；相继实施过两轮空前的资产购买计划，试图扭转美国经济的颓势，但是难以促使美国企业创造就业岗位，失

业率仍持续在 9.0%以上。究其原因主要是美国经济其他部门运转失灵，导致货币政策的实施效果大打折扣，美联储向市场投入如此巨大规模的基础货币，而国内经济依然表现迟滞。对此，美联储主席伯南克也明确表态，单靠美联储一己之力并不能维持美国内经济的持续复苏，他认为，大多数促进经济长期增长的政策不应出自美联储。因此若不从根本上解决美国经济增长的内生性及各经济部门的协调性等问题，纵使美联储有降低美国失业率的强烈意愿，其结果将同以往的两轮量化宽松政策类似，美国第三轮量化宽松政策（QE3）促进美国经济增长的作用仍是有限的。

（二）持继美元贬值以促进美国出口的增长

美联储实施前所未有的量化宽松政策致使美元汇率一路走软，2011 年初至 4 月底以前，美元指数几乎没有出现过像样的反弹，下挫 6%以上，直至美元指数跌至 72.7，创 2008 年 8 月以来最低。然而经历了 4 月下旬的急跌后，转眼间美元指数又开启了年内最大级别的一波反弹。从外部因素看，欧债危机致使欧元急跌是美元反弹的一大推动力，但从内在因素分析，美联储国债购买计划 6 月底结束，市场曾对美国货币政策收紧抱有期待，是美元一度走强的催化剂，

目前来看，由于新一轮欧债危机正在酝酿，美元走强的外因在逐步强化，然而美联储实施第三轮量化宽松政策（QE3）的预期则成为压抑美元、使其继续贬值的重要因素。如图 2 所示。

在前文中我们已经分析了美元贬值有利于降低美国的偿债压力的原因，不再赘述。在此侧重论述美元贬值对美国出口的促进作用。奥巴马早在 2010 年 1 月的国情咨文中已明确提出在未来 5 年内把美国出口翻一番的目标。为解决国内经济复苏缓慢、财政刺激政策效力减退、国内有效需求不足的局面，奥巴马政府力

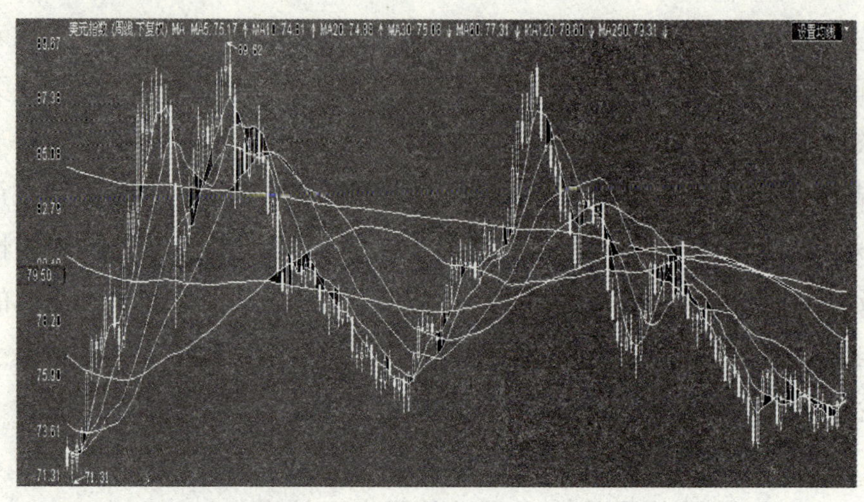

图 2　2008 年—2011 年 9 月 15 日美元指数走势图

图将出口作为重振经济、创造就业的关键途径。奥巴马在《用出口力促稳定》中写道，我们不能只让世界知道我们在消费些什么，也要让世界知道我们在生产些什么。美国每增加 10 亿美元的出口，就能带动国内创造 5000 多个新就业岗位。由此可见，美国第三轮量化宽松政策（QE3）实施将促使美元持继贬值，成为实现奥巴马的国家出口战略中的重要筹码。

（三）加剧全球金融市场的泡沫和推升全球性通胀水平，特别是对新兴市场国家的影响将会加大

目前全球经济仍处于复苏阶段，美国若继续推出量化宽松的货币政策，将会造成流动性泛滥，在国内经济不振的情况下，很难有动力流向实体经济，这部分资金将如同上两次量化宽松政策时那样首先流向大宗商品和期货市场，推高能源、矿石、粮食等初级产品及黄金等贵金属的价格。其次还会以热钱的形式流入新兴市场国家，获取汇率升值和投资双重收益。

从以往的趋势分析，量化宽松的货币政策对于大宗商品市场的价格推动十分显著，各主要类别商品均呈现趋势性上涨的态势，总体看来，在 QE1 时其价格基本翻了一倍，在 QE2 期间也有 50％左右的涨幅，其中工业金属较能源价格上涨更多，金价更是屡创新高，由 2008 年 11 月金融危机爆发后的每盎司 680 美元，暴涨到创历史高位的每盎司 1911.80 美元，目前在每盎司 1800 美元以上震荡。详见图 3。

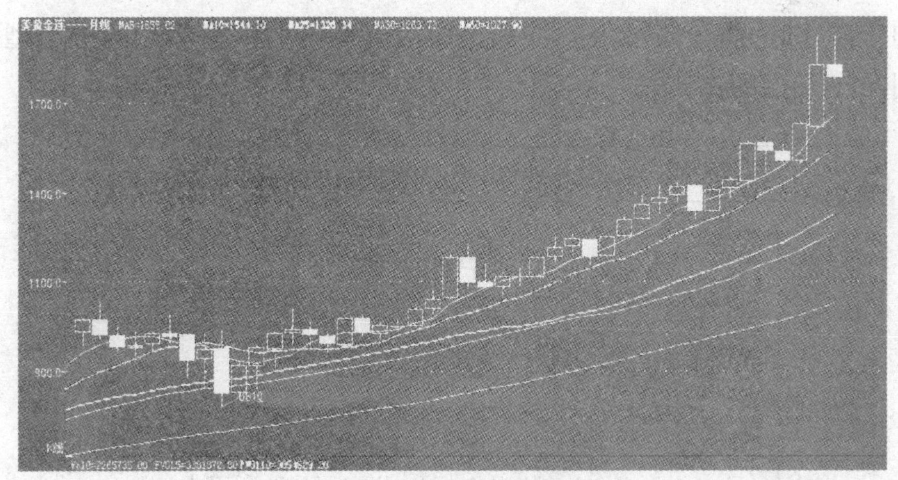

图 3　2008 年—2011 年 9 月 15 日美黄金走势图

国际大宗商品价格的上涨，使得新兴市场国家面临严峻的输入型通胀压力，新兴市场国家为了应对本币升值、通胀以及资产泡沫压力，不得不收紧财政和货币政策，降低经济增速。

（四）对中国经济将产生重大的负面影响

从前两次美国实施的宽松量化政策的实际效果分析，中国是其负面影响的主要受害者。美国 QE3 的实施预计将延续以往宽松量化政策对中国经济的影响方式。

首先是美元持续贬值推动了人民币的不断升值，对中国出口产品的竞争力带来不利影响。图 4 显示了自 2010 年 7 月至 2011 年 9 月中旬的人民币汇率走势，从中可看到人民币始终处于升值快速通道之中，期间人民币兑美元总计已上升 6%以上，仅 2011 年至今已经上升了 3%。虽说人民币升值可抵御输入型通胀部分压力，但中国毕竟是世界第一的出口大国，虽正在进行外贸战略的调整，但出口以加工贸易为主的格局尚未根本改变。人民币的不断升值，降低了中国出口产品的竞争力，使正处于战略调整的中国出口企业步履维艰，特别是使沿海地区劳动密集型的中小型出口企业面临困境。

图 4　2010 年 7 月—2011 年 9 月 15 日美元兑人民币走势图

其次是导致中国外汇资产价值不断缩水。美国的量化宽松政策直接导致了美元的不断贬值，这让手握美国国债和大量采用美元作为外汇储备的国家颇为头痛，特别是中国。中国外汇储备资产规模巨大，截至 2011 年 6 月末，中国外汇储备达到 3.1975 亿美元，位居世界之首，同时中国又是美国国债的最大拥有国，持有美国国债为 1.1655 万亿美元，占外汇储备比例高达 36.45%，若算上以美元计价的其他资产，这一比例更高。美国的量化宽松政策引致的美元贬值及其国内超低利率，不仅逼使中国加剧本币升值，也造成了中国所持美债价值大幅贬值。20 世纪七十年代美国就是通过美元不断贬值致使其对西欧和日本的债务大幅度缩减。

再次是输入型通胀加大了中国治理国内通胀的压力。QE3 会推高原油、矿石、粮食等大宗商品的价格，进而对中国造成输入型通胀压力。如前文已述，自 2009 年美国实行量化宽松政策以来，导致黄金价格屡创新高，铜、石油、铁矿石、粮食等大宗商品价格涨幅超过 20%。中国是全球第二大贸易国，目前仍以加工贸易为主，大量急需的原材料依赖进口。进口品价格的大幅上涨，使中国面临的输入型通货膨胀压力增大，虽说人民币升值可抵御输入型通胀的部分压力，但事实上，中国进口的大宗商品价格涨幅远超过人民币升值的幅度，以铜为例，中国是世界上最大的铜进口国，而在美国实施量化宽松政策期间，国际铜价大幅上扬，甚至超过了金融危机前的价格水平，详见图 5。其他中国

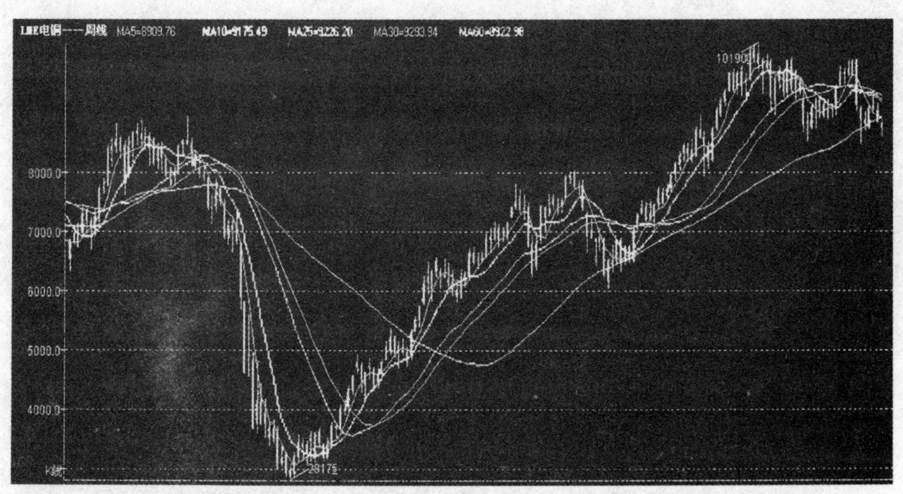

图 5　2008 年—2011 年 9 月 15 日 LME 铜走势图

急需的大宗商品基本相似，这客观上加大了中国治理国内通胀的压力。可以预期美国 QE3 的推出会造成全球经济系统性持续恶化、全球流动性加剧泛滥，造成大宗商品和能源价格再次上涨，输入型通胀的加剧势必令中国国内的 CPI 指数高企，稳定物价总水平仍会作为宏观调控的首要任务，而偏紧的货币政策或仍将延续。在此背景下，中国以 A 股为代表的国内资本市场难以起色，同时国内宏观调控的难度也进一步增加。

不难看出，美联储执行的“宽松”政策，对中国等新兴国家经济体的发展已造成了较大的经济打击，因此要高度关注美国可能出台的“明火执仗”或“暗渡陈仓”第三轮量化宽松政策（QE3），并及时做出相应的应对措施。

中国加强与中西亚及南亚贸易联系的战略意义与现实基础

沈桂龙*

内容提要：中国加强与中西亚及南亚的贸易联系，有利于国家的全方位开放战略和出口多元化，也会为中国—中亚自由贸易区的建立打下前期工作基础。中西亚及南亚国家较为广阔的国土面积和较大的人口基数，以及不少国家较高的人均收入，都为中国加强与它们的联系提供了现实基础。特别是彼此间互补的产业体系，以及现有的贸易规模和地位、较大的产品需求，为双方加强贸易联系奠定了坚实基础。为克服不利的国内外政治环境、落后的交通设施、低层次的产业发展水平以及高端人才的缺乏给加强贸易联系带来的障碍，需要更好的利用上合组织，促进边疆安定团结，加大国内基础设施建设，加强对国外基础设施的投资，积极承接东部地区产业转移，建立西部地区贸易中心，制订优厚的人才政

* 沈桂龙，上海社会科学院经济研究所副研究员。

策，采取引进和培养相结合的道路。

中国加强与中西亚及南亚的贸易联系，对中国的经济发展和对外经贸联系有着长远的战略意义。中西亚和南亚经济社会发展的现实基础为彼此间进一步加强贸易往来创造了条件，现有的产业体系、贸易现状和需求关系也提供了巨大的发展空间。未来在克服政治环境不稳、交通建设滞后、产业低度化和高端人才不足的薄弱环节后，中国与中西亚及南亚的贸易联系将会得到很大程度的提升。

一、中国加强与中西亚及南亚贸易联系的战略意义

（一）拓展和深化国家全方位开放战略

实行对外开放是中国的基本国策，对经济社会发展产生了深远影响。从渐进式开放战略的演进过程来看，主要是区域性开放为主线的推进和实施，格局上是从沿海到内地（沿边）再到全方位开放的不断深化。空间的对外开放实际上也和开放对象有着紧密的联系，开放越早的地区也是与欧美国家联系更加紧密的地区。在中国全方位开放格局中，向西开放一直成为薄弱环节，和中西亚及南亚的经济联系和贸易往来相对处于较低的水平，与中国和这些国家较近的地理距离不相称。中国加强与中西亚及南亚的贸易往来，必然会加大新疆对外开放的力度，发挥喀什经济特区的作用，放大古丝绸贸易之路的陆路开放功能，有助于形成立体和纵深的开放网络，拓展和深化国家的全方位开放战略，

（二）促进中国贸易出口的多元化

投资、消费与净出口作为经济增长的三驾马车，其中，净出口对中国经济增长的贡献占据重要地位。从目前中国经济发展的现状来看，在消费未能出现较大幅度增长时，稳定而安全的出口对中国经济的平稳增长有着相当大的作用。而这需要中国贸易出口的多元化，来降低各种因素可能导致的风险。2008 年全球金融危机更加说明出口多元化的重要性。从 2010 年的数据看，中国出口总额为 15777.8 亿美元，欧盟为中国最大的出口地区，出口金额为 3112.35 亿美元，美国排在第二位，为 2833.04 亿美元，东盟和日本紧随其后；从单个国家来说，美国、日本、韩国、德国为中国出口的前四位国家，总出口额为 5411.83 亿美元，占据了中国贸易出口总额的 34.3%。中国加强与亚洲地区的中西亚及南亚的贸易联系，可以促进中国出口的多元化，加强中国对中亚、南亚和西亚地区的商品出口，特别是利用好人口众多的南亚市场，以及人均收入水平较高的西亚地区，对中国贸易出口多元化有着非常重要的意义。从目前来看，日本、韩国、东盟、中国台湾和香港就占据了中国亚洲总出口的 78.7%，中亚、南亚和西亚这些地区的中国商品出口还处于较低水平，有着很大的发展空间。

（三）为中国—中亚自由贸易区的建立奠定前期工作基础

中国与东盟 10 国建立的自由贸易区已于 2010 年 1 月启动，为中国与东盟的贸易发展和繁荣打下了坚实基础。中国作为上合组织成员国，在上合组织框架内与成员国一起加强政治、安全对话，并逐步加强经济、人文领域的交流与合作。能否建立像中国—东盟自由贸易区一样的中国—中亚自由贸易区，不仅关系到中国的对外开放格局，形成相对平衡的地区经济发展态势，也关系到中国在上合组织中如何通过经贸关系进一步加强与中亚国家的联系与合作。因此，加强与中亚国家的贸易联系，可以利用中国西部地区与中亚各国具有同处于古“丝绸之路”沿线的地缘优势，以及西部地区与中亚各国拥有相似的民族、文化、风俗习惯和消费结构等，强化中国与中亚国家的贸易往来，不断积累经验，在贸易中心建设中奠定交通运输、金融支持、企业参与等方面的基础，逐步提升贸易规模，为中国—中亚自由贸易区的建立，做好前期准备工作。

二、中国加强与中西亚、南亚国家贸易联系的现实基础

（一）中西亚与南亚国家经济社会发展的基本情况

1. 中亚主要国家经济社会发展的基本状况

中亚五国包括哈萨克斯坦、乌兹别克斯坦、土库曼斯坦、吉尔吉斯斯坦和塔吉克斯坦，都属于能源资源和农产品供应国，经济增长相对较快。2010 年除吉尔吉斯斯坦外，其他国家经济增长都超过 7%，最高的达 13.3%。中亚五国就单个国家的经济实力看，经济实力并不占优。但哈萨克斯坦的人均 GDP 已经达到发达国家水平，土库曼斯坦也接近中等发达国家的 4000 美元标准。而且中亚五国的整体实力不容小觑，人口基数在 6000 万以上，2010 年其 GDP 总和达到 2100 多亿美元。国际商务发展环境总体上比较好，相对比较开放，但总体贸易规模仍然较小，各国贸易总额之和为 1368.22 亿美元。从中亚五国经济增长的态势和未来发展的前景看，潜在的市场较大，购买力也不容小觑，贸

易空间十分广阔。

表1　2010年中亚五国的基本社会经济情况一览

	哈萨克斯坦	乌兹别克斯坦	塔吉克斯坦	土库曼斯坦	吉尔吉斯斯坦
面积（万平方公里）	272.49	44.74	14.31	49.12	19.99
人口（万）	1696	2823.39	761.6	683.6	547.4
GDP（亿美元）	1460	375	56.13	202	45
人均GDP（美元）	8883	1328	737.5	3939	870
外贸额（亿美元）	889.8	218.4	38.53	178.8	52.66
进口（亿美元）	297.6	88	26.58	82	32.38
出口（亿美元）	592.2	130.4	11.95	96.8	20.28

注：哈萨克斯坦人均GDP为IMF 2011年4月份数据；乌兹别克斯坦人口为2011年1月数据；土库曼斯坦人口为2006年7月1日数据，人均GDP为IMF 2011年4月份数据，贸易数据为2010年1—11月份；吉尔吉斯斯坦贸易数据为2010年1—11月份，贸易数据为全年数据，来自新浪财经 http://finance.sina.com.cn/roll/20110524/17059891769.shtml；其他数据来源于中华人民共和国外交部网站。

2. 西亚主要国家经济社会发展的基本状况

西亚是指阿拉伯半岛及波斯湾到地中海之间的区域，包括沙特、伊朗、科威特、伊拉克、阿联酋、阿曼、卡塔尔、巴林、以色列、巴勒斯坦、叙利亚、黎巴嫩、约旦、也门等十多个国家和地区。西亚国家众多，如果将土耳其也全部纳入进来，那就是将近2亿人口的大市场。更重要的是，该地区的人均GDP相对较高，很多国家都超过1万美元，卡塔尔高达7.5万美元，科威特为4万多美元，阿联酋达到3.5万美元，有着较强的购买力。如果政治形势稳定，民族矛盾减少，那么经济增长会更加强劲，对外贸易规模会有更大的发展。

表2　2010年西亚五国的基本社会经济情况一览

	沙特阿拉伯	伊朗	科威特	以色列	阿联酋
面积（万平方公里）	225	164.5	1.78	2.5	8.36
人口（万）	2710	7510	354	774.6	826
GDP（亿美元）	4312	4114	1275	2155	2947
人均GDP（美元）	15900	5478	40427	28640	35000
外贸额（亿美元）	3178	1823	848	1095	3567
进口（亿美元）	954	803	188	586	1587
出口（亿美元）	2224	1020	660	509	1980

注：以色列面积为实际控制面积，人口为2011年5月数据，贸易数据来自中国汽车工业协会网站 http：//www. caam. org. cn/jibenziliao/20110509/0905055501. html；伊朗贸易数据来自中华人民共和国驻伊朗伊斯兰共和国大使馆经济商务参赞处，http：//ir. mofcom. gov. cn/aarticle/jmxw/201105/20110507555218. html；其他数据来自中华人民共和国外交部网站。

3. 南亚主要国家经济社会发展的基本状况

南亚国家包括印度、巴基斯坦、孟加拉国、斯里兰卡、尼泊尔、不丹和马尔代夫等国，人口基数较大，总人口接近16亿，其中，印度超过12亿，巴基斯坦和孟加拉国都超过1.5亿。尽管马尔代夫和不丹经济规模都非常小，不丹还被联合国2009年列为最不发达国家之一，但印度和孟加拉国近两年经济增长比较快，特别是印度，不仅经济总量规模较大，而且作为全球经济发展最快的国家之一和金砖四国的重要代表，发展前景十分良好。从GDP总量看，南亚国家整体实力不容小觑，达到13000亿美元左右。由于人均GDP偏低，从一定程度上削弱了整体购买力，但巨大的人口和较大的经济总量规模仍然提供了巨大市场，可挖掘的贸易空间十分广阔。

表3　2010年南亚五国的基本社会经济情况一览

	印度	巴基斯坦	孟加拉国	斯里兰卡	尼泊尔
面积（万平方公里）	298	79.6	14.757	6.561	14.718
人口（亿）	12.1	1.7	1.6	0.2065	0.27
GDP（亿美元）	10070.1	1685	993.6	419.78	162
人均GDP（美元）	1265	1050	684	2053	562
外贸额（亿美元）	4582.3	440	38.53	178.8	40.29
进口（亿美元）	2735.98	281	215	102.07	34.76
出口（亿美元）	1846.32	159	162	70.85	5.53

注：印度贸易数据为2010年4月至2011年1月，人均GDP为IMF 2011年4月份数据；巴基斯坦GDP数据为2009年7月至2010年6月，贸易额为2009年7月至2010年3月数据；孟加拉国经济数据为2009年7月至2010年6月；斯里兰卡为2009年度数据；尼泊尔数据为2009至2010年财年数据，其中贸易数据为前8个月数据；其他数据来自中华人民共和国外交部网站。

（二）中国与中西亚、南亚主要国家的产业体系的互补关系

中亚和西亚的大部分国家都没有形成完整的工业体系，产业结构相对单一，尽管不少国家具有丰富的自然资源，特别是矿产和石油资源，但工业基础比较薄弱。中亚国家每年进口大量蔬菜、肉制品，对机电产品需求也十分广阔。西亚国家除土耳其等少数国家外，尽管石油资源非常丰富，但其他自然资源非常有限，大部分国家农业基础差，工业水平也不高。西亚国家对生活必需品及交通工具、医疗设备、化工设备、电力机车等商品有着强烈的需求。南亚国家的印度产业体系比较完整，但工业体系整

体处于产业链条的低端，其他国家都没有形成完整的工业体系，产业结构单一。从整体上看，南亚国家和中国相比，产业体系也还处于相对落后的水平。

中国经过 30 多年的改革开放，产业体系的建设比较完整，工业发展有了长足进步，设备、技术、管理能力、资金方面具有较强的优势。和中西亚及南亚相比，不仅产业体系完整，而且在产业链条的广度和深度上也具有较强的竞争优势。中国是世界轻工、纺织、家电等商品的生产和出口大国，而周边国家轻工纺织、食品工业滞后。中国的不少自然资源，如石油、某些矿产品相对比较缺乏，而且随着经济的快速发展，资源的需求进一步增加。这使得中国和中西亚及南亚国家间形成互补的产业体系，有着较强的产品需求和贸易空间。

（三）中国与中西亚及南亚的贸易状况与供需分析

1. 中国与中亚的贸易状况与供需分析

中国与中亚国家的贸易往来近年来不断加强。2011 年，中国不仅与哈萨克斯坦建立全面战略伙伴关系，还与哈萨克斯坦签订 70 亿元人民币双边本币互换协议。在 2010 年对外贸易中，中国是哈萨克斯坦的第二大贸易伙伴，是哈萨克斯坦的第一大出口国，占其出口额的 17%，第二大进口国，占其进口额的 13.3%。此外，中国也是乌兹别克斯坦、塔吉克斯坦和吉尔吉斯斯坦的第二大贸易伙伴，是土库曼斯坦的第四大贸易伙伴。从贸易数据看，中国与中亚国家的贸易份额已占据重要地位，但和与俄罗斯的贸易相比还存在差距，部分领域落在韩国的后面。这既说明中国与中亚国家贸易往来不断增强，也说明中国与中亚贸易还有很大的发展空间。

表 4　2010 年中国与中亚国家的贸易金额与地位

	哈萨克斯坦	乌兹别克斯坦	塔吉克斯坦	土库曼斯坦	吉尔吉斯斯坦
贸易总量（亿美元）	225	20.85	6.85	15.7	6.95
占该国对外贸易的比重（%）	15.85	9.5	9.5	—	13.2
出口（亿美元）	39.6	11.85	2.38	5.25	6.66
进口（亿美元）	101.2	9	4.47	10.45	0.29
贸易地位	2	2	2	4	2

注：乌兹别克斯坦数据来自东北网 http：//commerce.dbw.cn/system/2011/02/17/000326167.shtml；吉尔吉斯斯坦数据来自新浪财经 http：//finance.sina.com.cn/roll/20110524/17059891769.shtml；其他数据来自中国人民共和国外交部网站。

总体上看，中亚国家的外贸结构比较复杂，不同国家的进出口结构差异性较大，譬如哈萨克斯坦出口矿产品、石油及石油产品、有色金属等，进口汽车、设备、仪器仪表等；吉尔吉斯斯坦出口贵金属、化学物品和农产品等，主要进口石油产品、二手汽车、服装、化工产品、天然气等。但整体上看，中亚国家以资源性产品出口为主，进口汽车、电子、机械设备等工业制成品，和中国形成较强的贸易互补关系，双方间的产品能够达到有效的供给和需求。

2. 中国与西亚的贸易状况与供需分析

除少数国家外，中国在西亚国家贸易总规模中份额不高，贸易规模与其他国家相比较而言比较小。西亚国家主要出口石油、天然气和化工产品。进口商品有机械、运输设备、工业制品、粮食和食品等。以色列是个例外，出口高、尖、精等技术和资本密集型产品。西亚国家进口产品比较广泛，机械、运输工具、食品及工业制成品等。中国对资源性产品的需求相当大，特别是石油需求逐年加大。中国的工业制成品则在西亚地区有着较大的潜在市场。但从目前看，中国的出口商品还没有在西亚地区占据较大的市场份额，中国也不是该地区的主要商品进口国，中国扩大商品出口的空间非常大。

表 5　2010 年中国与西亚国家的贸易金额与地位

	沙特阿拉伯	阿联酋	阿曼	科威特	以色列
贸易总量（亿美元）	431.8	256.9	107.17	85.51	76.45
占该国对外贸易的比重（%）	13.59	7.2	19.66	10.08	6.98
出口（亿美元）	103.67	212.37	9.44	18.49	50.38
进口（亿美元）	328.14	44.54	97.72	67.03	26.07

注：中国与各国贸易总量及进出口数据来自商务部网站 http：//xyf. mofcom. gov. cn/aarticle/date/201106/20110607596690. html；占该国对外贸易比重数据由上述贸易总量数据和中华人民共和国外交部网站的该国贸易规模数据之比计算而得。

3. 中国与南亚的贸易状况与供需分析

2010 年中国与南亚七国的贸易总额只达到 570 亿美元，与中国、东盟间贸易总额达到 2130 亿美元相比，差距甚远。更关键的是，南亚的幅员要比东盟大，因此，中国与南亚之间的经贸合作将有很大的发展前景，绝不亚于中国和东盟的经济贸易总量。中国目前已成为印度和巴基斯坦的第三大贸易伙伴，孟加拉国的第二大贸易伙伴。中国还与巴基斯坦签订了《中巴自由贸易协定》。

从南亚国家的贸易商品看，主要是资源性产品，如矿产品、贱金属及制品，农产品，如大米、棉花农产品、蔬菜油等，以及纺织品、皮革制品和地毯等。进口则为机电产品、化工产品、钢铁产品、电器产品等。因此，南亚国家和中国的贸易商品有着较好的贸易互补优势，可以进一步强化彼此间的贸易联系，形成较为密切的贸易往来。

三、存在的主要问题与对策建议

（一）存在的问题

1. 国内外政治环境不稳定产生的负面影响

从周边国家的政治环境来看，整体上相对稳定，但局部冲突和动荡一直没有中断。阿富汗仍处于战争环境中，伊朗也还受到国际制裁，巴基斯坦面临恐怖主义的威胁，中亚国家有时也表现出政局的不稳定。政治环境的不稳定，必然会带来经济环境的恶化，使经济发展具有很大的不确定性和高风险性。与此同时，政治环境因素还可能导致国家间的贸易保护主义甚至国家间的敌视，影响贸易基础、条件和环境。从国内环境来看，与中西亚及南亚国家紧密相联的新疆地区，还存在一定程度的民族问题，国际恐怖主义输出威胁也没有间断。“疆独”势力的渗透和危害一直存在，国际上对“疆独”势力的支持未能消除，反恐斗争仍然复杂尖锐。这就直接或间接影响了新疆地区与周边国家的贸易往来，新疆独特的地缘优势对经贸的促进作用难以充分发挥，从而使得中国加强与中西亚及南亚的贸易联系受到很大干扰和影响。

2. 西部地区交通基础设施仍然难以满足贸易发展的需要

中国加强与中西亚及南亚的贸易联系，必须要有可靠的交通基础设施作为支撑。第一轮西部大开发为西部地区基础设施的完善发挥了巨大作用，西部地区特别是新疆地区在航空、铁路、公路运输上有了长足发展。但总体而言，西部地区的交通基础设施条件和东部乃至中部地区相比仍然存在很大差距，还没有形成密集而完整的交通运输体系，很多公路的等级也落后于经济的发展。譬如，作为古丝绸之路重要通道的喀什来说，其境内有314、315和219国道经过，通往红其拉甫口岸的314中巴公路段属于较高等级公路，但大部分路段依山而建，且以两车道为主，还经常受到山体滑坡的影响，大大影响了交通运输。更关键的是，巴方境内的公路状况非常差，几乎就是未经修整的崎岖山路。喀什的口岸建设的质量和规模也很难跟得上进一步加强与周边国家贸易联系的需求，现有通关能力差，通关时间受到季节性影响。

3. 产业发展还处于低层次水平

从西部地区整体产业结构来看，产业的高度化不够。特别是西部地区能够发挥重要贸易通道作用的城市，其产业结构还不能适应建立区域贸易中心的需要。新疆2010年三大产业之比为19.9∶46.8∶33.3，第一产业比重较高，第三产业比重偏低。新疆的喀什地区，作为地缘优势明显的西南边陲城市和贸易交通要道，其2009年的三大产业结构为37∶29∶34，第一产业比重最高，第二产业比重最低，服务业比重只占到34%。这说明，西部地区工业化程度不高，服务业发展也比较滞后。工业化水平低、工业结构单一，导致很多西部地区，特别是靠近西部边境的地区，难以建立大规模出口加工贸易基地。服务业发展落后，金融、信息、物流、旅游等难以支撑贸易城市功能的完善，则会导致贸易能力和贸易环境受到很大影响。

4. 高端人才十分缺乏

尽管近年来西部人口上涨幅度很快，人口规模不断扩大，但高端人才十分缺乏。一方面，由于历史、经济、文化等因素，当地教育水平比较底，缺少本地高端人才；另一方面，少量培养出来的高学历人才，受到东部地区经济发展水平等的影响，纷纷到发达城市就业。这两种因素的存在，导致西部地区高端人才十分缺乏，这不仅使得转移过来的加工贸易企业很难找到专业人才，也使得很多物流和外贸企业难以找到英语好、懂外贸的高端人才。高端人才的缺乏又反过来削弱了企业的投资意愿，企业的知识外溢难以促进当地人才的培养，形成两者之间的恶性循环，对西部地区发挥贸易联系的关键节点作用产生了较大的负面影响。特别像喀什地区，作为五口通八国的特殊地缘优势地区，虽然中央已经将其定位为经济特区，但不仅高端人才缺乏，一般的普通劳动力也很缺乏，加上少数民族特有的生活习惯，导致劳动力资源的稀缺和成本高企。

（二）对策建议

1. 发挥上合组织作用，促进边疆的安定团结

上合组织成立后最先关注的问题是安全问题，这一功能需要进一步加强，以维护中国及周边国家的安全稳定。上合组织现在更加注重经济合作，要善于利用经济发展和经济联系促进政治安全和稳定。目前中东和南亚等国家希望加入上合组织，尽管目前还存在很多障碍，但可以发挥上合组织的作用，进一步扩大上合组织的影响，加强中国和更多国家的政治对话，促进这些国家的政治稳定和安全。国内要将新疆的经济发展和民族团结结合起来，通过经济发展促进民族和谐与团结，同时采取措施防止国际恐怖势力的渗透和破坏，为经济发展提供良好的发展环境。

2. 加大西部地区基础设施的建设，加强对国外基础设施的投资

要进一步加大国内基础设施的建设，特别是新疆地区的交通基础设施的建设，要形成比较密集的公路运输网络体系和高质量

的铁路运输通道，要拓宽西部地区与周边国家的国际航线。要充分发挥新疆的地缘作用，复兴中国境内的丝绸之路，加快建设中巴、中吉乌铁路的建设，形成亚欧大陆桥南部通道，建成亚欧大陆桥的多条网络。此外，要加强对国外基础设施的投资，可以采取承建、BOT 等多种方式参与国外交通道路的建设。只有这样才能形成与国内匹配的国外通道，才能形成完整的贸易通路，从而为中国加强与中西亚及南亚的贸易创造交通条件。

3. 积极承接产业转移，建立西部区域国际贸易中心

要利用国际国内产业转移的大背景，积极承接国际和东部地区的产业转移，特别是要吸引东部地区因商务成本和劳动力成本高企而向中西部转移的加工贸易企业。只有这样才能为西部国际贸易繁荣发展提供腹地优势，避免出现出口贸易产品过度依赖距离很远的东部和中部地区。此外，要在西部地区建立区域国际贸易中心，譬如可以将喀什打造成区域国际贸易中心，利用新疆和紧邻新疆的西部城市的加工贸易能力，加强与周边国家的贸易往来和联系。

4. 制订更为优厚的人才政策，采取引进和培养相结合的道路

要制订更为优厚的人才政策，加大西部地区对高端人才和专业人才的吸引。国家和地方要加大对人才在西部发展的扶持力度，提供更多的财政补贴。要采取引进和培养相结合的道路，为西部地区引进贸易方面急需的人才，提供更好的待遇和条件。另一方面要培养西部本地贸易人才，通过引进大型企业，利用企业管理技术的外溢作用，提升本土人才的知识水平、管理经验和外贸技能。

区域秩序

简析北极生态环境治理的国际机制

夏立平　朱琪琛*

内容提要：北极拥有丰富的资源，在全球资源紧缺的今天成为各国争夺的热点。但北极的生态也很脆弱，随着人类对其开发，北极的环境保护问题也开始凸显。本文将对目前存在的北极环境治理的国际机制进行简单的评析，试图找出阻碍形成北极治理机制的原因，并尝试着提出一些应对的策略。

随着全球气候的变化，拥有丰富资源和优势地理位置的北极成为各国争夺的热点。2007 年俄罗斯在北极插旗，这一举动更是使得北极地区尚待解决的领土争端、自然资源的开发利用以及环境保护等问题凸显。事实上有关北极的探索早在 15 世纪末就

* 夏立平，同济大学政治与国际关系学院院长，教授；朱琪琛，同济大学政治与国际关系学院教师。

开始了[①]，历经几个世纪，虽然人类在北极地区的归属等问题上至今仍无明确的界定，但对于北极的环境——这一关系到全人类的议题，目前国际上已经有了一些相应的治理机制。

一、北极生态环境面临的威胁

当前全球气候变化对北极环境的影响是十分明显的。根据2004年发布的《北极气候影响评估》，北极冰帽的变暖速度是全球平均变暖速度的两倍。2004—2005年，北极的永冻冰消融了14%，在过去的23年里，北极失去了41%的永冻冰。[②]据专家预测，截至2030—2040年，全球气候变暖将会融化足够的极地冰盖，这将会对当地人赖以为生的陆地及极地生物的生存造成威胁，同时大量融化的冰盖会加剧海平面的升高，对于低海平面的国家来说无疑也是一种灾难。另外由于全球气候变暖，加速了北极臭氧层的损耗，北极上空臭氧层所遭受的破坏程度高于全球平均水平，在2004—2005年冬天北极地区的臭氧层为历年来最薄。[③]

对北极环境进一步的破坏则归因于对自然资源的过度开采和加工。2001年，联合国环境开发署北极生态研究项目负责人、挪威自然研究所的奈勒曼博士表示，迄今为止，北极的自然环境

---

① 1497年，卡博特受命于英王亨利七世，对英国以东、以西、以北的海洋进行探索，寻找一切未知的海岛、陆地和国家。6月24日，船队首次见到陆地，这就是纽芬兰岛的北端。参见郭培清：《北极航道的国际问题研究》，北京：海洋出版社，2009年版。

② 徐振伟、徐园园："北极消融背后的美加俄博弈"，《国际关系学院学报》，2010年第2期。

③ 孙凯、郭培清："北极环境问题及其治理"，《海洋世界》，2008年第3期。

已有10%—20%的部分受到人类工业发展的严重影响，如果继续以过去30年的工业发展速度开发北极资源的话，50年后我们将发现，北极地区生态80%的部分将受到严重威胁。[①] 在北极的采矿活动附近存在着局部的重金属污染，同时由于污染物在大气中的长期聚集，容易形成所谓的“北极霾”[②]，使这一地区能见度大大降低。而石油和天然气的开采不但本身对北极海域的环境具有破坏性，还伴有局部渗漏、油轮渗漏、管道渗漏等风险。

人类对北极海洋生物的过度捕捞也将使北极地区的海洋物种面临威胁。此外，军事力量的存在及意外军事事故的发生，如碰撞、搁浅以及放射性污染等，也是危害北极生态的因素[③]。

二、治理北极生态环境的国际机制

北极自然生态系统的稳定性较低，可塑性不强，多样性单薄，也就造成了它生态平衡的恢复和重建是相当困难的。[④] 正是由于北极脆弱的生态系统，人们开始重视北极的环境保护。目前，包括环北极八国在内的国际社会通过多边、双边协议，举行国际会议，召开国际论坛等形式形成了一个初具规模的北极环境治理机制。这其中主要分为两个层面：一是全球层面，如1982

① 联合国警告工业化将危及北极自然环境，http：//www.envir.gov.cn/info/2001/6/614482.htm。

② “北极霾”是北极地区独特的大气污染现象。它是由水蒸气、冰晶和悬浮在空中颗粒很小的固体飘尘、粉尘组成。固体飘尘的主要成分是硫的氧化物和重金属化合物。北极烟雾能散射太阳光，降低能见度，打破北极地的日—地热辐射平衡。

③ 郭培清：《北极航道的国际问题研究》，北京：海洋出版社，2009年版。

④ “中国北极科考”，《人民日报》网络版，http：//www.people.com.cn/item/beiji/newfiles/S406.html。

年的《联合国海洋法公约》。它并不是专门为北极而设计的，但是由于其普遍性，北极理所当然也在公约约束的范围之内；二是区域层面，这其中又分为多边层次——以1991年签署的《关于保护北极环境的宣言》为代表；双边层次，如1988年美国和加拿大签订的《北极合作协议》、1994年《美国政府和俄罗斯联邦政府关于防止北极地区环境污染的协议》、1998年挪威与俄罗斯签订的《环境合作协议》等。

（一）全球层面的北极环境治理机制及其局限性

目前在全球层面上还没有真正的、完全针对北极治理的国际机制，但是由于北极环境问题是属于全球环境问题的一部分，所以我们可以将全球环境治理的机制运用于北极地区。这其中比较有代表性的有：针对臭氧层损耗的1985年《保护臭氧层维也纳公约》、1987年《关于消耗臭氧层物质的蒙特利尔议定书》；针对气候变暖的1992年《联合国气候变化框架公约》、1997年《京都议定书》。[①]

另外值得注意的是1982年《联合国海洋法公约》第234条是专为北冰洋地区而设计——该条款主要内容是针对沿海国对冰封区域的环境保护，[②] 包括原则性地规定了沿海国的船舶管辖权；对北极在内的极地冰封地区作了特别的规定，沿海国有权制定和执行非歧视性的法律和规章。

可以看出，目前全球层面的北极环境治理机制仍不完善，存在许多不足。如《联合国海洋法公约》，其所体现的国际海洋法一般规定并不足以解决北极的资源开发、航道开辟与环境保护等

① 孙凯、郭培清：“北极环境问题及其治理”，《海洋世界》，2008年第3期。

② 郭培清：“北极并不冷清”，《环球》，2008年第17期。

若干特殊问题，甚至《公约》中关于外大陆架的规定更是有可能加剧北极争夺战。[①] 而《公约》第 234 条实则体现了利益倾向性，更多地代表了沿海国的利益。

（二）区域层面的北极环境治理机制及其局限性

1. 多边层次的北极环境治理机制

有关北极环境治理的多边合作主要集中在几个环北极国家。最早可以追溯到 1911 年，由美国、俄国、日本和英国共同签署了《保护毛皮海豹的条约》，该条约规定在北纬 30°以北的太平洋里禁止捕猎海豹。类似的条约和协议还有 1923 年的《保护太平洋北部和白令海峡的鱼类的协议》、1931 年美国和其他 25 个国家签订的《捕鲸管理条约》、1973 年的《北极熊保护协议》以及 1976 年的《保护北极候鸟及其生存环境的协议》等。[②] 除了上述的条约和协议外，北极真正的、综合性的多边治理机制始于 20 世纪 80 年代末。1989 年 9 月 20 日至 26 日，环北极国家加拿大、丹麦、芬兰、冰岛、挪威、瑞典、美国和前苏联派出代表，召开了第一届“北极环境保护协商会议”，随后在 1991 年，八国与芬兰签署了《关于保护北极环境的宣言》，并通过了《北极环境保护战略》（AEPS），至此北极环境保护治理机制终于诞生。在此基础上，1996 年 8 月 6 日，上述八国的代表在加拿大渥太华举行会议，发表了《关于建立北极理事会的宣言》，成立北极理事会。理事会为政府间组织，成员为 8 个北极国家。6 个北极

---

① “中国应积极参与构建北极治理国际机制”，http：//www.chinadaily.com.cn/hqgj/sdbd/2010－11－03/content _ 1134289 _ 2.html。

② （1）孙凯、郭培清：“北极环境问题及其治理”，《海洋世界》，2008 年第 3 期；（2）“中国北极科考”，《人民日报》网络版，http：//www.people.com.cn/item/beiji/newfiles/S406.html。

地区的原住民组织作为永久参与者参加理事会。非北极国家、政府间及议会间组织、非政府组织可作为观察员参加北极理事会。北极理事会成立后，承担了实施《北极环境保护战略》的职责，并将关注范围进一步扩大，成为区域性可持续发展论坛，处理北极国家共同关注的环境、社会和经济问题，① 在促进北极国家间的合作、协调以及相互作用等方面提供了更为广泛的手段。

2008年北极周边国家丹麦、俄罗斯、美国、加拿大和挪威代表在格林兰岛举行部长级会议，五国代表会后发表声明，表示愿意共同保护北极环境。② 2010年9月22日至23日北极问题国际论坛在莫斯科开幕。300多位北极问题的俄罗斯和外国专家、学者、政府代表、政界和商界代表将讨论“冰冻地区”的问题。论坛的主要议题包括气候变化、人类行为后果、北极自然资源和发展前景问题。③

而国际北极科学委员会则是北极地区最大的非政府国际科学组织。该组织由环北极八国于1990年在加拿大的瑞萨鲁特湾市成立。目前其成员包括来自十八个国家的科学机构的代表。④ 该组织秉承科学、交流与协调的宗旨，对北极的生物资源、矿产资源、能源及环境等实施有效的保护。由国际北极科学委员会作为主要参与者完成的《北极气候影响评估》报告是迄今为止关于北极气候变化最全面的研究报告。

---

① 董跃、陈奕彤、李升成：“北极环境治理中的软法因素：以北极环境保护战略为例”，《中国海洋大学学报（社会科学版）》，2010年第1期。

② “五国同意共同保护北极环境”，http：//news. sina. com. cn/w/2008－05－29/152913943909s. shtml。

③ “北极问题国际论坛在俄罗斯开幕”，《俄罗斯之声》，http：//chinese. ruvr. ru/2010/09/22/21690896. html。

④ 中国1996年派代表团出席国际北极科学委员会会议，并被接纳为正式成员国。

2. 双边层次的北极环境治理机制

在保护北极环境的双边机制中，各国正致力于开展形式不拘一格的合作。1984 年美国和加拿大建立了“美国—加拿大北极政策论坛”，通过两国间名流、精英的私人俱乐部形式向建立对话机制迈进了坚实的一步。[①] 1988 年美国和加拿大签订的《北极合作协议》、1994 年《美国政府和俄罗斯联邦政府关于防止北极地区环境污染的协议》、1998 年挪威与俄罗斯签订的《环境合作协议》等。[②]

目前区域层面的北极环境治理机制在北极环境保护方面发挥着十分重要的作用，但从上面的简述可以看出：这一层面的治理机制仍有其局限性。如早期的条约和协议都只是单一的针对某一物种，不够全面；双边机制带有浓厚的谋求国家利益的色彩。而对于北极地区最大、相对而言最有效力，在北极所有国际组织中居核心地位的北极理事会而言，不可否认其为北极环境变化所作出的努力，但作为北极地区最大的政府间机构既无决策权，也没有组织能力，自己不掌控资源，且没有约束成员国的权力。北极理事会也不是具有国际法人资格的国际组织，而只是一个“致力于促进北极国家围绕北极地区的可持续发展和环境保护等共同问题方面的合作”[③] 的高级论坛。

---

① Oran R. Young，“Canada and the United States in the Arctic：Testing of the ‘Special Relationship’”，*Northern Perspectives*，http：//www.carc.org/pubs/v15no2/2.htm。

② “中国应积极参与构建北极治理国际机制”，http：//www.chinadaily.com.cn/hqgj/sdbd/2010－11－03/content_1134289_2.html。

③ 董跃、陈奕彤、李升成：“北极环境治理中的软法因素：以北极环境保护战略为例”，《中国海洋大学学报（社会科学版）》，2010 年第 1 期。

三、北极环境治理国际机制发展的制约因素

尽管北极生态环境治理的国际机制现在已经具有一定的规模，并在北极环境保护方面起到了积极的作用，但正如上文分析的那样，目前的这些机制或多或少都存在着一些缺陷。北极环境保护的国际合作想要得到更有效、更长远的发展，则面临着以下三点障碍。

一是环境保护从属于国家利益的需求。北极问题大多是国内政治和经济的边缘问题，一些国家在考虑北极问题时首先想到的是北极的战略重要性以及对国家安全的影响，而丰富的资源、北极航道巨大的商业价值、北冰洋重要的军事价值等往往被列为这些国家在北极谋取利益的首选。各国政府对北极环境的关注程度有限，北极的环境保护因此总是居于从属的地位。围绕环境问题所进行的合作活动，例如北极理事会秘书处的运作有赖于参与国的自愿捐助，而相关国家大都不能或不愿对北极环境问题给予更多的关注，没有了固定的财政预算，经费的数额、连续性等都无法得到保障，这就大大限制了北极理事会开展环境项目的能力。又如北极检测和评估项目在污染的信息来源上存在一定的困难，许多国家以国家安全为借口，不愿提供所掌握的原始数据或只愿意提供已经公开的数据，甚至有些机构根本置之不理。尽管提供数据是“北极环境保护战略”中的一项责任，但由于各国对国家利益的追逐，使这一责任是很难完全落实。[①]

① 孙凯、郭培清：“北极环境问题及其治理”，《海洋世界》，2008 年第 3 期。

二是"软法"[①] 的实施缺乏有力的保障。当前北极地区尤其是区域层面的环境保护机制大都是采取没有约束力的"软法"形式，主要包括宣言、项目和计划等。这些"软法"不需要任何参与方的承诺，对各方的行为也不具有法律约束力。例如北极理事会，除了前述作用外很少能够发挥其他作用，尤其是对各参与国的立法、司法和执法发挥作用，很多工作计划和研究成果仅仅停留在初始阶段，无法转化为具体的有约束性的指令。这种"软法"形式的北极环境合作机制，虽然在召集各方对共同关心的问题进行商讨、协调各方的认识方面有一定作用，但是由于这些机制缺乏实施机制的保障，并且往往缺乏明确的承诺和具体的时间表，因此很难应对北极地区日益紧迫的环境问题。[②]

三是北极环境保护法律矛盾凸显。首先是人们对"生态"观念的缺失导致了涉及北极生态的国际公约、条约、协议往往只侧重于对各种北极生态系统内的单个环境要素进行保护[③]，忽略了北极生态环境保护的整体性。其次，对北极环境保护影响较大的《联合国海洋法公约》、北极国际科学委员会章程（"八国条约"）和"北极环境保护战略"等，由于各自的订立主体、缔约目的、适用范围等均不同，在制定时并没有考虑过和其他条约的协调一致问题以及统一问题，因此在实行中必然会在交叉管辖的领域产生冲突。最后是国际法与国内法的矛盾，环北极国家尤其是其中

① 迄今为止，围绕软法的定义，依然存在着巨大的争议，虽然许多学者对软法的阐述不尽相同，但对于软法定义的核心内容还是基本一致的，即"软法是不具有严格约束力，同时又不是完全没有法律效果的规则"。

② (1) 董跃、陈奕彤、李升成："北极环境治理中的软法因素：以北极环境保护战略为例"，《中国海洋大学学报（社会科学版）》，2010 年第 1 期；

(2) 孙凯、郭培清："北极环境问题及其治理"，《海洋世界》，2008 年第 3 期。

③ 杨凡："生态保护视角下北极法律制度的缺失与完善"，《中国海洋大学学报（社会科学版）》，2010 年第 3 期。

在北极有领土的国家，出于自身国家利益的考虑，在制定和北极相关的法律时，一般都会突出本国的主张，维护本国的权益，而这些法律往往会和国际法上各国所共同认可的一些规则发生冲突。[①] 正是由于北极环境保护的法律体系存在明显的缺陷，在相关的国际合作中就不可避免的遇到治理的混乱，致使国际机制的进一步发展受阻。

四、对完善北极生态环境治理机制的几点建议

任何一种有效的国际机制的形成，既不可避免地需要从以往相关实践中获取经验，也必然要着眼于国际关系的发展并考虑所处理问题的特殊性。对于日趋复杂的北极生态困境，未来北极环境的国际治理机制如何完善以适应新的形势，本文将给出几点建议：

首先，在保护北极生态环境方面，所有国家，包括环北极八国，都必须拿出最大的诚意来参与合作，尤其是一些大国，应该抛弃“冷战思维”与“单边主义”，将环境保护列为议程的优先位置。所有的国家都必须统一“保护北极生态环境，就是保护人类共同的家园”这一思想，抱着“于人有利，便是于己有利”的信念来把握自已的利益牺牲尺度，摒弃零和游戏困境，不能再继续为了追求各自的利益而以破坏脆弱的北极生态系统平衡为代价，[②] 这既是解决当前北极生态环境问题的有效途径，也是迈向

① 刘惠荣、杨凡：“国际法视野下的北极环境法律问题研究”，《中国海洋大学学报（社会科学版）》，2009 年第 3 期。

② 常晶、郭培清：“更加复杂的北极生态困境”，《海洋世界》，2009 年第 8 期。

建立具有综合有效的生态环境保护体系的第一步。

其次，是加强与北极圈之外更广泛的国际社会的合作，提升治理机制的开放度和民主度，防止个别国家垄断北极事务。北极地区的环境问题之源不仅仅是环北极国家的活动，也包括北极圈之外其他行为体的活动，强化“人类共同继承财产”原则在北极地区的适用，这样通过北极圈内外的国际合作，才有可能解决越来越迫切的北极环境问题。

最后，在完善北极环境保护的国际机制方面，可以达成《北极条约》。关于《北极条约》，有一个最好的参照，即“南极模式”。在现有的国际机制基础上达成一项具有有效约束力的条约，这将对北极地区的环境保护具有深远的意义。

根据郭培清教授的分析，所谓“南极模式”就是非军事化（无核化）、冻结领土争议、科学考察自由与科学合作等，核心是非军事化和领土冻结。基于这一观点，对于《北极条约》的达成，可以分为三步：第一，将在北极海域全面实施《联合国海洋法公约》作为过渡措施。在承认北极国家有权根据《联合国海洋法公约》划定内水、领海、专属经济区和大陆架的前提下，冻结或者取消《公约》有关外大陆架划界规定在北极海域的适用；第二，制定一个专门适用于北极海域（甚至适用于包括陆地在内的整个北极地区）的综合性环境保护协定，冻结北极地区（包括北极陆地和北冰洋海域）的军事化使用；第三，比照南极，由国际社会全体成员共同努力，在联合国的主持下订立并逐步完善《北极条约》及其相关文件体系。[①]

---

① “中国应积极参与构建北极治理国际机制”，http：//www.chinadaily.com.cn/hqgj/sdbd/2010－11－03/content_1134289_2.html。

目前要达成任何一项新的、得到各国广泛接受的北极生态环境治理机制都绝非易事。各国在国家利益上的冲突和立场上的分歧，似乎还有加剧北极争夺之势，而在能源紧缺的今天，北极脆弱的生态环境更要经历前所未有的考验。但对于关系到全人类的环境问题，任何国家也不可能独善其身。通过本文的分析，可以看出各国如本着“以现实为基础、以未来为指向、以共赢为目的”的精神，在错综复杂的国家利益面前求同存异，最终达成《北极条约》，使北极生态环境治理的国际机制发挥更有效的作用，各国相互合作以达到共赢并不是不可能的。

南美共同体与美洲自由贸易区

——区域经济一体化在拉美地区的案例研究

万 喻*

内容提要： 拉美地区一体化进程进入了一个新的阶段。“南美共同体能否成为第二个欧盟”、“美洲自由贸易区是否只是个幻想”以及“南美共同体与美洲自由贸易区并行不悖的必要性”是研究拉美地区经济一体化需要认真思考的问题。

区域经济一体化，是20世纪50年代后期以来发生和发展的一个国际现象。它指的是同一个地区两个以上的国家以签订自由贸易协定等一体化文件的形式，组成区域性经济集团，通过加强成员国的经济合作，达到对内发展本国经济，对外增强竞争力的目的。20世纪90年代以来，世界经济全球化、地区经济集团化迅速发展。拉美作为发展中国家一体化进程发展最早的地区之

* 万瑜，经济学博士，复旦大学国际关系与公共事务学院政治学博士后。

一，面对发达国家的激烈竞争和日益严重的保护主义，愈加认识到加强地区合作的重要性，全地区一体化进程进入了一个新的阶段。

一、南美共同体能否成为第二个欧盟

2004年12月8日，南美12个国家的总统或其代表在秘鲁古城库斯科通过了《库斯科声明》，宣布正式成立“南美国家共同体”（CSN，简称“南美共同体”或“南共体”）。世界上继欧盟之后第二个由主权国家组成的地区性经济和政治集团诞生了。这是拉美地区一体化进程中具有历史意义的里程碑事件，它必将推动整个地区的经济和政治发展。它既是经济全球化深入推进的产物，是拉美国家探索自身发展道路的一种有益尝试，也体现了拉丁美洲人民希望联合团结、实现全面一体化的意愿，是应对经济全球化挑战的一个重大举措。

南美共同体是一个“5＋4＋3”的地区性组织，包括安第斯共同体5个成员国（玻利维亚、哥伦比亚、厄瓜多尔、秘鲁和委内瑞拉）、南方共同市场4个成员国（阿根廷、巴西、乌拉圭和巴拉圭）以及另外3个拉美国家（智利、圭亚那和苏里南）。这12个成员国总共拥有3.61亿人口，1700万平方公里的广袤土地，国内生产总值达1万亿美元，出口总额近2000亿美元，拥有可供使用100多年的石油与天然气。这一切使得南共体成为一个综合实力很强、具有巨大发展潜能的地区集团，对全球经济和贸易的影响不容低估。它的成立正如巴西总统卢拉所言，“它将像欧盟一样拥有统一的货币，统一的护照，统一的市场，共同的议会，将是欧盟及其制度的一面镜子”。[①] 但它能否以此为契机，逐步发展成为“第二个欧盟”，不仅取决于自身内部的整合与协调，还取决于能否积极应对内外的各种挑战。

首先，南美共同体存在先天缺陷。不像欧盟，南美共同体并非是“瓜熟蒂落”，而是自诞生之日起就“发出不和谐之音”。一是南美共同体天生机制不健全。它虽已宣告成立，但其性质、宗旨、纲领和运行机制等均未明确，以后的发展方向、步骤和程序也未做出清楚的界定。各地区组织之间如果缺乏有效的协调和统一机制，将难以真正发挥整合、统一地区力量的作用。二是南美国家仍未形成统一的关税联盟，在财政和货币政策方面更是存在严重分歧。这意味着各国不会为整个共同市场的发展而牺牲自身利益，更不会轻易放弃制定财政、货币和关税政策的独立性。这将使南美共同体的经济一体化进程面临深层挑战，最终形成统一的经济体绝非易事。因此，要克服这些“先天不足”，决非一蹴而就，需要南美各国的长期齐心努力。

其次，拉美地区组织与国家之间的利益与矛盾重叠交织是最为重要的制约因素。由于南美共同体不涵盖墨西哥、中美洲和加勒比国家等 21 个国家，所以其广泛性和普遍性在拉美地区难以获得认同。被“排斥”在外的拉美国家势必“耿耿于怀”，质疑其对拉美地区一体化乃至对整个美洲一体化进程的影响，从而在客观上对南美共同体的未来发展造成阻力。此外，南美共同体 12 个成员国之间经济结构相似，多数国家是以劳动密集型产业和资源密集型产业为主，难以形成紧密的垂直分工和水平分工的关系，出口产品互补性有限，经济利益上存在明显的竞争性。玻

① “Visions of Unity”，http：//www. Economist. com/SouthAmerican-Summits. htm.

利维亚和智利之间甚至还存在着边界争端；巴西与阿根廷之间贸易摩擦不断。而且，南美共同体是以安共体和南共市为基础建立而成。它们机构相互重叠，利益相互交叉，关系错综复杂。尤其自20世纪90年代以来，拉美地区接连发生多次金融危机，对周边国家和整个地区的发展都造成了极为不利的影响。经济困难加剧了各国的利益磨擦和自顾倾向，地区内保护主义抬头、贸易纠纷频发。这些都为南美共同体的发展埋下隐患。

再次，美国的干预和阻挠带来消极影响。美国一直将拉美视为自己的“后院”，不愿看到西半球南部出现一个挑战其霸权、与之平起平坐的“南美共同体”。近年它加强对拉美控制的意图更加明显，采取主导美洲一体化进程、分化拉美的战略。美国不仅对以巴西为代表的南美洲的“脱美”意图保持警惕，还主动与中美洲、智利、乌拉圭等展开双边自由贸易谈判，通过分化策略阻止南美乃至拉美一体化进程。因此，南美共同体如何面对美国的“干扰”，是一个难以回避且十分棘手的挑战。

由此可见，南美共同体要想成为“第二个欧盟”，任重而道远。虽然南美国家的共同利益仍大于彼此分歧，南美共同体指明了南美乃至拉美地区的发展方向，但是拉美的许多一体化问题很难在短期内靠自己的力量来解决。因此，依靠与地区外的发达国家或地区合作，尽快地加入到全球化进程中是拉美国家的必要选择。于是，伴随着全球化的浪潮启动的美洲自由贸易区谈判，给拉美经济一体化的发展提供了新的机会和挑战。

拉美地区经济一体化的进程与建立美洲自由贸易区计划既有联系，又有区别。拉美地区经济一体化已经取得进展，南美共同体收获的成果为建立美洲自由贸易区创造了一定的有利条件。尤其是由于南美共同体的发展，拉美各国一方面通过协调立场，依靠集体的力量，提高在国际谈判中的地位；另一方面，在地区内的一体化谈判中积累了丰富的经验，为参与更进一步的一体化进程奠定了良好的基础。区别在于，拉美地区经济一体化进程的目标已经确定为经济、货币、政治联盟的逐步升级。这一点可以从南美共同体的发展过程看得出来；而建立美洲自由贸易区的计划只限于建立自由贸易区，并无更高的目标。因此，拉美国家不能因噎废食，而应当积极迎接挑战，在参加由美国倡议的美洲自由贸易区的谈判中找到适当的位置，顺应潮流，发展自己，在一体化中获得尽可能大的经济利益，使国民经济得到最大的发展。

二、美洲自由贸易区是否只是个幻想

美洲自由贸易区（Free Trade Area of Americas，FTAA）的设想是2005年初在西半球建立一个世界上面积最大、年GDP总值达14万亿美元、拥有8亿人口的自由贸易区。尽管2005年的第四届美洲国家首脑会议无果而终，但并不意味着美洲自由贸易区只是个幻想。只要经过各方面共同努力，它的前景并不黯淡。

从长远来看，西半球自由贸易区的建立是大势所趋，不论对美国，还是拉美国家，带来的好处均大于其弊端。因此，它们都不会轻易放弃这一重要的战略选择。

对美国来说，它之所以主张组建美洲自由贸易区：一方面，这是美国全球经济战略的一个重要组成部分，是在冷战后世界经济政治格局发生巨大变革的情况下，出于维护自身利益的实际需要。在经济全球化日益加强、欧洲和亚太地区的区域经济合作迅速发展的情况下，美国需要以美洲自由贸易区为立足点，加强在全球经济中的领导地位；另一方面，拉美市场对美国有着巨大的吸引力，拉美地区是20世纪90年代美国出口增长最快的地区，是21世纪美国最有前景的市场之一，美国希望通过地区贸易协议巩固和加强对这一市场的占领。据统计，仅在1990—1994年间，美国向拉美国家的商品出口就增加了近80%，同期，美国对日本和欧盟出口分别增加了10%和5%，远远落后于美国对拉美的出口；通过对拉美国家特别是对巴西等国的出口，还在一定程度上促使美国的贸易逆差有所减少，显示了美国对拉美国家进出口额的增长趋势[①]。

对拉美国家而言，建立美洲自由贸易区可以解决一些拉美本地区一体化解决不了的问题。美国是世界最强的经济大国，与拉美经济有较强的互补性。拉美国家可以通过美洲自由贸易区同本地区经济发达国家美国和加拿大实行经济互补，有助于引进美加两国的高新技术和先进的管理经验，进一步推动它们的经济发展；消除贸易自由化障碍，促使拉美国家产品顺利打入美加市场，并从中享受到贸易投资自由化的种种优惠待遇；可以借助美国的强大经济金融实力来抵御来自世界任何地区的金融风险。21世纪拉美经济进入一个新的增长期，引进美国的先进技术、吸收美国的资金、稳定地占领美国市场对拉美经济的前景具有重大意义。

因此，尽管委内瑞拉总统查韦斯提出要“埋葬”美洲自由贸易区计划，并于2004年12月与古巴开始实施“基于拉美团结”的“美洲玻利瓦尔替代计划”来替代由美国主导的、以新自由主义为指导的美洲自由贸易区计划。但现实是，多数拉美国家仍追随美国，希望尽快重新启动美洲自由贸易区谈判。巴西等国家虽然反对为重新启动美洲自由贸易区谈判确定具体的日期，但它们

---

① 资料来源：《世界经济年鉴》（根据1994卷～2004/2005卷整理）。

面临的形势并不乐观。

另一方面，美洲自由贸易区谈判陷入僵局后，美国采取了单边推进的战略。2004 年美国与智利的自由贸易协定生效。2005 年 8 月，在布什大力推动下，“美国—中美洲—多米尼加自由贸易协定”在美国国会获得通过，布什正式签署了该协定。2004 年 5 月 18 日，美国还启动了与哥伦比亚、秘鲁和厄瓜多尔的自由贸易谈判。截至 2005 年 9 月 12 日，美国与这几个安第斯国家已举行了 12 轮自由贸易谈判，有望很快达成自由贸易协定。美国与巴拿马的自由贸易谈判也在进行之中。由此可见，美洲自由贸易区计划并没有“死亡”。

总之，从美国方面来说，忽视拉丁美洲的政策并不真正符合美国的利益；从拉美国家来说，在实行对外经济关系多元化的过程中，与美国的关系依然占据首要地位。因此，即使美洲国家对组建美洲自由贸易区看法不一，有时甚至出现严重分歧，但是建立美洲自由贸易区仍然是西半球绝大多数国家的共同愿望。

三、南美共同体与美洲自由贸易区并行不悖的必要性

尽管对美洲自由贸易区的未来持乐观态度，但不可否认，拉美国家和美国在对待美洲自由贸易区的问题的本质上存在着很大差异。

首先，双方的目的不一致。拉美国家希望美国取消贸易壁垒，扩大市场，使拉美的产品更多地出口，同时得到美国更多的资金和技术，进而促进国民经济的增长。而美国的目的是通过西半球一体化保住拉美这块传统的市场，以此加强在世界上的领导

地位。但与此同时，美国国内许多人担心拉美的产品涌入美国市场会危害本国企业的利益，并造成失业增加；还有人担心拉美经济不稳定会波及美国经济。因此，只要美国在拉美的利益不受到威胁，美国就不急于推进一体化进程。

其次，双方地位相差悬殊。当今全球化进程是由发达国家主导的，因此全球化进程首先有利于发达国家。在美洲自由贸易区的谈判也是同样，美国势必将其政治、经济和社会的价值观念强加给拉美国家。面对世界经济最发达的国家，拉美必然处于被动地位，放弃一些经济甚至政治上的权益。

第三，在一体化过程中，拉美国家要冒很大的风险，诸如金融过度开放。拉美经济发展一向严重依赖外部资金，而国际资本从来都是流向利润率最高的地方，从不会考虑接受国的利益，只要有点风吹草动，国外资金就会有强烈的反应。这在 1994 年的墨西哥金融危机和 1999 年的巴西金融动荡中已充分表现出来。国内市场过度过快的开放，造成美国大量的物美价廉产品的涌入，排挤本国同类产品，进而使拉美国家结构失业增加，不同阶层之间的收入分配差距扩大，国内不稳定因素增加。

最后，拉美不少国家领导人清楚地看到，美洲自由贸易区的建立对拉美经济带来的结果并非全是积极的，例如：自由贸易区的建立并不能保证加速拉美地区经济的增长；拉美国家与美国之间的经济差距将进一步拉大；拉美各国的就业将更不稳定，失业率可能进一步上升；收入分配将更加不均，社会不公将进一步加重；社会福利和公共服务计划将逐渐减少等。

由此可见，当前被认定为是发展中国家区域经济一体化方向的南北型区域经济一体化，即发达国家和发展中国家之间的区域经济一体化不应当、也不可能完全取代南南合作。为了避免不利于拉美国家利益的一体化，最现实、也是最佳的出路便是拉美国家联合起来，通过地区一体化等方式来增强自己的经济实力，以经济集团的力量共同面向美洲经济一体化。因此，南美共同体与美洲自由贸易区两者的发展是并行不悖的，且十分有必要。在美洲自由贸易区进程进展缓慢之时，南美共同体的发展取得了显著的成绩。换言之，从另一角度看，在西半球经济一体化进程中，美国步伐的迟缓为拉美各国通过加深地区经济一体化和地区多方面的合作，协调立场，尽可能走向一致提供了时间。

香格里拉对话与东盟地区论坛比较分析

付玉梅*

内容提要：本文在比较了东盟地区论坛和香格里拉对话会议的功能后，重点分析了它们对中国的影响。基于东盟地区论坛和亚洲安全会议存在的问题和影响力，中国应该如何利用这样的多边合作机制为中国未来的亚太地区战略构建做出规划。说明了中国应该积极应对国际多边安全合作机制而不是排斥它才有助于中国的国家战略。

自冷战结束以来，全球政治格局逐渐走向多级化，国与国之间的对话也代替了紧张和对抗，军事对峙让位于经济和安全的合作。世界各个地区国家间的安全与经济合作对话机制一直处于蓬勃发展状态。随着亚洲的发展、东盟的不断扩大、中国的崛起以及美国和其他一些西方国家在亚太地区的力量所在，亚太地区也

* 付玉梅，上海社会科学院国际政治专业硕士研究生。

不断产生出新的安全合作对话机制，如亚太安全合作理事会(CSCAP)、东盟地区论坛（ARF）和香格里拉对话（SLD）等。其中东盟地区论坛和香格里拉对话两者之间有很多共同之处，又有着一些本质的区别。本文在对两者做出比较之后，旨在讨论这两个多边合作机制对中国以及对参与各国产生的一些影响。

一、东盟地区论坛和香格里拉对话会议的作用比较

要了解东盟地区论坛和香格里拉对话会议的不同之处，就有必要对这两个对话机制的具体内容有所了解。东盟地区论坛由东盟国家倡议创办，是目前亚太地区最主要的官方多边安全对话与合作机制。其是在1992年的东盟首脑会议上，由东盟各国就加强地区政治、安全对话的目的而建议要建立一个对话机制后，达成的共识。并于1994年7月25日在曼谷召开了首届东盟地区论坛会议，参加对话会议的主要是各国外长或首脑，中国当时是作为东盟磋商伙伴国参加的。东盟地区论坛的主要目标是以维护亚太地区的稳定与安全而就各方共同关心的政治与安全问题举行建设性对话和磋商。在建立亚太地区的信任措施、核不扩散、维和、交换非机密军事情报，海上安全和预防性外交六大领域开展合作。论坛举办的方式是沿着正式和非正式亦即第一和第二轨道进行。东盟地区论坛现有27个成员：东盟10个功能国，以及澳大利亚、加拿大、中国、印度、日本、新西兰、韩国、俄罗斯、美国和欧盟和亚太地区的其他一些国家等。东盟地区论坛每年一度举行，每年的论坛对话都会讨论一个中心问题。

香格里拉对话会议又称亚洲安全会议，是由英国国际战略研

究所（IISS）发起、在新加坡政府的支持下于2002年开始举办的一个多边安全合作对话机制。因为首次正式会议是在新加坡香格里拉饭店举行，所以也被称为“香格里拉对话”（Shangri-La Dialogue）。亚洲安全会议的出现是多种因素作用的结果。其中一个主要原因是：在2001年9月11日美国发生了恐怖分子袭击事件后，以往为解决传统的国家安全而建立的多边安全合作对话机制已不能够顺应潮流去解决诸如恐怖主义、海上安全、跨国犯罪、传染病等新的非传统安全问题，所以英国国际战略研究所发起了亚洲安全合作对话会议这样的机制来应对亚太地区出现的这些新问题。另一个主要原因：随着中国的快速发展，在中国崛起的声势中，美国和西方以及东盟都很担心因为中国的强大而打破地区实力平衡，建立这样的对话机制有助于它们对亚太地区的政治和军事安全开展建设性对话，更深入的对亚太地区安全事务进行干涉。因此，SLD在一定程度上是西方和东南亚部分国家对中国在亚太地区事务中影响力持续上升的担忧的一种反应。同时也是西方国家和东盟想把中国绑缚在地区之内，使中国进入地区组织框架，并在一定程度上遏制中国崛起的行为表现①。参加亚洲安全会议的主要是各国防务高官或国防部长，同时专家和学者占据会议一半的席位。

从东盟地区论坛和亚洲安全会议的建立原因、发起方、参与会议的主体以及历届会议讨论的内容来看，这两个会议在作用上体现了一些相同的地方也有一些不同点。一方面，东盟地区论坛和亚洲安全会议有着一些主要的相同之处。首先，它们都是为了解决亚太地区出现或有可能出现的政治和安全问题而进行的多边

① International security，winter，2003. will Asia's Past Be Its Future? By Amitav Acharya，p. 161.

对话与协商，从而对各种安全问题提出可行性的解决建议。两者都会对亚太地区的传统安全和非传统安全问题的解决发挥着积极作用。尽管 SDL 建立的初衷大部分是为了解决非传统安全领域的问题，但从历年会议上讨论的问题来看大部分还是如 ARF 一样会涉及传统的安全问题，如 2010 年中美双方就南海问题和美国对台军售展开交锋，2011 年 SDL 讨论的主要问题除了海盗和跨国毒品问题外，还讨论阿富汗局势、朝核问题和南海问题。其次，两者的共同之处都是对各种安全问题进行建设性的对话和协商，虽然会议为各方共同感兴趣的地区和国际问题交换意见提供了机会，也为解决问题积累了共识，为加强合作提供了交流的平台，但 ARF 和 SLD 最终只是对各种安全问题给予建议却往往没有形成具有约束力的文件或章程。

另一方面，ARF 与 SLD 又有着很大的区别。首先，两个对话会议形成的性质是不同的，ARF 是由东盟主导而有各国外长或首脑参与，并且是由主权国家和国家联盟——即东盟发起的一个多边的多层次的“论坛式”协商制度。ARF 对缓解地区紧张局势，维护地区和平与稳定，增加与会各国的信任都起了一定的作用。而 SLD 即亚洲安全会议则是由亚洲以外的西方国家倡议和主导的，参加会议的有专家、学者和各国国防部长或其他防务高官，因为亚洲安全会议的发起者是有研究国际政治、军事冲突的英国权威学术机构发起的，并在一开始美国就给予很大支持。尽管 SDL 的性质是属于“一轨半”安全对话合作机制，但美国从首届会议起就派出了高级别官员参加，因为除了 2002 年和 2003 年美国派出国防部副部长与会外，从 2004 年起都是国防部长亲自到会。而从 2004 年开始，亚洲安全会议的一个固定议题就是“美国与亚太安全”的问题，美国国防部长每年都是第一个就此议题发表演讲，其他议题和发言人则不固定，视情况而调整[①]。由此可以看出美国对香格里拉会议的重视程度，也可以看出香格里拉会议是以美国为中心，美国才是其安全对话会议的主角。

最后，从种种事实来看，虽然研究国际政治的学者们和主导国家政治的政客们都认为东盟倡议并主导东盟地区论坛的部分目的，是为了把中国绑定入地区框架组织，以达到能够与中国的强大力量抗衡[②]，但论坛成立以来，它的作用更多的是就共同的地区问题进行协商和交换意见，建立互信。同时，东盟地区论坛有助于中国与东盟各国关系的发展，也给中国在地区事务中发挥作用提供了一个平台。同样，亚洲安全会议建立的部分目的，也是因为亚洲地区之外的国家和非国家行为体由于所谓的“中国威胁论”而建立的一个主要针对中国并牵制中国的多边合作对话会议[③]，但因为有西方大国主导，其遏制中国和干涉亚洲事务的目的变得明显，并在某些领域反而不利于亚洲国家之间的合作。这种过程和结果可从历届亚洲安全会议的内容看出，虽然中国在以往的几届对话会议中只派遣低级别的官员参加，2003 年和 2004 年甚至缺席会议，但中国发展引起的相关问题一直是会议议程所讨论的一部分，如何解决因中国力量存在而引起的各方不安，一直是会议关注的要点。因此相比于东盟地区论坛，亚洲安全会议不光在组织者、参加者方面都有不同，而且更是为了针对某些国家力量存在，和实现另一些国家的战略目标而建立的。

---

① http：//www. sina. com. cn，2011 年 06 月 03 日《解放日报》。

② International security，winter，2003. will *Asia's Past Be Its Future*? By Amitav Acharya，p. 162.

③ http：//www. sina. com，2011 年 06 月 03 日。

二、ARF和SDL各自对中国产生的影响以及中国的应对

（一）东盟地区论坛对中国的影响主要有三方面

第一，加强互信，预防冲突，改善中国与其邻国之间的政治和外交环境。因为从历史和地缘政治上来说，亚太地区及亚洲各国都曾经或仍然存在领土或领海纷争，至今中国还与一些周边国家之间存在着一些边界之争，与很多国家有着领海之争，就单独一个南海问题就让东盟各国之间以及东盟很多国家与中国之间存在很多纷争。对日本给亚洲各国带来的侵略记忆还记忆犹新，这也是无法让亚洲各国走得更近，彼此产生怀疑的一个原因。因此东盟地区论坛以对话的形式让各国在一些共同的问题上充分交换意见，继而建立互信，如1997年、2002年的外长会议上讨论的重点都是就ARF成员在安全观、柬埔寨、缅甸、美日同盟、朝鲜半岛、核问题等问题上坦率交换看法。东盟地区论坛的作用就如中国外交部长杨洁篪在第十六届外长会议上所说的，是增进成员国之间的相互信任、加强安全对话合作、促进地区和平稳定。第二，东盟地区论坛给中国向外部展示其政治和外交立场的机会。中国从20世纪90年代到90年代中期从怀疑国际多边合作机制逐渐转变到接纳和适应国际多边合作机制。比如中国在以观察员身份参与东盟地区论坛一、两年后，中国意识到美国并不能控制ARF使其作为遏制中国的工具，而且中国自身还可以推动东盟地区论坛及其它组织的发展。如中国外交部长钱其琛就在1996年的东盟地区论坛上首次提出“新安全观”，1997年、1999年“新安全观”被迟浩田和江泽民分别再次在国际公开场合提

出。之后“新安全观”的核心“执行对话、磋商，在平等的立场上商讨解决争端，和捍卫和平”等在国际上被普遍认同①。第三，ARF 促进了中国与亚太国家间非传统安全问题的解决。对在全球化背景下出现的跨国犯罪、海上安全、疾病等有效解决提供了一种合作途径。如讨论如何应对 1997 年的金融危机，2003 年的非典以及海盗问题等。从这三点来看，ARF 不仅只是东盟主导并寻求与中国均势的机制，也是有利于中国参与国际事务的解决，以及发挥自己对国际事务影响的一个场所。

（二）亚洲安全对话对中国的影响归纳起来主要有两方面

第一，西方大国主导对话会影响中国崛起的正面形象。事实上，自 2002 年第一届香格里拉会议起，防范中国一直是与会各方心照不宣的意图。西方和东南亚一些国家创建这样的对话机制就是想“另起炉灶”建立一个与 ARF 并行的机制，并对中国进行战略牵制②。因为这个会议由英国国际战略研究所发起，讨论的却是亚洲安全的问题，而美国又一直对其十分重视。此外，新加坡虽然地处亚洲，但在防卫理念上一直主张“援外入内”的平衡术，也就是希望把美国拉进亚洲，平衡中国日渐崛起的军事存在和影响力。新加坡前总理李光耀多次在公共场合声称，“美国是能抗衡充分成长的中国的唯一力量，因此保持美国对该地区的兴趣很重要”等言行。这种牵制中国的行为可以从前几届会议以及刚刚结束的“第十届亚洲安全会议”内容中反映出来。如在第 4 次香格里拉会议上，时任美国防长的拉姆斯菲尔德批评中国军

① International security, winter, 2003. China engage in Asia by Samberge, p. 87.

② 人民网“我要评论”，2011 年 06 月 07 日。

费不透明。在第九届会议上，美国国防部长盖茨也激烈批评中国因美国对台军售中断双边军事交流的做法没有意义，并要求保障在南中国海的自由进出权。在最近刚结束的第十届会议中讨论的六个议题分别是："亚太地区新出现的安全挑战"、"亚洲出现的新军事学说和能力"、"亚洲新的力量分布及其意义"、"中国与国际安全合作"、"海洋安全威胁"、"建立战略信心"等。这六个议题中，唯一出现的国家名字就是中国。并且所有的议题似乎都与中国有关，如"亚太地区的新安全挑战、新力量的分布"等都映射出中国力量的强大对亚太地区形成威胁进而对其寻求方法解决。这一连串抗衡中国的行为在一定程度上将会让中国处于孤立位置，但也会对亚太地区的安全环境产生不利影响。所以中方代表崔天凯与拉姆斯菲尔德针锋相对，而马晓天也对盖茨的言论给予了相应的质问和指责。

第二，亚洲安全会议的影响也促进了中国积极应对不利于中国的外交危机。虽然近年来鼓噪"中国威胁论"的声音已经不像过去那样明目张胆，而是隐晦了很多。但中国崛起仍是一些与会国家的心中隐患，时值越南在南海问题上又违背 2002 年的《南海各方宣言》，所以中国无疑应当利用参会的机会，更好地向各方宣讲自己的外交与国防理念，消除不必要的误会和担忧。因为除了一些与中国有领土争端的国家外，多数国家对中国崛起的担心还是缘于对中国的不了解或了解不充分。所以中国军方高层与会，不仅可以更好地宣传介绍中国的立场，同时也可以让一些别有用心的人鼓噪"中国威胁论"时有所顾忌，避免香格里拉会议开成防华反华的会议。所以在今年的香格里拉会议上中国派出了强大的阵容与会，这也是中国首次派遣了国防部长参加。这是中国积极介入和应对此类会议的真实表现，也是中国摆明自己立场的一种可取的姿态。所以香格里拉会议在对中国产生负面影响的同时，也为中国利用这个渠道同各方增信释疑，更开放、更自信地去阐明我国的防御性国防政策提供了机会，并为一些热点问题的解决增加了途径。

三、结论

综上所述，无论是东盟地区论坛还是香格里拉对话会议等多边合作机制都有助于把独立、平等、互惠、互不干涉的规范带进地区外交和安全实践中。对诸如军事理念、防务政策、军费开支、战略信任、领土领海争端、海洋安全等问题的解决都有强化作用。同时会对一些热点问题的应对，如阿富汗局势、朝核问题、南海问题、海盗、跨国毒品走私等都会起着促进作用。此外亚太的这些多边合作机制都会把中国绑入进去，虽然部分目的是为了遏制中国，但假如缺少中国的参与，将会导致这些多边机制的存在没有意义。

中东变局对中国与中东经贸合作的影响

周国建*

内容提要：中东变局对地区经济产生严重冲击，但并没有造成伤筋动骨。中国和中东国家都在实施经济多样化和外贸多元化发展战略，双方经济互补性强，开展经贸合作具有良好的基础。随着中东地区经济逐渐复苏，中国与中东经贸合作将面临许多机遇，同时也将面对一些挑战。只要勇于探讨，积极开拓，双方经贸合作将迎来一个更加生机勃勃的新局面。

中东变局对相关国家经济造成严重损失，并对地区经济环境产生负面影响，但并没有使中东经济伤筋动骨。随着中东经济逐渐复苏，中东地区将迎来新一轮的建设高潮，前景看好。

---

* 周国建，上海社会科学院欧亚研究所中东研究室副研究员。

一、中东变局对相关国家经济的负面影响

（一）局势动荡国家经济秩序遭到破坏，经济损失惨重

在地区局势动荡期间，相关国家经济都遭受了不同程度的破坏，经济损失严重。突尼斯直接经济损失约 21.4 亿美元，全国 40％的企业停工减产。[①] 2011 年，突尼斯经济预计增长 1.3％，远低于 2010 年的 3.7％。旅游业是突尼斯经济的支柱产业，每年产值约占国民经济的 5.5％，外汇收入占全国外汇总收入的 19％，但今年第一季度收入同比下降了 50％—60％。政局动荡给埃及的制造业、建筑业和旅游业造成了超过 17 亿美元的损失。这一数字接近埃及 2010 年国民生产总值的 1/20。国际金融机构已经将埃及 2010 至 2011 财政年度的经济增长率从先前预计的 6％以上调低到 3.5％—4％左右。[②] 巴林持续 1 个多月的骚乱给国家带来约 30 亿美元的损失。而巴林 2010 年全年国内生产总值仅为 229 亿美元。骚乱造成巴林金融业停业数周，带来的损失难以估量。巴林旅游业收入的损失预计在 5 亿美元左右。而仍处在政局动荡漩涡中心的利比亚必是直接经济损失最严重的国家。由于利比亚局势发生重大变化，尚无法准确评估其经济、社会所受到的影响，但可以确定的是，作为该国经济支柱的石油行业已经遭受重大冲击。意大利埃尼石油公司和西班牙雷普索尔石油公司于 2011 年 2 月 22 日宣布，暂停部分在利比亚的石油和天然气生产。利比亚为世界第 15 大石油出口国，日均产油约 160 万桶。

---

① “纽约油价 22 日因中东局势趋紧狂飙”，新华网，2011 年 2 月 23 日。

② 同上。

而埃尼公司是在利比亚的最大石油公司，产油量约占该国1/3。[①]

（二）市场物价上涨，通胀状况恶化

中东市场与外部联系密切，当地消费许多靠国外进口。但自2010年12月以来，动荡国家商品流入急剧下降，导致国内通胀状况恶化。埃及2011年3月份的消费者物价指数上涨到11.5%，创12个月来的新高，其中食品类价格上涨了20.5%。埃及有一半国内消费品依赖进口，随着国际粮价上涨和国内供应短缺以及埃镑贬值等因素影响，埃及的通胀状况将进一步恶化。

（三）投资环境恶化，资金引进陷入停顿

以前，动荡国家的国际投资活动非常活跃，每年吸引大量的外国直接投资，投资主要流向能源、矿产和金融等服务业。但政治危机引发社会治安问题，严重破坏地区投资环境。叙利亚局势动荡，境内民众抗议活动难以平息；利比亚动乱演变成内战，引发剧烈的流血冲突；埃及尽管穆巴拉克下台，但国内游行抗议活动时常发生。这些国家自2010年12月局势动荡以来，外资企业经营活动陷入停顿，外资流入裹足不前。

（四）对外经济交流受阻，外贸市场萎缩

动荡国家多为外向型经济体，与其他国家经贸关系非常密切。这些国家石油国际贸易活跃，其经济发展对国际贸易有相当程度的依存度。但局势动荡扰乱了这些国家的经济秩序，造成外贸市场萎缩。中东地区还是全球主要的农产品进口市场，局势动荡造成中东地区农产品需求锐减。受此影响，2011年2月22日

① “纽约油价22日因中东局势趋紧狂飙”，新华网，2011年2月23日。

美国芝加哥农产品期货市场一度出现了玉米、小麦和大豆期货价格全线跌停的现象。①

二、中东经济发展前景依然乐观

尽管中东局势动荡给地区经济造成严重冲击，中东经济并没有伤筋动骨，经济没有受到实质性的破坏。局势动荡过程中，除利比亚经济基础设施遭到严重破坏外，其他国家依旧保持完整。一旦局势稳定，这些国家的经济恢复有望加快。目前埃及、突尼斯政权正在实现平稳过渡，重建工作也已经提上议事日程。2011年1月，国际货币基金组织发布的《世界经济展望》，预测中东地区2011年经济增长将达到4.6%，② 远远高于全球生产总值3.1%的增长率。未来中东经济复苏将得益于以下几个有利条件。

（一）石油外汇收入将成为中东产油国经济复苏的重要保证

中东国家，尤其是海湾国家，其经济在很大程度上依赖石油市场走势和外汇收入。

随着世界经济回升，海湾经济发展预计比其他地区要快。2010年随着世界油价上涨，海湾国家的石油出口从2009年的3230亿美元，增长为4570亿美元。海湾国家的外汇资产将由2010年的1.049万亿美元，增加到2011年底的1.34万亿美

① 张春宁、唐军："中东政局动荡的经济影响"，《西亚非洲》，中国社会科学院西亚非洲研究所，2011年第6期，第46页。

② IMF，World Economic Outlook Update：Global Recovery Advances but Remains Uneven，Jannary 2010，page one.

元。[①] 毫无疑问，这将为海湾经济快速发展注入动力。石油产量提高和石油收入增加，将刺激当地房地产、金融和基础建设领域投资的增加，并带动整个地区的经济增长。世界银行预测，到2011年海湾国家经济增长将达到4.7%。[②]

（二）经济结构多样化发展战略为中东经济增添活力

近年来中东国家都制定了经济多样化的发展战略。阿联酋注重发展基础和战略性工业，如石油化工、钢铁、水泥和铝业等。工业在其实现经济多元化中发挥重要作用。2010年阿联酋工业部分投资由2007年的198.36亿美元增加至327亿美元，预计2012年将达到1200亿美元。大规模投资催生了一大批新兴工业发展项目，如阿布扎比新建了220亿迪拉姆规模的铝厂和30亿美元的钢厂。[③] 可见，经济结构多样化已经成为促进中东经济发展的动力。

（三）欧元贬值减轻中东国家的通胀压力，有利于中东经济增长

中东国家的生活用品和工业设备大部分依赖进口。自2009年末以来，世界经济复苏和国际商品价格上涨，使中东国家在进口商品时不同程度蒙受了通胀压力。然而，欧元贬值使这种情况得到了好转。沙特是海湾地区欧元贬值的最大受益国之一。沙特进口商品中，从欧洲进口的商品占其总量的30%。欧元贬值使沙特从欧洲进口的商品价格降低，大大减轻了国内的通胀压力。

---

① 中国经济网，2010年6月4日。

② 中国经济网，2010年6月4日。

③ 中国驻阿联酋使馆经商参处统计资料，2008年10月30日。

二、中国与中东经贸关系现状

中国和中东国家都在实施经济多样化和外贸多元化发展战略，双方政治关系良好，经济上互补性强，开展经贸合作具有良好的基础。近年来，经过共同努力，双方经贸关系开始进入全方位、多领域的发展阶段。双方合作无论从规模，还是从质量上看，都比以前有大幅度提高。

（一）中国与中东的贸易规模不断扩大，结构呈高级化趋势

近年来，随着中国与中东地区国家政治关系的不断加强，特别是中国对中东地区石油需求的不断增加，中国与中东的贸易规模不断扩大。同时，随着中国对外贸易多元化战略的制定和实施，中东作为一个潜在的大市场，越来越引起中国的关注和重视。中国与中东国家的贸易大幅度上升，使中东国家的贸易格局也发生了巨大变化。如今，中国已成为中东国家特别是海合会国家和伊朗的主要出口市场和重要货物贸易伙伴，并已经超过美国成为对中东最大的商品出口国。

据统计，2001 年，中国和中东 22 个阿拉伯国家的双边贸易总额为 146 亿美元。2004 年双边贸易升至 300 亿美元，2009 年双边贸易突破千亿大关。2011 年，虽然受到中东局势动荡的不利影响，但双方上半年贸易额依然达到 1200 亿美元，同比增长 36％，创下了历史新高，中国和海湾国家经贸合作发展势头尤为强劲。截至 2008 年，双边贸易额已经达到 700 亿美元，其中海湾国家对中国出口额为 420 亿美元。中国已经成为海湾国家首要的贸易伙伴。

在贸易规模不断扩大的同时，合作结构也发生了变化，呈现出不断向高级化转变的趋向。中国出口产品的档次不断高级化，机电、机械、家电以及高附加值的轻纺服装产品在中国对中东地区出口中的比例不断提高。如2009年，中国进口原油共2.04亿吨，其中从阿拉伯国家进口9486.8万吨，占46.5%。海湾国家目前进口中国的机电和家电占国内市场的45%以上。2011年8月中国南车获中东25亿大单向中东出口地铁车辆，成为中国向中东出口技术含量最高，合同金额最大的贸易订单。[①]

值得一提的是，在中东局势动荡不利的情况下，中国与中东的双边贸易依然保持了增长。其原因：经济结构较强的互补，为中国与中东贸易持续扩大提供了良好条件。中东地区整体技术水平处国际产业链中的下游，我国产业升级中需要转移的大量设备可以为其所用，中东对中国价廉物美的日用品的需求量大，已经成为我国不少传统产品的重要出口目的地。我国的日用消费品、机电产品乃至大型成套设备，在其市场很受欢迎。同时，随着我国经济的增长和能源需求的增加，对中东的石油的依赖程度进一步上升。

（二）双方在工程承包和劳务方面的合作不断加强

中东市场的劳动力严重不足，是我国最早开展工程承包和劳务合作的地区。经过改革开放30多年的努力，中国与中东国家在这一方面的合作获得了蓬勃发展。合作范围从最初的房屋、道路、桥梁、港口、水利设施建设等，发展到环保、天然气利用、核能和平利用等方面。根据有关资料统计，2001年中国与阿拉伯国家累计签订承包劳务合同6900多个，合同金额达147亿美

① “中国南车获中东25亿大单”，《法制晚报》，2011年8月11日。

元。到 2005 年双方的合作项目金额已达 302 亿美元，5 年间增加一倍。2006 年，中国公司中标阿尔及利亚东西高速公路建设项目。公路设计全长 1216 公里，框架合同金额 62.5 亿美元。这是中国公司在世界工程承包市场赢得的同类项目单项合同中的最大订单。

（三）双方之间的相互投资、合资办企业等方面的合作也不断增加

中国十分注重对中东地区的投资，特别是在石油生产领域。近 10 年来，中国公司采取灵活多变、积极主动的策略，在一些大的石油投资领域取得了突破。不久前，中国石油天然气勘探开发公司与叙利亚石油部就叙利亚油田项目合作开发签订合同，中方投入近 1 亿美元。这是中国公司首次以投标方式在中东地区资源开发上取得的项目。近年来，中国还加强了与北非阿拉伯产油国的能源合作。中国公司在苏丹投资建设了喀土穆炼油项目、喀土穆化工项目和石化贸易项目。

同时，中东国家也加快了对中国的投资，尤其是海湾国家对中国的投资迅速增加。截至 2008 年，中国与海湾国家相互投资也已经接近 500 亿美元，双方签署了上百项经贸协议。合作项目涉及化工、公路、钢材、机场扩建以及房地产等领域。中国已经成为海湾国家首要的经济合作伙伴。中国经济高速发展也吸引了一些中东非阿拉伯国家前来投资。如以色列在中国化工、电力、食品加工、农业、电子通讯产品、珠宝钻石等行业都有大量投入。其中以合资形式建立起来的中昆明塔迪兰通讯公司、青海联合钾肥厂、上海克瓦林公司、天津艾尔比特公司等，在中国都具有一定的影响力。

除了相互投资外，中国与中东国家合资办企业发展迅速。建立中外合资企业是中国吸引海外资金的一种经济合作形式。过去中国发展合资企业的对象主要是日美欧等西方国家以及港澳台地区。但进入21世纪以来，在中国一些中外合资企业中中东国家的份额开始上升。科威特是第一个通过贷款形式参与中国项目开发的国家。2006年科威特与中国达成协议，在珠海新建1000万吨级的大型炼油厂，科威特出资50亿美元。另外，20年来科威特低息贷款给中国用于各种公共设施项目，其总额达8亿多美元。沙特是中国石油合作的主要伙伴。2005年2月，全球最大的石油生产商沙特阿拉伯阿美石油公司参股中石化青岛千万吨大炼油项目。该项目一期总投资103亿元，已经于2007年年底投产。沙特还在厦门投资40亿美元，建造一座1000万吨级的大型炼油厂，并提供全部原油。

总的来说，中国与中东国家经贸合作成就显著，但发展空间依然很大。目前中东国家在我国对外贸易量中所占的份额约5%左右，双方之间的合作水平与彼此的市场能量相比依然存在着一定的差距。因此，中国与中东经贸关系的层次和范围还有待进一步拓展。

三、中国与中东经贸合作面临的机遇与挑战

虽然中国与中东国家开展经贸合作取得了很大成绩，但发展的空间还很大。从当前国内外经济形势看，中国与中东开展经贸合资将面临许多机遇，同时，也将面对一些挑战。可以相信，通过不懈努力、积极开拓，中国与中东国家经贸合作必将迎来一个更加生机勃勃的新局面。

目前，中国与中东国家发展经贸合作具有许多有利条件，一

方面，中东市场规模扩大，成为中国与中东开展经贸合作良好条件。中东国家在遭遇了2009年国际金融危机后，2011年经济状况将会全面复苏。沙特等海湾国家经济增长最快。2010年沙特的经济增长为3.4%，预计2011年增长达到4%。同时，2011年海湾合作委员会国家的经济增长将达到4.7%。[①] 中东经济振兴将为地区吸引外资、开辟新的承包市场带来许多机遇。沙特是中东国家中基础设施建设发展最快的国家之一，其投资额占整个海湾地区基础设施建设投资的50%以上，建设项目主要有道路、铁轨、机场、酒店及居民住宅等。[②] 毫无疑问，中东经济振兴，将为中国公司拓展中东市场提供难得的机会。

另一方面，中东资金“向东流”的倾向日益明显，给中国带来新的机遇。从20世纪70年代起，中东石油输出国在国际石油价格暴涨期间积聚了大量石油收入。至2008年，中东沙特阿拉伯、科威特、阿拉伯联合酋长国和卡塔尔4个国家的主权财富基金总额已高达12000亿美元。这些资金以多种形式投资于国外，形成海湾国家政府拥有的海外资产。石油美元投资对于中东国家的经济发展和安全具有特殊的意义。20世纪后期，中东石油输出国的海外资产绝大多数都以银行存款、政府债券等多种形式存放在西方国家。然而，金融危机爆发以来，美国和欧洲经济遭受沉重打击，西方国家已经不再是石油美元投资的天堂。因此，中东石油美元投资出现了向包括中国在内的东方国家转移的趋向。

这一趋势对中国来说无疑是一次极好的机会。从中国引资情况看，中东国家虽然早在80年代起就开始对中国进行投资，但

---

① 黄建纲：“海湾国家成为中东经济增长火车头”，《经济日报》，2010年6月2日。

② 新华网，阿布扎比2010年11月11日专电。

迄今为止，尚未有大型的中东银行来中国设立分行。相比中东国家的资本总额，特别是国际石油油价上升造成的石油美元的增长潜力，中国在吸引中东国家资本方面的空间是十分巨大的。

当然，除了上述有利因素外，中国与中东经贸合作还将面临一些其它方面的挑战。

（一）美国因素的干扰，严重影响中国与中东国家经贸正常往来

美国一直视中东为其主要的战略利益地带，对中国在该地区影响力增大十分敏感，因此，加大了对中国遏制力度。如美国借口伊朗核问题，无理阻挠中国与该国进行正常的商业往来。尤其需要指出的是，美国对中国在中东地区寻求能源供应心存戒备，一直对中国进行干扰。所有这一切，严重阻碍了中国与中东国家的正常的经贸合作。

（二）动荡不安的中东局势，使中国企业在中东面临风险

中东政治风云变幻莫测，安全隐患突出。北非阿拉伯国家局势动荡，阿以和平进程止步不前，伊朗核问题悬而未决，等等，这些都给中东的安全和稳定构成强烈冲击，使地区格局孕育着深刻复杂的嬗变。中国公司在中东开展业务将面临一定的风险。从以往情况看，几乎中东每次发生动乱，当地的中国公司劫数难逃。尤其此次利比亚爆发冲突，使中资企业蒙受巨大经济损失。看今后，中东诸多矛盾非一时能化解。因此，对中国公司来说，“走出去”如何规避风险是一个十分紧迫的课题。

（三）动荡的中东局势，将对中国的能源安全构成威胁

中东是举世闻名的“石油库”。中国经济的持续发展需要稳

定的石油供应来源。长期以来，中东一直是中国石油的主要供应地区。专家估计，未来几年内中国的经济建设对石油进口的依存度更大，中东的石油可望占我国进口总量的60%。因此，中国的经济安全与中东地区安定紧密联系，中东地区的任何动荡将不可避免地影响中国的石油进口安全。

美国撤军计划与阿富汗局势的未来发展

傅　勇*

内容提要：在阿富汗战争步入 10 周年之际，在政治、经济以及军事等国内外各种因素压力下，奥巴马总统于 2011 年 6 月正式宣布了美国将分阶段从阿富汗撤军的时间表。根据该计划美国将在 2012 年夏天结束前从阿富汗撤出美军 3. 3 万人；驻阿美军的任务将从作战转为提供支持；并在 2014 年底前将阿富汗安全职责完全移交给阿安全部队。尽管目前撤军计划的具体细节尚不明确，但美军和北约等国际安全援助部队的撤离，必将极大地影响阿富汗安全局势的未来走向。阿富汗政府能否维持政权稳定、周边国家如何应对可能出现的安全新挑战、以及中、南亚地区地缘政治格局如何重组等问题，正在引起国际社会的高度关注。

* 傅勇，上海社会科学院欧亚研究所研究员。

一、美国国内因素推动撤军决定

按照奥巴马总统宣布的撤军计划，美国在 2012 年下半年前从阿富汗撤出 1/3 的美军，2011 年先从阿富汗撤军 1 万人，2012 年夏天结束前再撤军 2.3 万人。相应的北约各国家领导人也宣布了各自国家的撤军计划①。奥巴马这一撤军计划的幅度和速度都超过了五角大楼的建议②，对此多名美国军方领导人表示不满，指出仓促撤军有损近期美国在阿富汗取得的利益，认为总统的决定太激进和冒险，建议放缓撤军速度，以稳固在阿富汗南部地区的战事成果。那么，在目前阿富汗反恐和反塔利班暴乱前景不明的情况下，推动奥巴马坚持撤军计划的主要动力是什么呢？分析认为美国的撤军决定主要基于其国内的政治经济情况，比如国内预算问题和总统竞选的压力，以及击毙“基地”头目拉登等因素，迫使奥巴马做出更大规模撤军的决定。

奥巴马在国内面临的压力主要来自以下几个方面：

首先，政治阶层和民众对历时 10 年的阿富汗战争的厌战情绪不断高涨。在经历了伊拉克和阿富汗两场漫长的战争，特别在击毙“基地”头目拉登后，多项民意测验显示美国公众对阿富汗

① 法国总统萨尔科齐表示阿富汗的 4000 名法国士兵将按照类似的美军撤离的时间撤出，德国政府也表示将减少在阿富汗的驻军，英国也重申了英军在阿富汗作战的时间不会超过 4 年的期限，将在 2014 年底前撤出全部兵力。目前英国向阿富汗派遣的士兵有 9500 人，法国在阿富汗驻扎的约有 4000 人，德国驻阿富汗部队人数为 4900 人。

② 以国防部长盖茨和驻阿部队最高指挥官彼得雷乌斯为代表的军方，强调在阿取得的军事进展是脆弱、可逆转的，盖茨和彼得雷乌斯主张 2011 年先撤出 3000 至 5000 人，盖茨甚至建议只撤离“支援性人员”。

战争越来越不满意，支持从阿富汗撤军的美国民众比例创下新高，超过半数以上的美国人要求尽快从阿富汗撤军。一些国会议员也一直呼吁加速从阿富汗撤军，质疑每月100亿美元阿富汗战事开支让美国财政预算越发吃紧，以副总统拜登为首的一派主张加快撤军步伐，以减轻国内财政和民意压力。

其次，美国政府面临的财政赤字状况。关于赤字与国债上限的问题已经引起国会两党的激烈纷争，而花费高达数千亿美元的阿富汗战争经费成为争执的关键点之一。10年反恐战争使美国债务猛增，经济艰难。据专家估计，奥巴马的撤军计划将在2012财年节省70亿美元。①

第三，加速从阿富汗撤军也是基于2012年美国总统大选的考虑。负责任的结束战争、集中精力解决国内的经济问题，尤其是美国人最关心的财政预算和高失业率问题，是2012年奥巴马能否连任的关键。奥巴马想通过逐步结束阿富汗战争，让美国人民知道他将集中精力解决美国国内问题，以此为竞选连任加分。因此，大批美军士兵回国与奥巴马2012年总统竞选连任的前景息息相关。

第四，最近在阿巴地区的事态发展有助于奥巴马加速撤军行动。“基地”组织首脑拉登被击毙，美军无人飞机空袭和秘密行动进一步削弱了“基地”恐怖网络、以及他们所拥有的策划并制造国际恐怖袭击的能力，“基地”高层领导人已有多人在过去一年被美军击毙，这些进展都有理由让美国加速从阿富汗撤军。

第五，奥巴马的撤军计划符合他2009年提出的阿富汗新战略。2009年初奥巴马上任后着手调整阿富汗战略，试图以优势兵力荡平塔利班武装的方式结束战争。当年12月，美国总统奥

① “美国拉开撤军序幕”，《人民日报》，2011年6月23日。

巴马宣布向阿富汗增兵 3 万人，随后又增加 3000 兵力，在增兵的同时奥巴马承诺从 2011 年 7 月开始撤军。

事实上，阿富汗战场的实际情况也促使奥巴马政府尽快兑现当初撤军的诺言。2009 年初美国开始实施阿巴新战略以来，阿富汗安全局势并未改善，增兵效果也并不明显。针对武装分子的军事打击进展很不顺利，塔利班的进攻势头反而进一步增强，并向阿富汗的北部和西部地区进一步发展，暴力事件和恐怖袭击愈加频繁，造成美国和北约联军的死亡人数不断攀升，① 越来越多的人对美军能否最终取得阿富汗战争的胜利表示怀疑。美国政策制定者也逐步认识到彻底消灭塔利班的计划难以实现，而且打败塔利班也不会影响“基地”组织，不会使美国变得更加安全。因此，美国对战争的胜利也降低了标准，美军在阿富汗进则战争未有穷期，难以达到既定的战略目标；退则前功尽弃，多年努力毁于一旦。美国在阿富汗征战十年，如今只求在“战果”没有尽失的情况下能够体面撤军。

在战场不利的情况下，美国希望通过民族和解等方式和平解决阿富汗问题，开始支持包括塔利班在内的阿富汗民族和解进程。美国曾经很强硬地提出与塔利班和谈的三个前提条件：塔利班接受阿富汗政府领导、与“基地”组织决裂、放弃暴力并遵守阿富汗宪法。目前，美国已经将这三个前提条件转变为要实现的三个目标，为政治解决阿富汗问题提供契机，也为美军和北约撤离阿富汗找到了现实的理由。

---

① 阿富汗战争已经有 1557 人死亡以及 13011 人受伤。2011 年 8 月美国直升机在阿富汗瓦尔达克省被塔利班击落，造成 30 名美军士兵伤亡，其中包括 22 名美军陆战队员，这是阿富汗战争以来美军单次伤亡最大的一次。引自 Anthony H. Cordesman: “U. S. Casualties in Afghanistan The Need for Perspective”，http：//csis. org/publication/us-casualties-afghanistan-need-perspective。

二、阿富汗安全局势充满变数

奥巴马总统的撤军计划并不是在阿富汗战场局势稳定或改善的前提下做出的，这一决定给阿富汗未来局势的发展增添了许多变数，也蕴藏了阿富汗战场形势出现逆转和恶化的风险。尽管奥巴马总统承诺阿富汗战争将有一个负责任的结局，尽管阿富汗总统卡尔扎伊对美国撤军的决定表示欢迎，但饱受战乱之苦的阿富汗民众却喜忧参半，他们更多的是担心阿富汗政府和国家武装力量无法承担起保卫国家的责任，以及塔利班活动加剧可能使生活和安全更加缺乏保障。因为很多阿富汗人对 20 世纪 90 年代苏联撤军后的惨痛历史记忆犹新，当亲苏的纳吉布拉政权倒台后，大多数国家失去了对阿富汗的兴趣，最后不断升级的内战几乎导致阿富汗国家崩溃，这让许多阿富汗人担心美军撤离会再次引发类似的悲剧。[①]

对于美军和国际安全部队逐步撤离后阿富汗未来安全局势如何发展，阿富汗国内外各种势力有着截然不同的设想。美国等西方国家希望的前景是，通过使用无人驾驶机轰炸、特种部队对定点目标实施精确打击，清除恐怖组织的首脑，清剿塔利班武装，其重点在削弱恐怖分子对西方发动再次袭击的能力，确保美军撤离后“基地”组织无法以阿富汗为基地向美国及其盟国发动恐怖袭击。同时，美国继续与阿富汗政府进行协调，加紧扩充和培训阿富汗武装部队和警察，使其能逐步从北约手中接过打击塔利班

---

① Omar Nessar, “Afghanistan: Trapped in Uncertainty”, 22 June 2011, http://eng.globalaffairs.ru/number/Afghanistan-Trapped-in-Uncertainty-15246.

和维护阿富汗安全的职责。阿富汗卡尔扎伊政府希望的前景是，一方面希望美国及其盟国能够继续提供经济和军事援助，以确保阿富汗主要人口聚居中心区域的安全，并尽快发展出一支有效的安全部队，加紧训练国民军警，组建地方警察，在美军撤出后能独立承担起安全保卫职责。另一方面，卡尔扎伊政府也在积极推动与塔利班武装的和解进程，卡尔扎伊已经成立了一个 70 人的高级和平委员会，责成委员会谋求与塔利班进行谈判，最终在阿富汗实现和平和民族和解。塔利班组织希望的前景则是，阿富汗重返“9·11”事件前的状态，包括塔利班在内的各种激进组织重获对阿富汗的控制权，建立伊斯兰酋长国。这三种完全不同的场景将可能导致阿富汗重陷内战，使阿富汗形势更加动荡并复杂化。

因此，阿富汗安全局势在未来一段时间内将不容乐观。奥巴马宣布的撤军日期和速度不是根据阿富汗战地的实际局势而决定，阿富汗政府和阿安全部队还没做好独立承担安全防务职责的准备。一方面，美国和北约在阿富汗的 10 年存在使得阿富汗越来越依赖外国援助，目前美国承担着一半以上的阿富汗军警的开支，没有外援阿富汗政府和执法机构的运营几乎无法维持。[①] 尽管美国和西方伙伴承诺将继续援助阿富汗，但阿富汗人明白美国已经失去了兴趣，最终结果是国家政治和经济的崩溃。阿富汗政府的腐败也是有目共睹的，卡尔扎伊总统几乎与每一类可以想象的贪污腐败都有联系，比如选举舞弊、贪污贿赂、敲诈勒索、走私毒品，等等。而且，卡尔扎伊多疑而脆弱、对国家的基本建设

---

① Anthony H. Cordesman, “Afghanistan : Can Meaningful transition succeed?”, July 21, 2011, http: //csis. org/publication/afghanistan-can-meaningful-transition-succeed.

不熟悉，有效的国家治理似乎难以建立。

另一方面，阿富汗不仅需要西方的经济援助，也需要西方的军事存在。尽管在2002年推翻塔利班统治后，西方联盟开始重建阿富汗国家执法机构。新阿富汗军队的军力增加了几倍，他们使用西方装备并接受北约模式培训，目前，包括阿富汗警察和国民军在内的阿国家安全部队的数量已达30万左右。然而，分析人士指出，阿国家安全部队在规模迅速扩大的同时，也凸显出武器装备和补给匮乏、军事指挥官数量不足等问题。阿富汗政府和军队都承认，阿富汗武装力量的战斗能力目前还无法保护国家和人民免受塔利班侵扰。因为缺乏重型武装，阿富汗军队看起来更像警察而非国家武装力量。而且，阿富汗国防军和警察缺乏坚定的理想和清晰的目标，卡尔扎伊总统甚至称塔利班精神领袖奥马尔为兄弟。卡尔扎伊总统曾表示，至少需要5年时间，阿富汗军队才会有足够的能力自主作战，才能在打击塔利班武装分子中起主要作用，至少还要15年时间，阿富汗政府才能养活自己的军队。因此，2014年美军最后撤出后，阿富汗安全力量能否有效应对塔利班等武装的挑战、能否全面接管安保工作，其能力还有待观察。

但是，美国的撤军时间表却极大地鼓舞了塔利班等武装分子的士气，他们认为只要等到美军撤出，减少或停止对卡尔扎伊政府的积极支持，塔利班就可以获得最后的胜利。随着美军和国际安全部队的逐步撤离，塔利班将试图占领坎大哈、赫尔曼德、乌鲁兹干、霍斯特、库纳尔等省，其中坎大哈和贾拉拉巴德将会是首要的军事攻击目标。这些东部和南部地区是塔利班下一步进军喀布尔和其他中部省份的桥头堡，在这一阶段可能出现塔利班割据情况和一些独立于喀布尔的分裂地区。同时，大规模的毒品生产在激进组织控制的地区展开，因为塔利班需要资金继续其政治主导权的争夺。在奎塔和哈卡尼组织外，希克马蒂亚尔集团将在东部的库纳尔和努里斯坦、喀布尔周围以及北部的昆都士建立自己的军事政治基地。

塔利班在东南部建立桥头堡后，将集中力量争取喀布尔，战斗将在全国范围内展开。这一时期，奥马尔周围不同层次的领导人以及高层指挥官之间的竞争将会加剧，塔利班和希克马蒂亚尔集团之间、希克马蒂亚尔和哈卡尼集团之间的竞争也会增加。喀布尔政权倒台后激进组织之间的争斗更将激烈，其中得到巴基斯坦军事和政治支持的一派将获得胜利。如果控制西南部地区的塔利班集团之间达成妥协，塔利班主导阿富汗的情况再次出现。但占领喀布尔后塔利班的离心倾向会大大增加，可能出现普什图的南部和非普什图的北部的分裂局面。分裂会引发内战，使过去9年来取得的社会、经济和人道主义成果遭到严重破坏，这种国家被分裂的境况在可预见的将来难以恢复。[①]

然而，未来阿富汗局势如何发展，不仅在于阿富汗政府军与塔利班之间的力量对比，还取决于塔利班等阿富汗国内各种政治力量能否实现真正的民族和解。在阿富汗内部，拉登之死壮大了北方联盟等政治势力，他们一直持反巴基斯坦的立场，并对卡尔扎伊与塔利班和谈战略持批评态度。而塔利班继续坚持在外国军队彻底从阿富汗撤出之前不同阿富汗政府谈判的立场。尽管美国对阿政府与塔利班接触的态度发生变化，由过去的坚决反对转变为默认甚至支持。但要想促使冲突能够走向政治解决，形成一个稳定的阿富汗政府，民族和解能否实现才是最为关键的。

---

① Omar Nessar, “Afghanistan: Trapped in Uncertainty”, 22 June 2011, http://eng.globalaffairs.ru/number/Afghanistan-Trapped-in-Uncertainty-15246.

三、中南亚地区安全的新挑战

阿富汗战争以来，中南亚地区的安全局势就与美国和北约的军事存在密切相关。一些美国学者认为，国际安全援助部队维持了阿富汗相对稳定的安全体系，也是维护中南亚地区稳定的主要保障。美国宣布从阿富汗撤军的决定，给中南亚地区安全带来的挑战主要有两个方面：一是阿富汗局势的不稳定对该地区国家的影响，恐怖势力和极端势力的蔓延可能导致整个中南亚地区陷入极端化之中；二是美军和北约如何继续在阿富汗保持存在，会使美国与俄罗斯、伊朗等国的关系出现恶化，从而使该地区进入新的地缘不稳定期。

（一）撤离路线问题

专家认为北方走廊[①]是联军未来撤离的主要通道，大量美军将通过乌兹别克斯坦撤离。土库曼斯坦也可能是另外一个选择，但土库曼斯坦的运输路线要经过阿富汗南部和西南部的边界紧张地区，而且，阿富汗西部和南部地区的交通设施远不如北部的完善。相比较而言乌兹别克斯坦通道更有吸引力，因为 2010 年阿富汗完成了乌兹别克斯坦边界的海拉顿和马扎里沙里夫两个城市

① 2008 年 4 月，北约和俄罗斯达成协议，同意建立支持阿富汗行动的北方运输走廊，通过俄罗斯、哈萨克斯坦和乌兹别克斯坦运输物资到阿富汗。2009 年 7 月美国和俄罗斯签订了允许美国经过空中和地面转运军事物资到阿富汗的协定。之前，俄罗斯已经与德国、法国和西班牙签署了类似协定。2011 年 2 月，俄罗斯议会批准了这个协定，允许美国和联军人员装备过境到阿富汗，北方走廊帮助美国克服了巴基斯坦对运输线的垄断。

之间的铁路连接，因此，许多专家认为乌兹别克斯坦方向可能成为撤离的主要陆上通道，而土库曼斯坦则会成为空中转运点。

毫无疑问，在撤退过程中美国将寻求多条渠道以避免对某些国家的依赖。所以 2008—2009 年开通北方走廊的谈判中，美国坚持与过境国家签署双边协定，而不是与相关国家签署一个总体框架协议。此外，经过阿巴边境的南方走廊依旧存在，尽管风险很大，但在某些特定情况下，比如撤离某些重型设备还需要经过巴基斯坦的海港。

无论选择哪条线路，撤离将需要 3—4 年或者更长时间。根据美国军方和政府估计，美国需要新的临时军事和空军基地作为后勤支持，原苏联中亚共和国的一些军事基础设施将可能成为候选，其中有些可能将变成永久基地。

（二）美国军事基地问题

并非所有人都相信美军能按时撤离，一些人认为奥巴马的撤军讲话只是为了安抚美国社会不断高涨的厌战情绪；另外一些人则认为 2014 年后美军在阿富汗将继续存在，因为美阿已经启动关于新《战略伙伴合作宣言》的谈判。该宣言包括美国将在阿富汗建立一个永久性军事基地的可行性问题，它将为美阿在安全、经济、社会发展和体制建设方面的双边合作建立一个长期框架。美国和阿富汗政府一致同意在 2014 年军事行动按计划全部结束后，一小部分美军将继续留在阿富汗，帮助训练阿富汗安全部队和警察。美国撤军并不影响美方继续在政治、经济和军事领域对阿方提供支持，美国不会改变在阿富汗及其周边地区彻底击败塔利班和“基地”组织的既定目标。

因此，2011 年 7 月开始的撤军并不意味着美国准备彻底离开阿富汗，美军也一直在为长期驻留在阿富汗做准备。2010 年 8

月，美国五角大楼向国会递交申请，美军将花费 3 亿美元在阿富汗南部和北部地区扩建巴格拉姆、坎大哈和马扎里沙里夫三大军事基地。美国国防部发布公告称，这些设施将在未来 3—4 年内建设，时间跨度早就超过了 2011 年 7 月。不断兴建的高等级战略公路也显示美国在阿富汗另有考虑，美军不会完全从阿富汗撤离。最有可能的是跟伊拉克一样，撤出大部份作战部队，但最终会留下一部份军力和军事基地。卡尔扎伊总统宣称美军军事基地一事最后要由执法机构和支尔格大会决定，但是明确认为阿富汗的经济繁荣有赖于与美国的进一步合作。阿富汗国防部长也认为美军永久军事基地是该地区稳定的保证，美军基地给很多国家带来稳定，比如韩国、德国和日本等国。

美军军事基地问题已经引起美国与俄罗斯之间关系紧张。当美国在阿富汗建立军事基地的消息传出后，俄罗斯明确表达了强烈不满。作为对美军建立永久军事基地的回应，2011 年 2 月，俄罗斯驻北约大使罗格津质疑了美国军事物资通过俄罗斯领土的可能性。2011 年 3—4 月俄罗斯安全代表团访问喀布尔，试图阻止美军建立永久军事基地。俄罗斯还召开上合组织成员及观察员国家副外长级别磋商，集中讨论阿富汗的未来，但没有取得实质性进展。尽管俄美关系重启后，俄美在许多问题的解决上都不谋而合，他们支持卡尔扎伊的 2009 年总统选举，共同反对在阿富汗的毒品走私，俄罗斯改变了对伊朗的政策，所有这些因素都表明俄美关系的改善迹象。但俄罗斯对美军永久性基地的敏感表明其在阿富汗问题上不断增长的利益，以及俄罗斯不愿美国长期插手中亚等独联体国家事务。

（三）中亚激进势力问题

在阿富汗北部人口密集的普什图部族居住区，在昆都士的塔利班和伊斯兰解放党的活动相当活跃，这里的局势相当复杂，2011 年 4 月在马扎尔沙里夫发生了抗议者袭击联合国援助机构的事件。[①] 如果阿富汗军队和西方联军不能在近期扭转北部局势，该地区将进入新的不稳定期。专家们警告昆都士的激进暴力势力将逐渐进入临近的中亚国家。特别是 2010 年春在塔吉克斯坦发生的一系列袭击执法人员的事件后这种趋势更为明显。2011 年 2 月塔吉克斯坦总统拉赫曼要求警察严格控制清真寺和宗教学校，特别是对一些被极端分子用于推行极端思想的那些非法宗教学校的控制。[②]

（四）南亚地区的反应

塔利班在阿富汗东、南部地区的势力增强将会引起伊朗和印度的反应，逊尼派激进分子是伊朗的头号敌人，伊朗将会尽力控制赫拉特并将其作为对抗塔利班的前哨；塔利班坐大也会直接影响印度国家安全，因为它破坏了印度和巴基斯坦之间的均势，印度将与新北方联盟建立联盟并向喀布尔政府提供军事援助，以遏制塔利班的活动并阻止其进入克什米尔地区。

美巴关系进一步复杂化。巴基斯坦一直是美国反恐战争中的合作伙伴，但奥巴马政府在巴基斯坦开辟新战场后，不顾巴政府反对，使用“捕食者”无人机深入巴领空进行军事打击。据统计，从 2010 年 1 月 1 日至 12 月中旬，美军在该地区实施 92 次无人机袭击共打死 600 多人，引起巴基斯坦政府的不满，巴基斯

---

① 2009 年以前，阿富汗相对平静的北方省份一直是德国军队的责任区，不断加剧的不稳定使得德国军队无力控制局势，美军不得不部署到这一地区，2010 年 7 月昆都士省的美军人数已经达到 5000 人，美军也被部署到北方其他省份。

② Omar Nessar，“Afghanistan：Trapped in Uncertainty”，22 June 2011，http：//eng. globalaffairs. ru/number/Afghanistan-Trapped-in-Uncertainty-15246.

坦民众更是非常愤怒。美国还不断向巴基斯坦政府施压，要求加大对塔利班的清剿力度，但是清剿行动并没有遏制当地的恐怖袭击，却导致巴基斯坦近来恐怖事件频发，削弱了巴基斯坦政府的执政基础，强化了巴国内的反美情绪。2011 年新年伊始，巴基斯坦接连发生政府动荡、恐怖袭击事件和外交纠纷，特别是 2011 年 5 月 2 日，藏在巴基斯坦的本·拉登在美国的秘密行动中被击毙，这使得巴基斯坦当局相当尴尬，引起美国和其他国家对巴窝藏恐怖分子的指责。巴美将继续反恐合作，但角色发生变化，巴美关系不会破裂，但缺乏战略互信。[①] 如果美印合作增多，以防范南亚局势失控，将使印巴对话气氛不佳，南亚地区国际关系更加复杂化。

---

① Anthony H. Cordesman,"Afghanistan : Can Meaningful transition succeed? ", July 21, 2011 , http: //csis. org/publication/afghanistan-can-meaningful-transition-succeed.

上海合作组织专题

俄罗斯中亚经济战略与上海合作组织经济合作的发展*

张屹峰**

内容提要：2008 年国际金融危机爆发以来，俄罗斯中亚战略的经济色彩日趋浓厚。在应对国际金融危机过程中，俄罗斯有意识地加大经济投入，深化与中亚国家经济合作，注重推动中亚区域经济贸易一体化的发展进程，进一步强化俄罗斯与中亚地区的经济依存度。俄罗斯的中亚经济战略及其与中亚国家的双边和多边经济合作，对上海合作组织框架内的经济合作具有双重影响，上海合作组织应该依托多边机制保持中亚经济合作的开放性，从而为上海合作组织多边经济合作创造发展机遇。

* 本文系 2011 年上海市哲学社会科学规划青年课题“中亚南亚地缘格局新动向与中国的政策选择”阶段性成果。

** 张屹峰，上海社会科学院欧亚研究所助理研究员，博士。

一、俄罗斯中亚战略的经济“色彩”凸显

2008年国际金融危机爆发后，俄罗斯充分把握应对国际金融危机的历史契机，与中亚国家积极采取联合行动，通过协作合力应对国际金融危机的冲击。国际金融危机日趋消退后，俄罗斯乘热打铁不断拓展与中亚国家经济合作的领域和深度，俄罗斯与中亚国家的经济依存度进一步提升。

面对国际金融危机的冲击，俄罗斯在本国经济深受打击的情况下，积极联手中亚国家合作应对危机，共度时艰。2008年12月22日，俄罗斯、哈萨克斯坦、吉尔吉斯斯坦、塔吉克斯坦和亚美尼亚五个独联体成员国最高领导人在哈萨克斯坦举行非正式首脑会议。俄、哈、吉、塔和亚美尼亚五国决定成立100亿美元的共同基金抵御全球经济危机。[①] 2009年2月4日，欧亚经济共同体首脑峰会在莫斯科召开。欧亚经济共同体五个成员国俄罗斯、白俄罗斯、哈萨克斯坦、吉尔吉斯斯坦和塔吉克斯坦一致同意，在3个月内正式建立规模为100亿美元的反危机基金，用于抵御各成员国面临的经济和金融危机。其中，俄罗斯和哈萨克斯坦分别出资75亿美元和10亿美元，俄罗斯将持有欧亚经济共同体成员国商定准备组建的反危机基金的控股权。[②] 反危机基金的成立是俄罗斯和以哈萨克斯坦为代表的中亚国家合作应对金融危机的重要举措。2009年，俄罗斯又分别向哈萨克斯坦和塔吉克

① “独联体设基金共抗经济危机”，《人民日报》海外版，2008年12月24日，第2版。

② 新华网，“欧亚经济共同体将建立反危机基金”，http：//news.xinhuanet.com/world/2009－02/05/content_10764639.htm。

斯坦两国投资30亿美元和8000万美元，在向吉尔吉斯斯坦提供20亿美元优惠贷款框架内，先期向吉提供为期40年的3亿美元优惠贷款，并以获得吉军工企业Дастан股份公司48%的股权以及俄贸易代表处在比什凯克市的办公楼房产为条件，免除吉1.93亿美元债务。[①]

在国际金融危机日趋平缓之后，俄罗斯针对中亚国家的经济投资与援助以及在推动中亚区域经济一体化进程上的有力举措，则是经过深思熟虑的重要战略步骤。俄罗斯利用国际金融危机所造成的经济冲击波，抓住中亚国家合作意愿高涨的有利时机，乘热打铁加速推进俄罗斯与中亚经济一体化进程。这一进程既有俄罗斯在外部的积极推动，又有中亚国家自身经济利益的内在驱动，对中亚地区政治经济格局的发展方向具有深远影响。

2010年1月，俄、白、哈三国决定在欧亚经济共同体框架内成立关税同盟。2010年7月5日，在哈萨克斯坦首都阿斯塔纳举行的欧亚经济共同体峰会上，俄罗斯、哈萨克斯坦、白俄罗斯三国签订了海关法典生效声明。根据该声明，海关法典在上述三国间的生效时间为7月6日，而俄、哈间的生效日期为7月1日。毋庸置疑，无论是国家实力、经济规模、还是国际地位和影响力，俄罗斯在关税同盟中处于主导与核心地位，“目前，关税同盟三国共有人口1.67亿，其中俄罗斯1.42亿。国内生产总值共2万亿美元，其中俄罗斯为1.45万亿美元。2009年，三国对外贸易总额为9157亿美元。其中，俄罗斯为7346. 8亿美元，哈萨克斯坦为1090. 7亿美元，白俄罗斯为719.5亿美元。”[②]

---

① 赵鸣文：“上海合作组织在金融危机中前行”，《国际问题研究》，2010年第2期，第52页。

② 李福川：“俄、白、哈关税同盟及对上海合作组织的影响”，《俄罗斯中亚东欧市场》，2011年第7期，第2页。

俄、白、哈关税同盟建立后，“将形成一个拥有 1.7 亿人口，石油储量 900 亿桶、GDP 总量 2 万亿美元，工业产值 6000 亿美元、农业产值 1120 亿美元，小麦产量占世界总产量的 12%，零售商品额为 9000 亿美元的次区域经济组织。俄罗斯占进口关税总收入的 87.97%，哈萨克斯坦占 7.33%，白俄罗斯占 4.7%。”俄、白、哈关税同盟将效仿欧盟采用统一的共同体货币，制定统一的货币政策，其政治意义和经济影响不容小觑，以至于有学者直言，俄、白、哈关税同盟的成立是“俄罗斯在亚欧大陆的地缘政治经济再扩大影响的标志性成功”①。

2011 年 3 月 17 日，哈萨克斯坦总统纳扎尔巴耶夫抵达莫斯科进行工作访问。纳扎尔巴耶夫在会见俄罗斯总统梅德韦杰夫时表示，俄罗斯、白俄罗斯和哈萨克斯坦 2010 年成立的“三国关税同盟是独联体地区最成功的一体化组织”。关税同盟的成立对俄、白、哈三国都有利，“关税同盟成立后，俄罗斯和哈萨克斯坦之间的贸易额增加了 30%，俄哈向对方的出口都大幅增长。”而且白俄罗斯与俄罗斯和哈萨克斯坦之间的贸易额也出现增长。纳扎尔巴耶夫甚至说，“由于成立了关税同盟，俄、白、哈三国正在摆脱经济危机的影响”。梅德韦杰夫会见时则表示，“俄罗斯一贯支持独联体国家之间的一体化进程，主张欧亚国家加强合作。独联体国家之间的一体化进程最近几年稳步推进，取得了实质性进展”。②

毫无疑问，俄罗斯主导的中亚经济一体化进程决不会止步于

---

① 潘志平：“俄美中亚‘大博弈’的攻守逆转及地缘政治走向”，《新疆师范大学学报》，2011 年第 1 期，第 40 页。

② 周良：“哈总统称俄白哈关税同盟是独联体地区最成功的一体化组织”，新华网，2011 年 3 月 18 日，http：//news.xinhuanet.com/2011－03/18/c_121201259.htm。

俄、白、哈三国关税同盟，中亚国家的积极参与充分印证了中亚地区对俄罗斯有关行动的基本认同，有关合作进程必然将进一步扩大拓展。在2010年7月欧亚经济共同体峰会期间，吉尔吉斯斯坦过渡时期总统奥通巴耶娃和塔吉克斯坦总统拉赫蒙还表达了两国希望加入关税同盟的愿望。① 2011年3月底，独联体执行委员会主席谢尔盖·列别杰夫表示，塔吉克斯坦和吉尔吉斯斯坦已递交申请书，希望加入俄罗斯、白俄罗斯和哈萨克斯坦三国关税同盟。塔因非同盟成员，2010年俄罗斯对出口塔的石油制品征收额外关税，导致塔汽油和其他石油制品价格大涨，并引起民生商品价格上涨。塔希望加入该同盟以降低进口商品关税，促进自身经济发展。②

二、俄罗斯中亚经济战略的意图

国际金融危机爆发以来，俄罗斯日益注重运用经济手段维护和实现战略利益目标，俄罗斯中亚战略的经济色彩日益凸显。俄罗斯针对中亚区域经济领域的行动措施具有深刻的根源和意图，俄罗斯的中亚经济战略具有客观基础和发展空间，对中亚地区政治经济格局的影响不可忽视。

苏联解体后，俄罗斯始终致力于维护和强化对中亚地区的影响力，以逐步实施其在中亚和高加索乃至独联体框架内的战略性布局。2008年8月31日，俄罗斯总统梅德韦杰夫在俄罗斯与格

---

① 陈志新、张光政："俄、白、哈关税同盟海关法今日生效"，《人民日报》，2010年7月6日。

② "塔吉克斯坦和吉尔吉斯斯坦申请加入俄白哈关税同盟"，新华网，2011年3月31日。

鲁吉亚发生军事冲突后接受新闻专访时宣布了“俄罗斯外交政策五项原则”，其中第五项原则就是俄罗斯关注自身在友好地区的利益。[①] 而且梅德韦杰夫对友好地区作出了明确界定，“与世界上其他国家一样，俄罗斯也有一些存在特权利益的地区。它们就是俄罗斯传统友好国家所在的这些地区。”西方倾向于将梅德韦杰夫的这一界定解读为俄罗斯重申它在世界上的势力范围。[②] 在俄罗斯外交布局中，“中亚在俄罗斯的独联体政策中占有重要地位，它是独联体地区一体化机制的骨架，如集体安全条约组织和欧亚经济共同体……俄罗斯首先希望中亚的稳定和安全，以便巩固与这一地区国家的伙伴和盟友关系。”[③] 中亚国家与俄罗斯保持着最稳定和最密切的关系，是俄罗斯独联体一体化政策的支柱。显而易见，俄罗斯的中亚经济战略完全服务于俄罗斯国家利益这一核心目标，是俄罗斯维护在中亚乃至独联体地区战略利益的工具和手段。

俄罗斯的中亚经济战略决非凭空而来，它源自俄罗斯与中亚之间广泛而深刻的经济联系，“在中亚地区，俄罗斯拥有一个多世纪以来形成的巨大经济利益。俄罗斯已很难割断原苏联时期与中亚的传统经济联系。在某种程度上，中亚地区已经成为俄罗斯所依赖的重要工业品销售市场和工农业原料供应地。”[④] 俄罗斯向中亚国家销售本国产品和从中亚国家进口系列农产品（俄从中

---

① “梅德韦杰夫宣布俄对外政策五原则”，《人民日报》，2008 年 9 月 2 日，第 3 版。

② Andrew E. Kramer, “Russia Claims Its Sphere of Influence in the World”, *New York Times*, September 1, 2008.

③ 赵华胜：“透析俄罗斯与上海合作组织”，《国际问题研究》，2011 年第 1 期，第 19 页。

④ 李钢、刘华芹编：《上海合作组织——加速推进的区域经济合作》，中国海关出版社，2004 年版，第 84 页。

亚进口的棉花、大麦与小麦分别占俄上述产品全部进口额的87％、70％和45％)。[①] 应该指出的是，俄罗斯关于中亚经济一体化的议程在相当程度上符合中亚国家的经济利益和发展需要，俄罗斯中亚经济战略具有现实的客观经济基础，因而获得了一定的认同，取得了值得注意的进展和成效。

俄罗斯中亚战略经济色彩的强化也是俄罗斯根据国际形势的发展变化所做策略调整的结果。2008 年 8 月，俄罗斯与格鲁吉亚之间的军事冲突充分反映出俄罗斯不惜动用武力维护国家利益的战略意志。但是，俄格冲突也对俄罗斯外交造成一定的负面冲击，西方国家抓住俄格冲突刻意渲染俄罗斯破坏和践踏国际法基本准则，塑造俄罗斯穷兵黩武的国家形象，俄罗斯外交一度出现困境。西方对俄产生信任危机，传统盟友对俄“离心倾向”也在加剧。继格鲁吉亚弃独联体而去不久，乌兹别克斯坦也中止在欧亚经济共同体的活动，并拒绝签署建立快速反应部队协议。塔吉克斯坦总统拉赫蒙因俄在其水电站建设项目上过多考虑乌兹别克斯坦的利益，拒绝出席 2009 年 2 月在俄举行的集体安全条约组织和欧亚经济共同体首脑峰会，使俄主导的地区组织面临空前危机。[②]

同时，中亚地缘经济在国际金融危机下所出现的潜在变化，受到欧亚地缘政治发展变动的影响。2008 年，面对美国主导下的北约东扩和反导系统部署问题上的战略挤压，俄罗斯以强有力的反应作出回击，并强化对中亚高加索地区的地缘影响力，俄罗斯在中亚经济领域的行动实际上也是俄罗斯实现地缘

---

① 王晓军：“俄罗斯中亚军事安全战略与军事政策解析”，《俄罗斯中亚东欧研究》，2011 年第 1 期，第 27 页。

② 赵鸣文：“上海合作组织在金融危机中前行”，《国际问题研究》，2010 年第 2 期，第 54 页。

政治意图的手段。在国际金融危机背景下，美欧等西方经济体对中亚的经济投入相对减弱，为俄罗斯重塑中亚地缘经济格局提供了历史性的机会。正因为如此，俄罗斯在国际金融危机背景下不顾自身经济压力出手推动中亚合作应对危机，救人于危难之中，从而获得事半功倍的战略效果。由此，俄罗斯在中亚经济合作上的行动推动了中亚国家对外经济联系重心的调整，中亚地缘经济和地缘政治之间出现了前所未有的正相关互动的态势。

在这种情况下，俄罗斯对中亚地区的战略手法和政策思路必须改弦易张，以适应新的形势需要。显而易见，经济外交是新形势下俄罗斯维护传统地缘影响力更为合适的一个政策选择，经济领域的政策措施由于其所特有的财富和利益效应，相对容易被亟需摆脱经济困境的中亚国家所接受。而且，通过经济合作强化经济相互依存度并衍生出现实的共同利益，从而为俄罗斯与中亚地区关系发展提供可持续的客观基础，因此俄罗斯中亚战略的经济成分日益注重突出。

而且，俄罗斯中亚经济战略的另一层战略意图还在于俄罗斯国内经济发展模式转型的需要。2000 年以来俄罗斯成功实现经济的持续快速发展，成为世界经济增长的主要推动力之一。但是，俄罗斯经济的恢复性增长在很大程度上依赖能源出口，得益于世界市场能源价格的持续攀升。不可否认的是，俄罗斯经济陷于高度依赖油气资源与原材料出口的发展“怪圈”。“苏联时期‘重工业畸重、轻工业畸轻、原材料产业膨胀’的畸形产业结构更趋畸形，尤其是油气产业在国家财政收入和出口创汇中所占比重越来越大，轻工业与制造业急剧萎缩，科研基础受到极大削弱，国际竞争力大幅下滑。表面的繁荣埋下了制约经济持续发展的重大隐患，俄罗斯出现沦为‘石油国家’的现实危险。”①

国际金融危机不仅使俄罗斯经济遭受重创，也进一步暴露出俄罗斯经济的脆弱性，俄罗斯高层对此有清醒的认识。2008 年开始，俄罗斯政府致力于实现以创新发展和经济现代化为核心的经济发展模式转型。2008 年 2 月，普京提出的《俄罗斯 2020 年前发展战略》被称为“国家创新发展战略”。普京指出俄罗斯仍面临“生死存亡的危机”，危机的根源是现在“惰性的能源型发展模式”。普京认为现行的发展模式如果继续下去，必将给俄罗斯造成两个恶果：第一，俄罗斯在商品和先进技术方面对外国的依赖性将进一步增强；第二，俄罗斯将沦为“世界经济的原料附庸”。这样，俄罗斯就会落后于世界其他经济大国，“被排挤出世界领先国家的行列”。②

2009 年 5 月，梅德韦杰夫宣布成立由他亲自负责的俄罗斯经济现代化和技术发展委员会。11 月，梅德韦杰夫在总统国情咨文中明确提出了“全面现代化”战略。梅德韦杰夫认为，全球经济危机之所以对俄罗斯的打击更为严重，就在于俄罗斯不合理的经济结构和落后的资源型经济发展模式；为应对国际金融危机的冲击，必须在保持经济规模的同时摒弃资源型增长模式，依靠创新经济发展模式实现经济现代化，并明确将实现现代化作为俄罗斯未来 10 年的任务与目标。③ 显然，实现经济增长和社会发展的顺利转型已经成为俄罗斯国内的首要任务，对外战略必然要

---

① 王海运：“俄罗斯‘全面现代化战略’的实施及其对俄美关系的影响”，《俄罗斯学刊》，2011 年第 1 期，第 19 页。

② 李静杰：“俄罗斯的现代化之路：传统与现代的结合”，《俄罗斯学刊》，2011 年第 1 期，第 8—9 页。

③ 关雪凌、刘可佳：“俄罗斯经济现代化：背景、布局与困境”，《俄罗斯中亚东欧研究》，2011 年第 1 期，第 33 页。

围绕这一中心布局。梅德韦杰夫在 2009 年 11 月的国情咨文中强调，“我国同其他国家的关系应当以实现俄罗斯现代化任务为第一要务”。[①] 因此，俄罗斯的中亚战略必然注重服务于国内经济社会发展的需要，积极推动俄罗斯与中亚国家的经济合作，中亚地区经济一体化进程日益加速。这些合作能够为俄罗斯创造更为便利和广阔的市场和发展空间，同时进一步深化俄罗斯与中亚国家之间的经济依存关系，俄罗斯改变以往将中亚国家作为资源和原料产地的做法，力图在经济转型过程中实现双赢局面，从而为俄罗斯与中亚国家关系的健康发展奠定坚实基础。

三、对上海合作组织经济合作的冲击

俄罗斯的中亚经济战略对上海合作组织框架内的多边经济合作具有双重影响。长远来说，中亚地区的经济发展客观上有利于扩大经济合作的市场规模，提升经济合作的层次水平和发展空间，为上海合作组织框架内的多边经济合作创造更多的机会和可能。但是，短期对上海合作组织框架内的多边经济合作构成严重的冲击和挑战。需要认识到，长远的前景只是具有可能性，其中还存在很多变数和不确定性，短期的冲击和挑战则是马上就要面对的实实在在的压力。

如前所述，俄罗斯中亚经济战略完全服务于俄罗斯在中亚地区的战略利益，具有明显的地缘政治特征。在国际金融危机背景下，中亚国家将对外经济联系的重心向地区内转移倾斜，这不仅

① 李新：“俄罗斯经济现代化战略评析”，《俄罗斯中亚东欧研究》，2011 年第 1 期，第 43 页。

仅是中亚国家应对危机的临时措施，更多地表明了中亚国家在区域经济合作上的选择。国际金融危机客观上也为中亚区域经济合作提供了潜在的发展机会，而且已经形成了一些深层次合作的发展态势。俄罗斯自身深受国际金融危机的打击，国内经济形势疲软，按理自顾不暇。俄罗斯在应对金融危机中的行动，除了希望通过地缘经济合作克服自身经济困难的考虑之外，实际上也反映了俄罗斯对中亚地区经济合作的真实立场，俄罗斯显然力图在中亚国家对外经济联系重新回归地缘经济的过程中主导中亚区域经济合作的发展方向。

实际上，上海合作组织经济合作受到的内部挑战主要在于俄罗斯对上海合作组织经济合作问题上心态复杂，对上海合作组织在区域经济合作中的定位不明确。“俄罗斯并非一心一意地真心推动上海合作组织区域经济一体化的进程，与之相反，它实际要推动的是建立独立体统一经济空间，特别是有俄、白、哈、吉、塔参加的欧亚经济共同体的进程。它至少将上海合作组织区域经济合作放在次要位置或辅助位置，让其起补充作用。”① 俄罗斯莫斯科国际关系学院写·卢贾宁也认为，“中俄两国对上海合作组织内的经济一体化态度不一致。莫斯科认为，这是一个较为长期的任务，现在只能在经济实力相当的两国或三国之间进行次地区的一体化。北京则坚持，在上海合作组织框架内建立统一的一体化空间，最近就有可能而且就应当这么办。”②

俄罗斯不否定也不反对上合组织的经济合作，而且认同经济合作是上合组织的重要任务。但是，在经济合作的方向和重点

---

① 李钢，刘华芹编：《上海合作组织——加速推进的区域经济合作》，中国海关出版社，2004年版，第226页。

② 崔颖：《上海合作组织区域经济合作——共同发展的新实践》，经济科学出版社，2007年版，第115页。

上，俄罗斯对上合组织发展成为统一经济体心存顾忌，不赞成以上合组织为框架的区域经济一体化。梅德韦杰夫明确表示：“我们在这一领域应考虑到我们组织的特点，以及经济发展的总趋势。我们的观点是：应该有目的地集中精力于项目性活动……这样一些方向看起来是有前景的，比如完善地面基础设施，建设洲际道路，启动上合组织能源俱乐部，首先是各国能源公司发展联系，扩大银行间在项目投资上的合作，扩大使用现代信息技术。”而对上合组织经济合作的目标，俄罗斯的观点是提高中亚地区居民的生活水平和中亚地区的发展。①

因此，俄罗斯近10年来一直致力于与除中国以外的上海合作组织其他成员国推进“经济一体化”。这就是上海合作组织成员国不可能就共建自由贸易区达成共识的基本原因，也是中国与成员国间贸易和投资合作中一直存在“诸多不便”的重要原因之一。“以欧亚经济共同体为平台，逐步实现独联体范围内的经济一体化，这是俄罗斯国家对外战略中的重要内容。经过近10年的发展，俄罗斯已经具备在欧亚经济共同体内领导一体化的经济实力，并且在与欧亚经济共同体其他成员国发展经济合作过程中，借助自己的传统经济优势，确立了在一体化过程中的核心国地位。关税同盟既是对俄罗斯崛起这一事实的确认，也是对俄罗斯在独联体经济一体化过程中核心国地位的认可。”②

俄、白、哈关税同盟的“排他性”制度安排将导致上海合作组织内的“多边合作”变成中国、关税同盟、塔吉克斯坦、吉尔吉斯斯坦和乌兹别克斯坦的“五边合作”。今后随着欧亚经济共

① 赵华胜：“透析俄罗斯与上海合作组织”，《国际问题研究》，2011年第1期，第21页。

② 李福川：“俄、白、哈关税同盟及对上海合作组织的影响”，《俄罗斯中亚东欧市场》，2011年第7期，第9页。

同体成员国塔吉克斯坦和吉尔吉斯斯坦加入关税同盟，“多边合作”就变成“三边合作”，其中的“一边”乌兹别克斯坦也随时可能重新加入欧亚经济共同体以及关税同盟。这种发展态势对上海合作组织经济合作发展的负面影响不容否认。面对这种带有“排他性”经济体的成长，“俄、哈、白关税同盟对中国外贸特别是中哈贸易的冲击是显而易见的。关税同盟平均关税由此前的6.2％提高到10.6％，哈萨克斯坦提高了5044种商品的进口关税，其中涉及到中方对哈出口的大宗商品，包括纺织服装类商品、轻工商品和部分机电产品等。”这将不可避免地影响中方对哈萨克斯坦出口。关税同盟的实施，使中国商品失去原有的价格优势，市场竞争力和占有率必然会下降。还给外贸市场埋下一个隐患，即哈萨克斯坦最终实现与俄罗斯同样的贸易壁垒。①

面对上海合作组织框架内多边经济合作出现内部竞争和离心分化的挑战压力，必须采取有效的行动措施，推动上海合作组织多边经济合作的稳健发展，使上海合作组织在中亚地缘格局演变的关键阶段发挥积极作用，以确保中亚地缘格局的稳健转型。

首先，通过双边合作的发展促成多边合作甚至跨组织的多边合作，有效化解排他性制度安排带来的冲击。上海合作组织框架内比较成功的经济合作项目基本是双边性质的，多边合作项目相对较少。上海合作组织应该推动这些成功的双边合作项目向多边项目发展，多边合作项目不一定要求所有成员国和观察员国都参加，在切实可行的基础上积极推动三边或四边合作。同时，鉴于上海合作组织成员国与欧亚经济共同体部分重合，上海合作组织必须妥善协调有关的合作机制和项目安排，逐步突破上海合作组

① 潘志平：“俄美中亚‘大博弈’的攻守逆转及地缘政治走向”，《新疆师范大学学报》，2011年第1期，第40页。

织经济合作中存在的瓶颈，加强经济合作的深度和广度，为上海合作组织实现更广泛的多边合作创造条件。

其次，利用俄罗斯和哈萨克等国即将加入世界贸易组织的重要契机，上海合作组织经济合作应逐步与 WTO 规则接轨，充分利用通行的国际市场经济规则开展区域经济合作，利用 WTO 的多边贸易规则消除关税和非关税壁垒，以及不符合国际贸易和投资规则的各种限制性措施和障碍，抓住各国加快贸易自由化和市场开放力度的时机，推动上海合作组织框架内的机制建设和落实，充分发挥市场配置资源的作用，逐步实现区域内商品、服务、资本、人员、技术和信息的自由流动。

再次，依托中亚地区内的众多经济合作机制安排，加强上海合作组织与国际多边经济组织的合作。充分借助世界银行、亚洲开发银行、国际货币基金组织等国际多边经济组织和机制安排，通过有选择地参与这些国际经济组织的项目，从而实现上海合作组织框架内难以实施的多边项目，同时也为上海合作组织多边经济合作发展创造条件。

最后，中国作为挑战和压力的主要承受者，应该加强与俄罗斯和哈萨克斯坦等国的战略协调，晓以利害，明确立场。中国作为拉动世界经济发展的主要力量，俄罗斯和中亚国家在经济转型进程中需要中国的合作和支持。因此，中国应该以适当的方式警示有关国家，排除中国的制度安排将大大削弱经济合作的成效，将使上海合作组织有关国家认识到削弱与中国的经贸关系，将会面临被逐步边缘化的危险。同时，中国应该在经济合作领域加大投入，让有关国家切实感受到与中国合作的实际利益，从而有效规避它们疏远中国的现象，最大可能地实现上海合作组织框架内的贸易投资便利化，促进多边经济合作的深入发展。

俄罗斯对上海合作组织的认知及政策选择

李　颖*

内容提要：俄罗斯对于上海合作组织的认知及政策对于该组织的发展至关重要。总体而言，俄罗斯对该组织的认知、政策选择经历了一个从不重视到重视的转变过程。俄罗斯注重该组织作为地区多边合作平台对自己带来的地缘政治利益，同时担心中国利用该组织来扩大在中亚的影响力。因此俄罗斯对该组织安全合作的参与存在一定的限度，特别是在经济合作上缺乏动力。从长远看，这会对上合组织的进一步发展造成不利的影响。

一、俄罗斯对于上合组织的认知

2011年是上海合作组织成立十周年，从当初为解决边界问

* 李颖，上海社会科学院欧亚研究所学术助理。

题的“上海五国”机制发展成为一个新型的地区合作组织，俄罗斯做出了重要贡献。随着该组织的发展以及国际环境的演变，俄罗斯不断调整对其政策，对于上合组织的认知也经历了一个从不重视到重视的转变过程。本文主要从上合组织对俄罗斯的战略意义角度分析俄罗斯对上海合作组织的功能认知的转变。

首先，上合组织是俄罗斯恢复其大国影响力的重要平台。冷战结束后，俄罗斯尽管继承了前苏联的大部分遗产，但由于经济衰退使20世纪90年代成为俄罗斯“失去的十年”，国际地位迅速衰落。尽管其军事实力仍然令人生畏，但综合国力下降使该国在世人眼中已经沦为二流强国。而叶利钦执政初期奉行亲西方的政策，结果不仅没有得到预期中的西方援助，反而在地缘政治诸领域受到西方的挤压。因此，恢复失去的大国地位是俄罗斯冷战后对外政策的主要目标。[①] 在这种情况下，俄罗斯急欲寻找新的地缘政治伙伴。而俄罗斯从其90年代初期倒向西方的外交中学到的教训之一就是，必须重新调整其地缘政治方向，兼顾东西方，特别是应当处理好与东方邻国中国的关系。于是，在共同利益的推动下，俄罗斯与中国一道发起创立“上海五国”合作机制，并在此基础上于2001年6月成立“上海合作组织”，成为自身展现国际影响力的另一重要平台。

其次，上合组织有助于俄罗斯发展与中亚国家的良性关系。冷战结束后，俄罗斯在中亚的影响力同样急速下降。一方面，中亚新独立的民族国家在构建自己的新的国家身份方面需要摆脱俄罗斯的影响。另一方面也是因为俄罗斯综合实力的下降，没有能

---

① “Status Seeker: Chinese and Russian Responses to U.S. Primacy”, *International Security*, Volume 34, Number 4, Spring 2010. 作者认为，要想准确解释冷战以来的俄罗斯的外交行为，必须从社会建构的角度，重视俄罗斯寻求在国际政治舞台上恢复大国身份的动机。

力更多地关注中亚地区事务。此外，俄罗斯在冷战后忙于寻找自身的国际定位，急欲将自己整合进西方主导的国际社会，对于中亚地区的兴趣也有所下降。直到20世纪90年代后期，叶利钦才开始对中亚国家表现出更多的关注。普京执政后对于中亚日益重视。[①]

然而，要发展与中亚的新型良好关系，俄罗斯必须消除中亚国家对于它们与俄罗斯之间历史上的从属—支配关系回归的担忧。早在19世纪，俄罗斯就与大英帝国等在这一地区展开过所谓的“大博弈”，激烈的争夺至今让这些国家担忧外来力量的干预。通过上合组织这一平台，能较大程度地消除中亚国家对俄罗斯历史上大国沙文主义的疑虑。鉴于这些新独立国家对于民族国家主权意识的敏感性，俄罗斯不太可能像前苏联那样通过国家权力来直接控制这些中亚国家。而上合组织可以提供一个机制化的合作框架，赋予俄罗斯与这些国家一个至少在形式上可以平等协商的平台。俄罗斯科学院远东研究所学者亚历山大·卢金也认为，上合组织有助于降低中亚国家对俄罗斯与中国的威胁感知。他指出，“在中亚国家中，俄罗斯（作为苏联的继承人）或是中国的单边影响力经常被视为一种威胁，然而，一旦它们共存于上合组织的屋檐下，与这些中亚国家同为平权成员，所有问题都在协商一致的基础上解决，这种形式就更具吸引力。”[②] 上合组织主张的不干涉他国内政以及强调相互尊重、平等互利的“上海精神”，为这些中亚国家与俄中等大国提供平等交往的舞台，无疑有利于促进俄罗斯与中亚国家的互信与合作。此外，通过上合组

---

① Jos Boonstra,“Russia and Central Asia From Disinterest to Eager Leadership”, http：//www.fride.org/descarga/COM_Rusia_CentralAsia_ENG_oct08. pdf.

② Alexander Lukin,“The Shanghai Cooperation Organization：What Next?”, *Russia in Global Affairs*, No. 2, July-September, 2007.

织与中亚国家开展合作，俄罗斯将过去主要是基于双边层次的援助等转变为通过该组织来提供地区公共产品的方式，在促进地区发展和维护地区稳定上扮演更加负责任的角色。

第三，上合组织有助于俄罗斯牵制西方势力对中亚地区的渗透。冷战结束以来，俄罗斯对于美国在中亚的战略意图的疑虑一直就没有消除过。只不过在叶利钦执政初期，迫于对西方经济援助的需求而不得不忍气吞声。但随着俄罗斯国力的日渐恢复，它对于美国及西方势力在中亚的存在越来越敢于发出自己的声音。尽管在“9·11”事件发生后，俄罗斯希望在更大的范围内与美国展开反恐合作，其意当然是希望美国能够支持俄罗斯在车臣的反恐活动。然而，美国随后的举动让俄罗斯感到面临威胁：一是美国不顾俄罗斯的多次警告，继续北约东扩，尤其是企图将战区导弹防御系统覆盖至俄罗斯的家门口。二是美国在发动伊拉克战争和阿富汗战争之际，仍然觊觎俄罗斯在中亚这一被视为其后院的传统势力范围，企图通过“颜色革命”和实施所谓的“大中亚计划”与俄罗斯争夺在这一地区的影响力。特别是 2005 年夏由美国约翰·霍普金斯大学教授弗雷德里克·斯塔尔提出的“大中亚”计划，意在形成一个以美国为主导、以中亚五国和阿富汗为主要成员、有印度、巴基斯坦、土耳其等国参与的新的地区组合，把中俄两国排除在外。[①]

美国这些咄咄逼人的攻势引起了俄罗斯政府的不安。2007 年 2 月 10 日，时任俄罗斯总统普京在慕尼黑安全政策问题会议上公开批评北约违背了该组织在苏联解体前所作的不东扩的承诺。普京指责北约东扩是“一个严重的、挑衅性的和降低相互信

① S. Frederic Starr, “A Partnership for Central Asia”, *Foreign Affairs*, July/August, 2005.

任水平的因素”。[①] 为了应对美国以及北约带来的这一系列挑战，俄罗斯开始借重上合组织的力量加以反击。上合组织在2005年7月召开的峰会上发表了《元首声明》，指出由于阿富汗战争已告一段落，“反恐联盟有关各方有必要确定临时使用上海合作组织成员国上述基础设施及在这些国家驻军的最后期限，”公开要求美国从中亚撤军。

二、俄罗斯对上合组织的政策选择

在安全合作上，将上合组织作为集体安全条约组织的补充。与欧盟等地区组织先由经济合作再“外溢”至安全合作领域有所不同的是，上海合作组织成立的最初目标紧扣安全合作。其前身“上海五国”着眼于在地区国家间建立军事互信等传统安全领域的合作，而上合组织成立后则将合作的重点放在打击“三股势力”等非传统安全领域上，在传统安全领域合作上仅限于有限的情报交流和联合军事演习，而且像联合军事演习这类合作的手段和形式更多地针对打击恐怖主义等非传统安全威胁，并不针对第三方国家或国际组织。

作为上合组织的发起国和主要成员，俄罗斯一直将合作的重点放在安全问题上。但与中国等其他成员国有所不同的是，在地区安全合作上，俄罗斯还有其他的选择。在独联体基础上建立的集体安全条约组织（CSTO）就是俄罗斯在前苏联范围内开展安全合作的重要平台。在集体安全条约组织框架内，成员国定期举

① ［俄］亚·维·菲利波夫：《俄罗斯现代史》，中国社会科学出版社，2009年版，第397页。

行首脑峰会及军事演习。联合演习从时间安排和规模上均凸显出集体安全条约组织在中亚安全事务中的主导作用。特别是这一组织十分强调在传统安全领域的合作，组建有自己的快速反应力量，并且承诺在成员国遇到外来威胁时提供集体安全保证，而这正是上合组织所缺乏的。从实践来看，上合组织在为俄罗斯所提供的安全合作需求上发挥的作用也不能如其所愿。尽管在2005年的阿斯塔纳峰会上该组织提出了要求美国撤军的呼吁，但随后并没有实质性的措施跟进。在俄罗斯与格鲁吉亚的冲突发生后，俄罗斯期望能得到来自上合组织的大力支持。[①] 但上合组织并没有遂俄罗斯所愿，既没有明确表示支持俄罗斯在南奥塞梯的军事行动，也没有公开支持俄罗斯所希望看到的承认阿布哈兹与南奥塞梯独立的诉求。在上合组织 2008 年 8 月底的峰会发布的共同声明中，表示支持俄罗斯在促进该地区和平与合作中发挥积极作用，但没有出现俄罗斯提出的要求在声明中加入“在安全和预防冲突问题上共同行动”的内容。其他成员国不支持声明中出现这样的内容，因为这将违背上合组织不干涉他国内政的原则。[②] 尽管上合组织并没有因俄格冲突而陷入如某些西方学者所说的危机之中，但这一事件还是产生了某种消极效果，或多或少影响了俄对上海合作组织的信念。[③]

相反，集体安全条约组织则在 2008 年 9 月的莫斯科峰会上

---

① “上合峰会今日召开，俄罗斯望在俄格冲突获支持”，《环球时报》，2008 年 8 月 28 日。

② 2008 年 8 月召开的杜尚别峰会发表的声明关于俄格冲突持如下立场：“本组织成员国对不久前围绕南奥塞梯问题引发的紧张局势深表担忧，呼吁有关各方通过对话和平解决现有问题，致力于劝和促谈。本组织成员国欢迎 2008 年 8 月 12 日在莫斯科就解决南奥塞梯冲突通过六点原则，并支持俄罗斯在促进该地区和平与合作中发挥积极作用。”

③ 赵华胜：“俄格冲突与上海合作组织”，《和平与发展》，2009 年第 1 期。

明确站在俄罗斯一边，成员国们谴责格鲁吉亚的“入侵”，给予俄罗斯有力声援。其结果是，俄格冲突发生后，集安条约组织和上合组织在俄罗斯的安全战略中的地位此消彼长。正如某位中国学者所指出的那样，俄格冲突虽然不至于改变俄对上海合作组织的基本态度，但会产生某种影响，即俄更倚重集体安全条约组织和欧亚经济共同体，加大推进这两个机制的力度，使它们承担核心和实质性功能，而上海合作组织则会逐渐被外围化。[①] 事实也正如此。在俄格冲突发生后，俄罗斯采取行动强化了集体安全条约组织在其安全战略中的地位，更加倚重集体安全条约组织在安全合作上所扮演的角色，加大了投入力度，并进行了一系列集体安全条约组织下的联合军事演习。在 2010 年 6 月吉尔吉斯斯坦发生骚乱后，俄罗斯也是主要通过集体安全条约组织向该国执法部门提供援助，包括直升机、军用车辆、燃料等。中国与上合组织所发挥的作用则受到了限制。[②]

除了上合组织在应对地区国家内部冲突上的能力不足外，俄罗斯倚重集体安全条约组织的另一原因是，它对于集体安全条约组织相对容易加以控制，上合组织内的组织框架则允许中亚小国也能发挥一定的影响力。正如俄罗斯学者所指出的那样，“集体安全条约组织是一个俄罗斯完全起主导作用的组织，俄罗斯明显不打算放弃这个组织。”[③]

俄罗斯对于上合组织重视与否，很大程度上是与美俄之间的

---

① 赵华胜：“俄格冲突与上海合作组织”，《和平与发展》，2009 年第 1 期。

② Christopher Bodeen，“Kyrgyzstan crisis a threat to China’s influence”，Associated Press，Jun 18，2010. http：//www. csmonitor. com/From-the-news-wires/2010/0618/Kyrgyz-violence-could-threaten-China-s-influence.

③ 罗戈津：“俄罗斯在中亚的影响明显比中国大”，俄罗斯国家网，2007 年 7 月 5 日。

互动紧紧联系在一起的。此外，俄罗斯对于上合组织的重视与否在很大程度上取决于该组织能在多大程度上满足俄罗斯实现其利益最大化的需要。如果上合组织能够在帮助俄罗斯恢复对中亚的控制以及削弱美国对中亚的渗透，甚至降低中国对于中亚的影响，俄罗斯对于上合组织的兴趣就会增大，否则，俄罗斯对于该组织的参与就会动力不足。

2005年俄美关系发生了重要转变。美国加快北约东扩进程，先后接纳保加利亚、罗马尼亚、斯洛文尼亚、斯洛伐克、爱沙尼亚、立陶宛、拉脱维亚加盟，原东欧伙伴及苏联波罗地海三国纷纷倒向西方军事集团。俄罗斯面对西方军事力量，已完全失去屏障，北约东扩咄咄逼人，俄罗斯艰难抵抗。使俄美关系恶化的另一个主要事件是乌克兰“颜色革命”。2004年12月，乌克兰反对派发动“橙色革命”，反对派领袖尤先科当上总统，一切皆源于美国幕后的培植。乌克兰“橙色革命”极大地损坏了俄罗斯地缘安全利益，甚至鼓舞了俄罗斯国内反对派，直接威胁到俄罗斯内政安全。

与此同时，上海合作组织第五次峰会在哈萨克斯坦首都阿斯塔纳举行。六国元首签署了《上海合作组织成员国元首宣言》等重要文件，并决定给予巴基斯坦、伊朗、印度观察员地位，上合组织覆盖的地理范围迅速扩大。美国此时对上合组织的态度也由此前的漠视转为重视，政府启动了“中亚南亚经济一体化计划”(Central & South Asia Economic Integration)，试图与上海合作组织争夺中亚区域经济合作主导权。在这种情况下俄罗斯有关学者以及政府官员通过不同形式表达了对上合组织的重视。俄罗斯外交部称，“上海合作组织已经成为地区合作独一无二的形式，它经受住了时间的考验，证明了自己在维持大欧亚地区稳定中的作用。”[①] 俄外交部、国防部官员一致认为，提高上海合作组织的作用符合俄罗斯利益，是俄罗斯未来 10 年国际活动的重点。据此，将上海合作组织变为多极化世界的中心之一是俄罗斯外交的重要目标。上海合作组织必须提高保证地区安全与稳定的作用，巩固在中亚的地位。

三、俄罗斯立场对于上合组织发展的影响

俄罗斯对上合组织的认知与政策对于该组织的发展有着重大影响。上海合作组织成立初期，俄罗斯并未将上合组织置于其外交政策的最为优先的位置。在安全合作领域，它倚重集体安全条约组织。在经贸领域，它重视的是欧亚经济共同体。其次，受其狭隘的国家利益驱动，上合组织有时会成为俄罗斯“大国外交”的工具，这决定了俄罗斯不时会实用主义地对待该组织。通过强调上合组织在世界舞台上以及该组织对于俄罗斯外交政策目标的重要性，俄罗斯的动机在于向欧盟和北约展示，在它与西方打交道时有更加可行的替代选择。[②]

俄罗斯对于上合组织的实用主义态度特别体现在美俄关系上。当俄美接近时，俄罗斯在上合组织内会尽量克制自己的行为，如对于是否允许伊朗加入该组织表现谨慎。一旦俄美矛盾上升，俄罗斯就会加大借重上合组织的力度。俄美围绕美国中亚军

---

① Обзор внешней политики МИД РФ，Департаментинформацииипечати，27-03-2007，http：/ /www. mid. ru /brp _ 4. nsf/0/3647DA97748A106BC32572AB002AC4DD.

② Mikhail Troitskiy，“A Russian perspective on the Shanghai Cooperation Organization”，*SIPRI Policy Paper*，No. 17，May 2007.

事基地的博弈就是明显的例证。

俄罗斯对于中国在上合组织内发挥作用的态度有时也很矛盾：一方面，由于自身国力的下降，如果不与快速发展的中国加强合作，它很难独自面对来自美国与西方对这一地区的介入；另一方面，它也担心中国在中亚的影响越来越大。

对中国在中亚影响力提升的忧虑在俄罗斯国内颇有市场。在俄罗斯的部分媒体和政府官员中间，“对于中国怀抱着一种根深蒂固的恐惧——尤其忌惮中国对俄罗斯的蚕食”。俄罗斯媒体捏造中国正在有计划地通过移民来夺取俄罗斯远东地区的“阴谋”，揣测中国的崛起将会令中俄关系更加紧张。[①] 欧洲改革中心（Centre for European Reform）的中俄关系专家罗鲍波（Bobo Lo）认为，尽管中国人并不想用武力入侵俄罗斯，但中国的崛起将导致“俄罗斯在地区和全球性事务的决策中处于日益边缘化的境地”。[②]

俄罗斯当初之所以同意成立上合组织，有一个没有明言的动机就是制衡中国在中亚的影响力。[③] 正如哈萨克斯坦分析人士查达耶夫（Zakir Chotaev）所指出的那样，上合组织是“一个让莫斯科得以控制和限制北京在中亚活动的结构”。[④] 俄罗斯学者特罗伊茨基（Mikhail Troitskiy）更是直言不讳地指出，“俄罗斯致

---

① Luke Harding, “Russia fears embrace of giant eastern neighbour”, *The Observer*, 2 August 2009.

② Luke Harding, “Russia fears embrace of giant eastern neighbour”, *The Observer*, 2 August 2009.

③ Jóhanna María: “Russia's Perception of the Shanghai Cooperation Organization: . Real. Institution, . Counter. -Institution Or. Pseudo. -Institution?”, http: //skemman. is/bitstream/1946/2270/1/pd _ fixed. pdf. P57.

④ Mikhail Troitskiy, “A Russian perspective on the Shanghai Cooperation Organization”, *SIPRI Policy Paper*, No. 17, May 2007.

力于上合组织内的权力平衡，因而阻止中国通过该组织在中亚获得更大影响力的野心。俄罗斯需要它的中亚伙伴确信，它对于中国在中亚的意图一直保持着警觉。当中亚国家在对华关系中有需要时，俄罗斯愿意提供外交支持。”①

随着上海合作组织的发展，其在地区问题中扮演着越来越重要的角色。俄罗斯对上合组织的政策也发生了改变，2005 年 5 月 20 日，俄罗斯科学院远东研究所以“上海合作组织的建设问题”为题召集俄罗斯学者、外交部、国防部官员召开研讨会，认为“提高上海合作组织的作用符合俄罗斯利益”，注重提高上海组织的效率。效率低下一直是上合组织为西方所诟病缺点之一，因此有俄罗斯专家指出，“应当通过设立常设的、拥有现实全权和现实决定能力的部门来完善组织架构。”上合组织的常设机构包括秘书处、地区反恐机构，秘书处设在北京。经济合作方面，2006 年 8 月 24 日上海合作组织成员国经贸部长会议在乌兹别克斯坦首都塔什干举行，与会各国代表就如何进一步加强区域内经济合作等问题进行了深入探讨。成员国间的合作水平从最初的以货物贸易为主的经济合作方式逐渐向油气、交通、电信、农业、化工等技术含量较高和资金密集度较大的合作领域延伸，合作广度和深度有所扩大和加强。安全方面，2005 年 8 月 18 日至 25 日，中俄“和平使命——2005”联合反恐军事演习举行，此后每年和平使命军事演习如期举行。上合组织军事合作框架内中俄地区联合反恐机制形成，中俄军事安全合作在上合组织框架内逐渐得到体现，军事安全合作的地位与作用在组织框架内由此进一步提升。

① Mikhail Troitskiy, “A Russian perspective on the Shanghai Cooperation Organization”, *SIPRI Policy Paper*, No. 17, May 2007.

从罗贡水电站的建设看上海合作组织发展中水资源利用的问题

李立凡　顾慧敏*

内容提要：在中亚，水早就成为了一种重要的能源资源。吉尔吉斯斯坦和塔吉克斯坦占据咸海流域80%以上的淡水河流。这两个山地国家极力想借助水资源来保障本国的电力供应是可以理解的。根据塔吉克斯坦外交部网站的通报，塔吉克斯坦从锡尔河中使用7%的水，从阿姆河中使用15.2%的水。吉尔吉斯斯坦从上述两条河流中所使用的水分别为0.5%和0.3%。其余的水都被中亚其他国家所用。目前，围绕罗贡水库和罗贡水电站所产生的争端反映了后苏联时期在自然资源分配上存在着的地区矛盾。这一争端已经上升到了国际层面。

* 李立凡，上海社科院欧亚研究所副研究员；顾慧敏，上海社科院欧亚研究所助理研究员。

一、罗贡水电站的发展及问题

罗贡水电站位于中亚地区塔吉克斯坦共和国瓦赫什（ВахЩ）河上的具有灌溉、发电和防洪等综合效益的大型水利枢纽[①]。罗贡坝是瓦赫什河最上一个梯级，下游70千米即为努列克坝（Нурек）。罗贡水电站于1976年开始建设，水电站大坝设计高度335米，坝顶长660米，坝顶宽20米，底宽1500米，坝体体积7550万立方米。坝址基岩为下白垩纪砂岩、粉砂岩和泥板岩，岩石坚硬。多年平均流量645米/秒，1000年一遇设计流量为5750米/秒，水库总库容为130亿立方米[②]。设计安装6台各60万千瓦的混流式水轮发电机组，装机总容量为360万千瓦，年发电量131亿千瓦时，罗贡水电站建成并投入使用共需资金21.987亿美元，建成后将向中亚联合电网送电。据了解，该水电站超过目前中亚最大的努列克水电站。但到1993年仅建坝高40米，苏联解体后，大坝被腐蚀，后被洪水冲毁。目前塔罗贡水电站项目就是在该基础上进行的。

2010年1月19日，塔吉克斯坦能源工业部称，2010年塔电力项目耗资16亿索莫尼（约合3.63亿美元），其中国家预算6.9亿索莫尼，占总额的43%，外国贷款9.166亿索莫尼，占总额的57%。修建罗贡水电站共花费5.547亿索莫尼（约合1.26亿美元），同比增加1.236亿索莫尼。但除了塔国家预算划拨的

① 罗贡水电站（英文Rogun Hydropower Station，俄文Рогунская плотина），见百度百科：http：//baike.baidu.com/view/4747307.html。

② http：//www.botschaft-tadschikistan.de/PDF/Wasserenergie%20jetzt%20und%20in%20der%20Zukunft.pdf.

3.5亿美元外，其他资金无法到位。

为此，塔财政部、国家储蓄银行及证券交易所签署协议，允许居民购买的罗贡水电站股票在二级市场流通。现在塔吉克斯坦唯一国有商业银行——储蓄银行作为罗贡水电站二级市场代理机构，在2010年1月1日开盘，股票持有者可以把持有的股票进行买卖、赠送和退股。储蓄银行办理该业务也为促进塔证券交易业的发展。据统计，2010年，塔发行罗贡水电站股票约2亿美元。如今塔吉克斯坦罗贡水电站公司已于2011年5月26日在塔首都杜尚别召开第一次股东大会。同时，塔财务部证券市场成长局正牵头编写罗贡水电站股东名册。

国际社会和国际金融组织也对该水电站给予了高度的关注，并希望以此打消塔吉克斯坦和乌兹别克斯坦在水资源利用间的矛盾。世界银行于2009年9月和12月派出小组对工地进行过考察；之后世行于2010年4月20—27日又派出世行最好的大坝及水利专家组成高级技术团赴塔做了进一步监测和评估工作。2010年4月25日世行欧洲及中亚区总监菲利普·乐维尔对乌兹别克斯坦发函，表示考虑到罗贡水电站的建设将取决于技术、环境及社会等因素，世行将派技术评估团赴塔考察罗贡水电站项目。函中强调，评估团此次将重点考察塔经济技术、环保及社会等方面的条件，认真考量技术条件、生态和社会风险以及项目带来的利益。研究结果由国际独立专家审查，并将与河流流经国家进行磋商。之后，塔政府同意世行建议，雇佣隶属于世行的符合技术要求并具有相应职业技能的建筑专家，以便于对工程的监管和做出独立的质量评估。

2011年5月19日在哈萨克斯坦阿拉木图市举行了第一次会晤，主要交流和讨论塔吉克斯坦罗贡水库和水电站修建的问题，世界银行邀请了所有感兴趣的国家参加了这一会议。

2011 年 5 月 28 日发表的美国参议院报告称塔吉克斯坦建造罗贡水电站的方案是“适时的”。美国参议院支持有效利用中亚地区的水资源，认为罗贡水电站的建造和投入使用可以解决塔的许多经济问题，并可向阿富汗和巴基斯坦出售电能。美国参议院的报告表示，随着苏联解体，中亚地区利用水资源的机制失效，结果可能导致地区的不稳定，这是美国不愿意看到的。美国参议院支持制订清晰的中亚水资源利用机制。

二、罗贡水电站的建设引发中亚国家间的矛盾

2011 年 7 月 18 日，塔吉克斯坦外交部长哈姆罗洪·扎里菲指出，在河流问题上的“意见分歧”影响到了塔吉克斯坦和乌兹别克斯坦的关系。分歧的焦点是塔吉克斯坦计划完成瓦赫什河上罗贡水电站的建设。瓦赫什河是阿姆河的支流之一。一旦水电站大坝建成，它将成为世界上最高的大坝。

乌兹别克斯坦担心，如果建设水电站它有可能失去对自己的水资源的控制。乌兹别克斯坦认为大坝会对周围环境产生不利影响，乌认为罗贡水电站的与众不同之处在于，它将建造在充满岩盐的构造断裂带上，这里的山岩疏松，不牢固。这里发生的地震强度能达到里氏 9 级。据称苏联的设计师为了使当时还处在计划中的水电站具有抗震性，保护水电站免受沉积岩盐的侵蚀，准备在建设过程中采取一些特别措施，但其可信度令人怀疑。

另外，乌兹别克斯坦认为，从生态的角度来看，在这一地区发生强烈地震和大坝溃塌的情况下，整个地区面临着灭顶之灾的威胁。还有一种理论认为，罗贡水库的蓄水将对阿姆河下游的用水产生不利影响，对乌兹别克斯坦的花拉子模州和卡拉卡尔帕克

斯坦共和国以及土库曼斯坦的塔沙乌兹州的影响尤为明显。批评者说，水资源的匮乏会对上述地区的农业生产带来损失。乌兹别克斯坦总统伊斯拉姆·卡里莫夫曾公开威胁塔吉克斯坦，不允许他们从阿姆河中取走一滴水。2011 年 8 月 15 日乌兹别克斯坦总统卡里莫夫在参加塔什干市为筹备第六届世界水论坛的地区会议时说，合理使用水资源具有很大的意义，否则将会引起水资源短缺，继而引起严重的生态、经济和社会问题。这在保障粮食安全问题时尤为重要，因为粮食安全直接取决于植物生长期稳定的灌溉和充足的水源。忽视这种严肃的问题将会影响发展的稳定和哈萨克斯坦、土库曼斯坦以及乌兹别克斯坦几千万人口的居住。他还特别强调，修建这个新的大型水利设施的地方曾不止一次地发生过 9 级大地震。如果发生强烈的地震，就可能造成无法弥补的灾难，将会对几十万人的生命构成威胁。

乌兹别克斯坦总统说，合理使用水资源，保护地区和世界水文平衡，保护和节约水资源，完善灌溉体系，减低水能的使用，对水利设施进行现代化改造，推行现代节能工艺，才能使中亚的水问题得到合理解决。

而塔吉克斯坦官方坚称，中亚水资源的利用问题在罗贡水电站项目之前就已经出现了。塔吉克斯坦是世界上最贫穷的国家之一，国际社会每年都要向它提供财政支援以及以燃料、药品、服装和食品等形式提供数百万美元的人道主义援助。在塔吉克斯坦的援助国名单中包括哈萨克斯坦和土库曼斯坦。塔吉克斯坦被中亚联合电力系统排除在外。冬季，塔吉克斯坦的电力缺口达到了用电总量的 30%，使居民用电困境进一步加剧。塔吉克斯坦执政当局认为，如果建成罗贡水电站，电力短缺的问题将可以得到解决。

另一个不容忽视的因素是，自苏联时代以来，水资源就没有得到合理利用。苏联时期的计划专家指出，土库曼斯坦和乌兹别克斯坦用水量超过规定标准的50%，哈萨克斯坦和吉尔吉斯斯坦超过了22%，塔吉克斯坦超过了15%。如果塔吉克斯坦外交部网站的数据真实可信，那么土库曼斯坦每年的人均用水量为4044立方米，乌兹别克斯坦为2596立方米，哈萨克斯坦为1943立方米，塔吉克斯坦为1843立方米，吉尔吉斯斯坦为1371立方米。此外，乌兹别克斯坦花拉子模州和卡拉卡尔帕克斯坦共和国以及土库曼斯坦的塔沙乌兹州在将阿姆河的水用于浇灌棉田之外，还将它用作饮用水。

三、中亚的水资源问题错综复杂

中亚五国总面积约400万平方公里，两条大河阿姆河和锡尔河流经这个区域并注入咸海①。塔吉克斯坦和吉尔吉斯斯坦位于上游，拥有大部分的水力资源，但缺乏能源和其他矿产资源，经济相对落后。哈萨克斯坦、乌兹别克斯坦和土库曼斯坦处于下游，经济相对发达，资源丰富，但水资源短缺。

当前中亚水资源争端主要集中在四个焦点问题上。首先是水电站建设问题。塔、吉两国准备新建大型水电站以增加发电量，乌、哈表示担心和不满。其次是灌溉水源保证问题。塔、吉希望从下游国家继续得到更多的能源补偿，但乌、哈以债务等问题为由拒绝提供低廉的天然气、煤和电力。再次是生态保护问题。中亚夏季干旱少雨，生态脆弱，河流污染严重，使水资源问题雪上

① 孙壮志："水资源之争与中亚一体化 或组建中亚水能集团"，《人民日报》，2010年03月30日。

加霜。最后是生态安全问题，在塔吉克斯坦的帕米尔高山上有一个名叫萨列兹的湖（Сарезское озеро）[①]，长期以来是中亚人心头上的一个悬念，也被称为悬在高山上的一个“巨型炸弹”。原来，该湖是1911年2月的一次地震形成的湖泊（可能应该叫“堰塞湖”）。该湖位于海拔3000多米的帕米尔高原，长大约75000米，深约500米，现在约存有水量170亿立方米左右，湖的两边是高于湖面2000多米的高山。为什么说这个湖是悬念或是“巨型炸弹”呢？那是因为拦着湖水的坝是山体滑坡自然形成的，如果遇到稍强烈一点的地震，就可能会让坝体松动，继而造成溃坝。一旦溃坝，湖中如此巨大的水量泄出，则会从高向低，给塔吉克斯坦、阿富汗、乌兹别克斯坦、土库曼斯坦四国下游地区的约500万居民带来直接的洪水威胁，这将会是一场巨大的生态灾难。

另外，哈萨克斯坦想从吉尔吉斯斯坦获取更多的水。乌兹别克斯坦想要阻挠塔吉克斯坦修建水电站。中亚的用水问题正在成为一件麻烦事，如果矛盾协调得不好有可能转化为冲突。哈萨克斯坦与吉尔吉斯斯坦的官员在比什凯克会谈后仍无法就哈萨克斯坦方面提出的增加吉尔吉斯斯坦对哈萨克斯坦的供水的要求达成协议。同时，严重的干旱使乌兹别克斯坦和哈萨克斯坦的农民面临着丧失生存手段的威胁。

哈萨克斯坦能源部副部长阿夫坦季尔·卡尔马马托夫称，哈萨克斯坦要求吉尔吉斯斯坦为其南部地区的小麦和棉花生产提供更多的用水。他表示，谈判很快将会恢复。如果双方能够达成协议，吉尔吉斯斯坦将从托克托古尔水库中向哈萨克斯坦调水。

中亚的用水问题由来已久。中亚属于相对干旱的地区，而水资源的分布却不均衡。吉尔吉斯斯坦和塔吉克斯坦占有的水资源

---

① Сарезское озеро，russos. livejournal. com/768879. html.

较多，但它们却基本上没有自然资源。因此，它们想用水来向乌兹别克斯坦、哈萨克斯坦和土库曼斯坦交换它们所需的自然资源。处在河流下游的国家反对这一方案并表示，水资源属于所有的国家，反对塔吉克斯坦和吉尔吉斯斯坦修建水电站的计划。

四、水问题解决方案的主要版图

水资源问题的解决，各方有不同的立场和态度，其主要围绕：跨界水资源合作，保护水源和提高供水质量，为水资源发展融资，以及保障水与粮食的安全。

2010 年 6 月 8—10 日在塔吉克斯坦首都杜尚别举办了“生命之水 2005—2015 年”大会，会议集中在 6 个主题进行深入的讨论：（1）加快水资源发展计划，提倡水资源千年发展目标(MDGs)，并确保妇女的参与；（2）跨界水资源合作；（3）水质；（4）水资源和适应气候变化，灾害风险减少；（5）可持续融资；（6）综合水资源管理，能源，农业和粮食安全。

此次大会特别提出了“水资源宣言”，该宣言旨在通过联合观测水文和加强水循环的科学利用，促进资源共享和水资源技术，有效利用地下水资源，并不断增强现代化的水资源管理方法，用科学创新的思想来加强水建设。

这些建议实际而有效，一些概念是以民生、环保、可持续发展与水务管理为主，其积极意义不容忽视。但不同的国家，为不同的利益诉求，所持立场截然不同。这需要利用“水资源利用开发模式”来协调各方利益。

中俄在水资源灌溉和利用方面的经验，可以被中亚国家所借鉴。尽管俄罗斯淡水资源丰富，人均淡水占有量位居世界第三位，但俄水资源开发利用同样面临不少问题。俄罗斯最早对水资源提出国家战略，即《俄罗斯联邦2020年前水资源战略》，该战略确定了2020年前俄水资源发展战略目标和基本方向，将实施提高俄居民生活水平，增加农业产量。俄政府用法律的形式使各个联邦政府投巨资用于更新水利基础设施，更换给排水系统等市政服务网络，这是一种战略与立法的结合，为未来处理水资源的纠纷奠定了基础。俄各联邦主体也正在实施多个地区性水资源发展计划，目前已取得初步成效。2011年1月我国发布的《中共中央、国务院关于加快水利改革发展的决定》，是新世纪以来中央关注“三农”的第八个“一号文件”。这是在党的重要文件中，第一次将水利提升到关系经济安全、生态安全、国家安全的战略高度。

俄罗斯科学院水资源问题研究所所长、通讯院士维克托·丹尼洛夫表示，目前跨界水体生态保护是俄中水资源利用合作领域的优先合作项目①。中国对跨界水体的生态影响更大，这是因为界河中方地段及沿岸地区工业比俄方相对发达。两国的水务合作最具有里程碑意义的是2007年5月中俄两国在俄罗斯的哈巴罗夫斯克市签署了《2007年跨国水域联合监控计划》。俄罗斯联邦水资源署拨款1350万卢布用于联合监控。由此两国联合开展工作确定统一的界河水质评估标准，并增加务实沟通，特别是统一目前俄中两国有害物质最大容许浓度的标准等方面做出了相对的统一。

① 跨界水体污染防治是俄中两国优先合作项目，“俄罗斯‘中国年’新闻中心媒体播报”，俄罗斯新闻网，2007年5月23日，http：//www.scio.gov.cn/zt2007/2007elszgn/mtbb/200705/t115115.htm。

五、上海合作组织与水问题

上海合作组织自2008年金融危机爆发后，加大了中亚水资源问题的讨论和研究：2008年10月7—9日在叶卡捷琳堡市召开“上合组织成员国生态安全”科学实践会议和第十届“俄罗斯纯净水”国际研讨会。涉及为上合组织成员国居民生活保障提供良好生态条件、中亚水资源管理、环保和生态安全以及气候变化引发的地缘政治等问题的报告。

2008年10月30日，上海合作组织成员国政府首脑（总理）理事会例行会议在阿斯塔纳举行。总理们指出，合理和有效利用水资源问题对确保中亚国家可持续发展具有特殊作用①。因此，即将举行的本组织成员国环保部门负责人首次会议具有重要意义。

2011年5月3—4日，第四届阿斯塔纳经济论坛将召开，其中中亚跨界水资源的利用与中亚地区国家的粮食安全保障进行结合分析。水资源问题是农业综合体发展中发挥主导作用的因素之一。因此，积极讨论中亚国家跨界水资源利用的政治、经济和自然气候因素十分必要。切实贯彻国家水利政策将为巩固共同跨界水资源利用、保障粮食安全领域的地区间合作发挥重要作用。

总的来讲，上海合作组织在处理中亚水资源的问题是谨慎和关注的，在2011年上海合作组织峰会中各方也希望将该问题作为主要的议题来讨论，特别是中方希望落实2009年胡锦涛主席

---

① “上海合作组织成员国政府首脑（总理）理事会会议联合公报（全文）”，2008年10月30日。

在叶卡捷琳堡峰会期间宣布的向上合组织成员国提供100亿美元信贷资金[①]，这些贷款将为区域经济的平衡发展起到进一步的推动作用。另外计划在未来设立以增强能力建设、促进贸易和投资活动为主要任务，由各方共同出资的发展基金或专门账户，加大对区域内大项目前期投入的支持力度，其中就包括对水资源的清洁利用项目。

上海合作组织对中亚水资源问题的“建设性介入”不是太多，其未来仍然将在跨境水问题上与亚洲开发银行和欧洲复兴银行的合作为主，不可能将其作为主要的计划来实施，不过笔者相信其雄厚的资金链将为水资源在中亚的科学合理利用做出贡献。

① “上海合作组织十年结硕果”，《环球财经》，2011年07月07日。

欧盟与上海合作组织的非正式对话及其机制化前景

戴轶尘*

内容提要：随着中亚在欧盟对外战略中的地位提升，上海合作组织作为该地区最具代表性和影响力的区域组织引起了欧盟的日益关注和重视，并通过各种渠道与之进行多次非正式对话。2007 年欧盟推出新中亚战略后，其与上海合作组织的交往显著增加，但仍存在着一系列的制约因素使之难以打消对上海合作组织的疑虑，双方建立机制化的正式关系仍有待时日。

一、欧盟接触上海合作组织的战略考量

冷战结束初期，新生的中亚国家积极开展对欧外交以期获得来自西方发达国家的政治支持和经济援助以巩固其主权独立，但

* 戴轶尘，上海社会科学院欧亚研究所助理研究员。

是当时忙于推动欧洲一体化深化与扩大的欧盟无暇关注距离遥远而又情势复杂的中亚，“它对这一地区的接触旨在确保中亚国家独立生存的能力”[①]。欧盟从1995年起陆续与中亚国家签订了《伙伴关系与合作协定》（The Partnership and Cooperation Agreements，PCAs）给予其贸易最惠国待遇，并从1991年起通过“独联体国家的技术援助计划”即塔西斯计划（Technical Assistance to Commonwealth of Independent States，TACIS）向中亚国家提供技术和财政援助来“促进受援国向市场经济和增强民主与法治的转型”。1991—2001年期间，欧盟向中亚五国提供了9.44亿欧元的援助，其中通过塔西斯计划的援助额达3.66亿欧元。[②] 但这一时期欧盟在中亚的外交停留在双边层面，并以项目和技术援助为导向，“既没有一个明确的政治优先的预设，也缺乏对其施加重大影响所必需的资源”[③]。2001年“9·11”事件爆发后，欧盟及其成员国支持并参加了由美国组建的国际反恐联盟，在北约的名义下获得了在中亚地区的军事存在。[④] 由此促使欧盟在中亚寻求政治、经济利益之外，又增加了安全维度的战略考量而开始着手调整中亚政策，成立不久的上海合作组织也随之引起了欧盟的关注。

---

① Ertan Efegil, “The European Union's New Central Asia Strategy”, in Emilian Kavalski ed., *The New Central Asia: the Regional Impact of International Actors*, Singapore: World scientific Publihing Co. Pte. Ltd. 2010, p. 76.

② European Commission, *Strategy Paper* 2002—2006 & *Indicative Programme* 2002—2004 *for Central Asia*, 2002, p. 3.

③ Neil J. Melvin ed., *Engaging Central Asia: The European Union's New Strategy in the Heart of Eurasia*, Brussels: Center for European Policy Studies, 2008, p. 3.

④ 2001年法国在塔吉克斯坦的杜尚别国际机场建立了一个小型军事后勤补给基地，并驻扎了一个轰炸机中队。德国则在2003年获得了乌兹别克斯坦南部的特尔梅兹（Termez）军事基地的使用权。

2002年10月30日，欧盟委员会推出了《2002—2006年中亚战略白皮书及2002—2004年指导计划》(Strategy Paper 2002—2006 & Indicative Programme 2002—2004 for Central Asia)。文件指出，中亚国家自独立以来已在政治、经济和社会等方面取得一定的成就，但形势并不乐观而且面临着诸多共同的发展问题："缓慢的民主转型进程、履行人权义务的不良记录、伊斯兰激进化态势、大规模杀伤性武器的扩散、人口给社会服务能力带来的超负荷压力、市场导向的经济改革进展缓慢、糟糕的商业和投资环境、日益扩大的收入差距和贫困化"。与此同时，中亚各国也共享着发展互利关系的挑战和机遇，包括"打击跨国犯罪、改善边境管理、实现经济多元化、增加区域内贸易、进入世界市场和对自然资源的可持续利用"。因此，欧盟援助中亚战略的核心目标是"促进中亚国家的稳定与安全，支持其经济可持续发展和减少贫困的追求"，并将以每年投入5000万欧元的力度援助中亚，通过推进安全与冲突预防、消除政治与社会冲突的根源、改善贸易和投资环境等方式来实现其目标。[①] 自此，欧盟开始将中亚五国视为一个整体置于其对外政策之中，在继续拓展双边关系的同时，寻求在应对地区共同挑战、推动中亚国家间的多边合作上施加自己的影响。欧盟在这份文件中已关注到中亚国家参与上海合作组织框架下的反恐合作，但它对于这个新生的区域性组织知之甚少，只是在文件最后一页的注释中提到："上海合作组织发轫于一个讨论边界划界问题的论坛，但如今已获得了发展动力并关注于诸如恐怖主义和分离主义等安全问题，同时还在展望经济

---

① European Commission, *Strategy Paper* 2002—2006 & *Indicative Programme* 2002—2004 *for Central Asia*, 2002, pp. 3—4.

合作”[①]。

尽管欧盟并未在这份官方文件中明确表态如何处理与上海合作组织的关系，但由其资助的智库——欧盟亚洲研究所（European Institute for Asian Studies，EIAS）在时隔两个月后发表了一份题为《欧盟对上海合作组织的政策应对》的研究报告，为欧盟寻求与上海合作组织之间的对话提出了政策建议。报告指出，西方舆论对成立不久的上海合作组织倍加嘲弄和批评，许多欧洲人因此而质疑其对欧盟的重要性是一种相当短视的观点。相较于中亚地区的其他区域合作形式，上海合作组织的特殊之处在于它将俄罗斯和中国两个大国联合在一起充当拉动中亚发展的“火车头”，从而为该地区走向有效的一体化提供了一种新的结构。上海合作组织并非是针对美国和欧盟所设计的，不会对美欧的地缘利益构成威胁，而且其成员国的反恐政策与美欧有一致之处。上海合作组织的成立也不意味着俄罗斯或中国在中亚确立了霸权，而是因为它们认识到作为单个国家在该地区发挥影响面临着共同的局限。报告认为，欧盟已将推动中亚国家之间的区域合作确立为其中亚政策的优先考虑和实施要点，但要推进中亚地区主义的发展，欧盟必须为在该地区的大国和小国之间达成一个新的安全协议而继续努力，上海合作组织则为此提供了一个理想的框架。有鉴于此，欧盟对上海合作组织的政策应包括三个方面：“首先，欧盟需要精心地制定政策，应当认识到在亚洲心脏地带的有效地区主义的地理基础包括俄罗斯和中国，而不仅仅是中亚国家。如此一来，欧盟应更加明确地接受上海合作组织的安全准则，支持中亚的裁军计划以及实施这些计划的安全保证。其次，欧盟需要

① European Commission，*Strategy Paper* 2002—2006 & *Indicative Programme* 2002—2004 *for Central Asia*，2002，p. 55.

运用政策资源敦促中国和俄罗斯抵制过于紧密的双边方式而支持加强上海合作组织的政策，并通过技术援助来鼓励它们更加积极和有效地以多边方式推动上海合作组织的发展。最后，欧盟必须让美国明白抵制过于紧密的双边方式有助于中亚国家支持提高上海合作组织有效性的政策。”报告还提出了建立“欧盟－上海合作组织”对话机制的建议，主张首先从司法、内政、交通和能源这些与上海合作组织的利益最相关的议题着手进行对话，而且这一对话进程应当是多层次的，包括从欧盟参与上海合作组织的外长会议到双方中层官员之间的交流，以及第二轨道的学者与官员之间的交流。①

伴随着东扩进程紧锣密鼓地展开，欧盟开始担忧它与中亚地理距离的缩短将进一步增加其应对来自该地区安全挑战的风险，也不可避免地在处理中亚事务上要同上海合作组织打交道。2004年1月15日，欧盟代表应邀出席了上海合作组织秘书处在北京举行的正式成立仪式。② 当年3月16日，负责欧盟共同外交与安全政策的高级代表索拉纳在正式访问中国期间专程拜访上海合作组织秘书处。上海合作组织秘书长张德广在会见索拉纳时明确表示上海合作组织愿与各国和包括欧盟在内的各个国际组织发展一切形式的交流与合作，并介绍了近年来上海合作组织在反恐和反对毒品走私方面所做的巨大努力。索拉纳也明确表示欧盟愿意与上海合作组织保持接触，寻求各种合作的可能性。③ 虽然欧盟和上海合作组织的接触有了良好的开端，但欧盟在即将实现东扩之际已没有多余的精力将建立与上海合作组织的对话机制提上正式

① Greg Austin, *European Union Policy Responses to the Shanghai Cooperation Organization*, Brussels: European Institute for Asian Studies, Dec. 2002.

② 新华社，2004年1月15日电。

③ 新华社，2004年3月16日电。

议事日程。

二、欧盟新中亚战略的实施及其与上海合作组织的交往

2005年“颜色革命”在美国的推波助澜之下向中亚蔓延并引起该地区国家的政局动荡。在这一过程中，欧盟不仅多次发表政治声明谴责中亚国家的选举进程缺乏透明度与合法性，还以乌兹别克斯坦政府在“安集延事件”中“不加区分地使用武力”并拒绝接受独立的国际调查为由决定对其实施制裁。欧盟内部则批评现有的政策框架《伙伴关系与合作协定》和塔西斯计划已不足以处理其与中亚关系所面临的挑战。[①] 当年7月，欧盟设立了中亚事务特别代表（The European Union Special Representative, EUSR）以加强其内部政策协调能力。2006年1月，俄罗斯与乌克兰之间爆发天然气之争迫使严重依赖于俄罗斯能源出口的欧盟将解决能源来源多元化问题提升到了战略层面，并将中亚里海地区的油气资源视为潜在的主要能源来源之一，为其在中亚外交上加大投入力度提供了新的动力。2007年6月，欧洲理事会（The European Council）在轮值主席国德国的大力推动下出台了第一份针对中亚的战略文件——《欧盟与中亚：新伙伴关系战略》（European Union and Central Asia: Strategy for New Partnership），“标志着欧盟与中亚国家关系的一次突破”[②]。

---

① 赵会荣：“欧盟的中亚政策”，《俄罗斯中亚东欧研究》，2008年第6期第62页。

② Neil J. Melvin ed., *Engaging Central Asia: The European Union's New Strategy in the Heart of Eurasia*, p. 122.

欧盟在新战略文件中明确指出它在中亚的战略利益是该地区的安全与稳定以及支持中亚国家的人权与法治，这是因为“中亚地区在战略上、政治上和经济上的发展以及与日俱增的跨地区挑战已直接或间接地影响了欧盟的利益；随着欧盟的扩大，欧盟睦邻政策囊括了南高加索地区并推出了黑海协作倡议，使得中亚和欧盟更为接近；中亚地区丰富的能源资源及其寻求贸易伙伴和供应路线多样化的目标有助于满足欧盟的能源安全和供应需求”。欧盟将采取一种双边合作与地区合作相平衡的方式来实现其在中亚的利益，并明确表示“准备与中亚的区域组织进行一种开放的且有建设性的对话，并与欧亚经济共同体、上海合作组织、亚信会议、集体安全条约组织、中亚区域经济合作组织以及中亚地区与信息协调中心建立定期的、专门的联系”。[①]

在中亚的众多区域组织中，欧盟对上海合作组织“另眼相待”有着地缘上、经济上和安全上的多重利益诉求。首先，上海合作组织能够在中亚的经济发展上发挥重要作用，而欧盟在中亚有着明确的利益就是该地区的繁荣与安全。对于中亚各国而言，上海合作组织是一个能够有力拉动该地区经济增长的有效工具。封闭的中亚地区离开了同俄罗斯、中国、伊朗和印度的合作，就无法进入到重要的港口和国际交通走廊，而美、日、欧以及亚洲银行的经济援助在这方面只能发挥次要的作用。一旦上海合作组织最终实现了其经济一体化的抱负，在中亚建成自由贸易带和设立一系列的货物、商品、服务和技术自由流动的规则，那么一个强有力的欧盟－上海合作组织关系将会给欧盟带来巨大的贸易和投资机遇。其次，上海合作组织与欧盟的能源安全息息相关。上

① Council of the European Union, *European Union and Central Asia*: *Strategy for New Partnership*, Brussels: European Institute for Asian Studies, Oct. 2007.

海合作组织成员国中包括了石油输出组织之外最大的两个能源生产国——俄罗斯和哈萨克斯坦，同时还包括了中国和印度这两大能源消费国。上海合作组织已在 2007 年比什凯克峰会上讨论了建立能源俱乐部的问题，这意味着它今后有可能在中亚能源资源的输出上形成一种更加合作的、多样化的综合性战略。而欧盟将在很长的一个时期内继续依赖进口俄罗斯的石油和天然气，还可能会与中国在油气资源领域形成竞争关系。因此，欧盟与上海合作组织进行能源安全对话将为双方的成员国提供一个探讨国内能源部门透明化和能源供应路线多样化问题的平台，双方可以共同合作发展战略项目，建设从中国到欧盟的能源运输路线。再者，中国和俄罗斯是欧盟的重要伙伴，而欧盟同上海合作组织的对话将加强其与中、俄的双边关系。中、俄都将上海合作组织置于其对外政策中的优先地位，而且都没有将欧盟视为其在中亚的挑战，因此上海合作组织和欧盟并非注定在中亚成为竞争对手。最后，上海合作组织处理的诸多安全问题都涉及欧盟的利益。欧盟和上海合作组织在摧毁恐怖主义网络上有共同利益，双方都希望稳定阿富汗的局势。上海合作组织已建立了阿富汗问题的工作小组，而部分欧盟成员国则在北约名义下参与了阿富汗的军事行动。此外，在欧盟关切的伊朗核问题上，上海合作组织也能通过伊朗的观察员身份向其施加影响。①

---

① See Oksana Antonenk，“The EU and Shanghai Cooperation Organization”，in Iwashita Akihiro ed.，*Toward a New Dialogue on Eurasia*：*The Shanghai Cooperation and Its Partners*，Sappro：Slavic Research Center，Hokkaido University，2007，pp. 6—7.

三、欧盟与上海合作组织对话机制化的障碍及其前景

欧盟日益重视上海合作组织就是因为“该组织具有持久的生命力，比中亚地区的其他组织更具有实质性的影响和动力”①。然而，欧盟与上海合作组织虽然都将维护中亚的安全与稳定视为长远的战略利益，都致力于通过推进地区合作来寻求一种综合的、合作的与共同的安全，但双方关注的重点和政策偏好不尽相同，导致欧盟对于是否要在近期内同上海合作组织建立起正式的对话机制犹疑不定。

首先，欧盟对上海合作组织以打击三股势力为首要任务的安全合作有不同看法。虽然欧盟高度关切中亚的伊斯兰极端势力、恐怖主义和毒品、武器走私等跨国有组织犯罪对欧洲本土的安全威胁，但它并不具备直接向中亚地区提供安全保障的能力，而是寻求作为一种规范性力量，通过对中亚国家的经济技术援助发挥影响，并坚持主张“不经历政治改革就不可能确保中亚的长期稳定与繁荣”②。然而欧盟这种“嵌入在安全与民主化框架中的‘硬权力’认知已激起了其与中亚国家之间的龃龉。一方面，双方在安全领域已有显著的合作，包括边界管理、打击毒品和跨国有组织犯罪。但在另一方面，双方在对于安全的观念和实践的理

① Alyson JK Bailes,“The Shanghai Cooperation Organization and Europe”, *China and Eurasia Forum Quarterly*, No. 3 2007, p. 13.

② Neil J. Melvin ed., *Engaging Central Asia: The European Union's New Strategy in the Heart of Eurasia*, p. 129.

解上存在冲突，主要源自于在界定安全威胁上的分歧"[1]。欧盟一直将不符合西方民主标准的中亚国家政权本身视为该地区不安全的主要来源之一，并且认为上海合作组织打击三股势力的议程使其成员国得以用"恐怖主义威胁"来掩饰对其国内合法的政治反对派的镇压，用"极端主义"来指控温和的穆斯林组织的宗教活动，以及以"反对分裂主义"的名义限制少数民族的权利。[2]但是美欧在中亚地区推动"颜色革命"让这些原本就缺乏应对安全挑战能力的国家更显脆弱，致使三股势力得以借势浑水摸鱼、趁火打劫。在这样的情况下，以打击三股势力为首要任务并主张成员国有权根据自己的国情和意愿选择发展道路的上海合作组织就自然而然地成为中亚国家寻求帮助的首选，并将进一步加强该组织框架下的安全与经贸合作视为实现长治久安的最为现实可行的途径。对此，欧盟一边批评上海合作组织"明确地拒绝了欧洲的（西方的）和全球的关于人权、政治自由和善治的一般规范以及国家和国际制度干预他国内部混乱的权利和义务"，但一边也不得不承认上海合作组织不仅没有阻止成员国接受西方提供的援助和专家，而且在打击恐怖主义、毒品和武器走私上取得了一定的成功，降低了这些安全威胁进一步向西扩散的风险。[3]正是出于安全利益上的实际需要，欧盟在当年 12 月就派遣中亚事务特别代表库比斯访问了上海合作组织秘书处，与张德广秘书长就维护中亚地区局势的稳定交换了意见。

其次，欧盟担心上海合作组织开展的能源合作对其在中亚的能源利益形成竞争压力。为应对俄乌天然气争端对欧洲能源安全

---

① Ertan Efegil, "The European Union's New Central Asia Strategy", p. 81.

② Oksana Antonenk, "The EU and Shanghai Cooperation Organization", p. 9.

③ Alyson JK Bailes, "The Shanghai Cooperation Organization and Europe", pp. 15—16.

的冲击，欧盟于2006年提出建立“泛欧能源共同体”以加强与周边能源生产国的合作，通过引入市场机制和建立透明、稳定的和非歧视性的法律框架来改善当地的投资环境，使之达到欧盟的经济、政治和技术标准并最终融入到欧洲的能源市场。为了将能源资源丰富的中亚地区纳入到“泛欧能源共同体”之中，欧盟不仅在新中亚战略突出强调了该地区对于欧洲能源安全的重要意义，在已有的“巴库倡议”（Baku Initiation）和“对欧油气输送国家间项目”（Interstate Oil and Gas Transport to Europe，INOGATE）的多边能源对话平台上进一步加强与中亚国家的合作，而且在2008年发表的《欧盟能源安全与团结行动计划》中将建立一条连结里海和中东到欧盟的天然气南部通道（South Corridor）确立为实现其能源供应来源多样化的一项优先基础设施行动。[①] 为此，欧盟将在2002年就提出的“纳布科”天然气管道项目视为南部通道的重要组成部分，是其与中亚进行能源合作的重点。该项目将土库曼斯坦、哈萨克斯坦的天然气穿越里海后，经阿塞拜疆、格鲁吉亚、土耳其输送到欧盟，全长为3300公里，年输送天然气能力为310亿立方米，计划于2011年开工，2014年投入运营，建成后将使欧盟对俄罗斯的天然气依存度减少25%。2008年4月，欧盟委员会与土库曼斯坦达成能源谅解备忘录，由土库曼斯坦向欧盟供应100亿立方米天然气，使其在中亚的能源开发取得了突破性进展。但让欧盟始料未及的是，当它多年大力推动的“纳布科”项目还停留在纸上谈兵之时，中国和中亚国家仅用了三年半时间就完成了土库曼斯坦到中国的中亚天然气管道建设，并在2009年12月投入使用。对此，欧盟怀疑

---

① Michael Denison,“The EU and Central Asia：Commercialising the Entergy Relationship”，*EU-Central Asia Monitoring Working Paper*，No. 2，July 200. p. 5.

土库曼斯坦在每年分别向中国和俄罗斯提供400亿和500亿立方米的天然气后，是否还有余力确保对欧洲市场的能源供应，并且认为它被中亚国家当作了与俄罗斯、中国进行能源谈判时讨价还价的工具。①

最后，欧盟质疑上海合作组织提供地区公共产品的能力，认为其实质性的合作成果有限，而且成员国的内部分歧有上升趋势。在欧盟看来，上海合作组织并非是“东方的北约”而主要是政治性和经济性的组织，其与安全直接相关的军事性行动维持在相当有限的规模，并且关注于成员国领土范围内的安全问题。②上海合作组织已走过了初期的政治发育阶段，也开展了各种各样的合作，但在很大程度上都是宣示性的活动，而且其拥有的财政资源很少，协调结构也很薄弱。不仅如此，上海合作组织功能的拓展尤其是将合作范围延伸到经济领域激起了成员国之间的争论，反映出它们之间的利益分歧，主要是中国成为推动上海合作组织经济合作的主要驱动力，而俄罗斯和中亚国家则担心中国的经济控制。尽管上海合作组织框架下已开展了诸如修建从中国到里海的交通通道、出口电力等多边合作，但在解决中亚的水资源分配等区域性问题上却没能充当起组织各方讨论以及协调联合行动的多边平台。③

---

① Luba Azarch, “Central Asia and the European Union: Prospects of an Energy Partnership”, *China and Eurasia Forum Quarterly*, No. 4, 2009, pp. 70－71.

② Marcel de Haas ed., *The Shanghai Cooperation: Towards a full-grown security alliance?*, Clingendael, Netherlands Institute of International Relations, 2007, pp. 55－57.

③ Michael Emerson, Jos Boonstra eds., *Into Eurasia: Monitoring the EU's Central Asia Strategy*, Brussels: Centre for European Policy Studies, 2010, pp. 42－43.

上海合作组织发展前景：机遇与挑战

张健荣*

内容提要： 阿斯塔纳峰会是上海合作组织十年历程的重要里程碑，为其未来发展方向提出了新的目标与任务。上海合作组织未来发展任务艰巨，面临着各种挑战，世界经济危机震荡、阿富汗地区严峻局势、中亚大国关系"极化"现象等问题，将考验上海合作组织能力。从上海合作组织本身角度来看，亟待在法律上对其地理概念、活动与责任区做出界定和定位，研究制定其长期发展战略，在经济、政治、安全、人文等领域提升其能力与作用，充分利用地区合作机遇，有效发挥地区人文优势，使上海合作组织成为一个具有强大生命力，树立新型国际关系模式，创建和谐地区的合作平台。

2011 年 6 月 15 日，在哈萨克斯坦首都阿斯塔纳举行了

* 张健荣，上海社会科学院欧亚研究所副研究员。

上海合作组织成员国元首峰会。本次峰会是一次承前启后的重要历史性会议。十年前，上海合作组织由“上海五国”演变成为一个区域型国际组织，开启了中国与俄罗斯和中亚地区国家多边合作机制，在古丝绸之路的历史长河上架起了一座新的友谊桥梁。弹指一挥间，短暂十年过去了，当上海合作组织矗立在未来十年起点上，元首们全面总结过去十年历程，展望发展前景，共商未来合作计划，极大地增强了组织凝聚力，有助于提高地区整体合作力，扩大组织国际影响力。我们看到，从上海合作组织诞生之日起，为适应地区发展要求，组织本着“互信、互利、平等、协商，尊重多样文明，寻求共同发展”精神，与时俱进，已经成为维护地区安全稳定，促进地区经济合作的重要的国际体系组成部分，为当今国际社会寻求后冷战时期国际关系合作模式提供了一种新的选择。

一、深化经济务实合作，应对经济新危机

当前经济危机在美国、欧洲震荡徘徊，世界经济发展趋势正显露新的萧条迹象，俄罗斯与中亚等国经济态势也出现了消极状况。根据独联体统计数据显示，[①] 2011 年上半年，俄罗斯与中亚等国（哈、吉、塔）工业产值增幅开始出现下降，2011 年 1—5 月，俄罗斯分别为 6.7%、6.3%、5.9%、5.5%、5.2%，而 2010 年同期则分别达到 10.2%、9.3%、9.5%、9.7%、10.3%；哈萨克斯坦则分别为 5.8%、5.6%、6.0%、6.1%、

① Основные показатели экономической статистики（темпы роста）http：//www.cisstat.com/.

5.8%，而2010年同期增幅则是两位数，分别为6.1%、10.4%、11.5%、11.8%、11.9%；吉尔吉斯斯坦下降幅度惊人，分别为−3.7%、1.2%、−0.3%、5.6%、8.8%，而2010年同期分别高达77.7%、105.8%、78.8%、61.3%、56.8%；塔吉克斯坦依次为9.2%、6.7%、5.4%、3.9%、3.4%，而2010年同期分别为3.2%、15%、16.3%、16%、14.5%。从2011上半年世界经济走势来看，下半年一些地区的经济形势不容乐观。

面对当前世界经济形势以及地区现状，上海合作组织必须重新审视各国政府反危机措施，调整各自短期政府反危机纲要计划，进一步采取行之有效的步骤与措施，趋利避害，推动地区贸易使用本国货币互换结算，加强双边与多边贸易密切合作。在这方面，俄中两国加强合作具有特殊意义。

首先，加强两国银行间合作机制，共同协商，克服分歧，双方签署货币互换协议，构建双边贸易结算体系多元化，实现卢布和人民币流通区域化。为此，双方可以在边贸已有的本币结算体系上扩大其范围与比重，就中国从俄进口石油产品以及中国对俄出口大宗商品实行本币互相结算尝试。在当前世界经济危机不稳定，美国主权信用级别下降情况下，继续以美元作为单一结算货币的话，不利于双方贸易扩大、贸易成本支出节减、贸易便利快捷提高，并且有碍于降低汇率风险及其相应后果。

其次，应继续调整双方贸易结构，提升贸易产品技术含量，转变贸易增长方式，扩大第三产业比重。为此，要充分发挥两地共建的科技园区的作用，扩大高新技术的合作规模，提高新技术联合开发潜力，加快实施中俄在核能与石化领域的大项目建设脚步。可喜的是，田湾核电站3号、4号机组总合同生效，工程开工在即。但其他能源领域合作进展缓慢，其中天然气价格谈判持续了近10年，至今无法协商一致。为此，早日建立上海合作组织能源俱乐部，有助于打破这一僵局，促成俄罗斯通往中国的天然气管道项目实施。同时在双方石油管道合作上，本着协商原则，妥善解决合作方之间出现的分歧与矛盾，扩大俄罗斯向中国管线输油能力，使两国经贸未来合作上一个新的台阶。

第三，抓紧落实两国元首批准的《中俄投资合作规划纲要》，进一步发挥中俄投资促进会议机制的作用。根据中国国务院总理温家宝2010年11月份访俄成果，中俄签约金额共计超过100亿美元。很重要的一点，尽快落实这些项目，使之成为提升中俄贸易规模的杠杆，为实现到2020年中国对俄投资总额达到120亿美元目标。

二、中亚安全形势严峻，机遇与挑战并存

目前，中亚地区正出现国际关系进一步“极化”状况，一边是上合组织和集安组织，另一边则是以美国为首的西方组织力求在该地区巩固阵地。阿富汗冲突难解决定了北约力量在阿长期军事存在的前景，使地区军事战略局势复杂化。尽管美国方面已经宣布将于2014年开始从阿富汗撤军，但撤军后阿富汗形势将可能面临的不确定性及其可能出现的失控局面，不仅对地区稳定与安全，而且对国际局势将产生重大负面后果。俄罗斯学者认为，[①] 这种挑战主要源于这样一些特殊因素：

首先，“美国全球主导”战略将基于保持美国在联合国、国

① Болятко А. В. Проблемы стратегии развития ШОС. http：//www.ifes-ras.ru/events/8/92.

际货币基金、世贸组织、北约等主要国际机构中主导地位之上，并通过治理地区进程，包括与那些不是美国军事政治盟国的国家发展双边关系而予以实施。

其次，美国新当局将力求使上述战略适应国际舞台力量配置变化。西方的欧亚政策多半依旧是朝着“大中东”形成计划，同时将印度和蒙古拉入自己势力范围。在此政策框架内，美国及其盟国把欧亚大陆东部视为扩大自己“责任区”的目标，含盖“非稳定区”（伊朗、阿富汗、巴基斯坦）等一系列地区国家。

第三，奥巴马总统的中亚战略或许会成为其前任战略的延续，但形式上作些更新。其同样是从美国针对阿巴方向的战略中衍生出来，主要还是依靠武力。另一不同之处在于，美国对外意识形态任务转向“暗处”，即：把强加自己价值观作为合作出发立场、把俄罗斯“挤压”出地区、削弱国际关系中伊斯兰因素。

在俄罗斯一些学者看来，上海合作组织在美国涉及中亚关系的官方战略中未曾提及，否则的话，美国便不得不承认，全球层面国际关系新架构必须建立在共同的，而并非美国的“样板”上。华盛顿担心上合组织变成一个治理国际进程的有效机制（在美国十分有限参与下），先是在欧亚大陆，然后有机会被中国把该组织经验转用到邻近的亚太地区。这对美国全球领导地位显然是一种取代。所以，美国将继续奉行以往对待上合组织成员国的个别做法，尽力遏止其成为维护欧亚大陆安全有活力的组织以及北约可能的对手。但同时也不排除，美国及其盟国与上合组织在一些关键领域建立联系，这有可能成为影响上海合作组织政策的一种杠杆，促使美国对其原有政策和发展优先目标施加一定影响。

上海合作组织地区稳定与阿富汗安全局势密切相关。围绕阿富汗地区形势，正出现两种合作态势：一方面是美国与北约之间的合作，另一方面则是上合组织与集安组织之间的合作。俄罗斯学者认为，如果说，美国过去的战略目标是要把该地区从俄罗斯势力之下摆脱出来，如今从“重启”俄美关系角度来看，美国要继续奉行这一战略目标，势必引起俄罗斯的不同反应，俄方完全可以中止为驻阿美军物质过境运输。在俄罗斯一些学者看来，[①]这为俄罗斯与美国就双方相互利益合作提供了更具建设性的对话条件，同时也为上海合作组织积极参与阿富汗国际事务协调和维护本地区安全稳定提供了相应机会。

需要指出的是，上合组织与集安组织具有相同的使命。首先与彻底清除国际恐怖主义组织及其帮手在阿富汗境内所建立的恐怖分子培训基地关联。从这层意义上说，中亚地区所存在的不同安全机构可视同于保障中亚地区安全发展的有效整体机制。不同的合作机制或者类似合作机制都是能被各方所接受的，因为一些中亚国家本身就参与了不同层面上各类国际组织，它们不仅是上合组织成员，而且是集约组织成员，同时也是北约和平伙伴关系国。这些不同层面的组织合作机制在反恐安全问题上目标是一致的，彼此并不冲突，而是可以相互补充。对上合组织发展而言，有必要分别去区别对待。如：第一种层面，主要侧重军事技术、边境防卫，防空体系互相合作；第二种层面，局限于打击三股势力，反毒品走私、非法移民、跨境有组织犯罪活动；第三种层面，加强军事改革和军事人员交流，举办联合军事演习、信息安全交流等。无论是集约组织，还是上合组织，多边合作模式更适合该地区各成员国的发展特点和要求，更何况客观因素本身诸如两个组织成员结构以及各层次的合作机制比较对等，而任务可以

① Болятко А. В. Проблемы стратегии развития ШОС. http：//www. ifes-ras. ru/events/8/92.

不同。

上合组织与北约组织本身并不具有相同使命。但在阿富汗问题上，双方则拥有许多利益共同点。从维护地区安全和应对共同威胁角度出发，以阿富汗为契机，与北约和美国建立对话机制，不仅可以尝试建立上合组织与北约各国专家论坛常态化，而且可以尝试建立两个组织秘书处对话与磋商机制。为此，一方面可以研究制定上合组织—阿富汗联络小组与北约之间协作的可能性。加强有关地区恐怖主义活动情报交换，建立有关毒品交易、恐怖主义主要资金来源国际数据库，促进双方在这方面经验与成果的彼此交流。可以在联合国主导下两个机构框架内对阿富汗和中亚国家专家开展反毒培训，提高地区执法部门禁毒防范能力。另一方面可以研究上合组织成员国边防军及特种部队与阿富汗境内国际援助部队之间开展务实协作的可能性，从联合演习到具体合作，使之能有效地切断阿富汗毒品外流，共同打击地区恐怖主义和国际恐怖主义势力的互相勾结，为阿富汗稳定过渡和战后重建创造必要环境。

因此，鉴于上述东西方关系之间存在的两种逆向趋势（对抗与合作），中亚地区将依然存在“战略不确定性”，中亚国家将依旧处于地区内部国家间现有矛盾和世界主要大国利益碰撞地带，寻求平衡各行为体之间利益对其外交战略是一种选择，对上海合作组织本身战略形成问题。为了保持地区和谐发展，必须协调好至少两方面利益：一是上合组织成员国集体与各国之间的利益；二是该组织成员国与其他国家及其联合体之间的利益关系。从中期前景来看，地区安全二分法体系符合上海合作组织各国利益。其基础是，一方面是集安组织，可作为成员国共同防务（安全内半径），另一方面是上合组织战略伙伴关系，可与印度、巴基斯坦、阿富汗和伊朗协作消除更大范围内的广泛威胁（安全外半径），同时与美国和北约之间开展彼此感兴趣的对话。

三、上海合作组织愿景任重道远

在探讨上海合作组织发展前景问题时，人们更多关注组织扩员，甚至眼光盯在观察员国身上，视观察员国为准成员国。事实上，上海合作组织宪章中并未明确规定观察员国享有优先成为正式成员国的资格。近年来，上海合作组织就扩员问题先后通过了有关吸收新成员国程序以及申请国应尽义务等条例。这一切说明，上海合作组织对其扩员问题极为慎重和重视。其中主要原因是：

首先，从上海合作组织发展角度来看，吸收新成员国必须有利于提高组织机构工作效率，有利于本组织内部密切合作，有利于组织增强凝聚力和稳定。俄罗斯学者盖·丘福林教授指出："上海合作组织扩员在可见的，至少近期的未来里未必完全合适，因为当前的主要任务是增强该组织的凝聚力，克服现有内部问题和矛盾，在已经制定的共同项目上，首先是经济发展上取得显著进展。恰恰在于取得这种进展，而不是增加组织成员，应该成为上海合作组织在当今世界中具有声望与威信的真正标准。"①

其次，从上海合作组织地区经济发展角度出发，吸收新成员国需考虑其对整个地区经济发展起到巨大推动作用。众所周知，上海合作组织能源与交通领域的多边合作是其优先方向，而且是其迫切需要实现的战略目标之一。2009 年底中亚天然气管道开

① Чуфрин Г. И. Россия в Центральной Азии: монография. —Алматы: КИСИ, 2010. С. 203—204.

通对推动整个中亚地区经济发展具有重要意义，其中土库曼斯坦作为该合作项目组成的源头起到了至关重要作用。事实上，土库曼斯坦已经融入了上海合作组织地区经济多边合作项目之中，吸收土库曼斯坦成为上海合作组织成员国显得更加顺理成章，对此，各成员国之间早已成为共识。问题只在于，土库曼斯坦对上海合作组织的态度及其本身意愿。随着上海合作组织影响力扩大，其必定具有更大的吸引力。

再则，从上海合作组织开创原则角度出发，其前身“上海五国”机制原本是为了解决中国与俄罗斯和中亚边境军事互信问题，吸收新成员国理应充分考虑其与原成员国之间边境军事互信问题。很难想象，如果双边边境军事互信上存在问题，那么维护组织成员国互信、互利、平等又将从何而言。简言之，上海合作组织各成员国之间是一种睦邻友好关系，是一种可靠的战略伙伴关系，只有维系这种关系，才能保证地区安全与稳定，才能团结一心，应对各种威胁与挑战。

最后，根据上海合作组织宪章有关成员的规定，“本组织对承诺遵守本宪章宗旨和原则及本组织框架内通过的其他国际条约和文件规定的本地区其他国家实行开放，接纳其为成员国”①。也就是说，接纳新成员只局限于本地区其他国家。有关上海合作组织地区范围界定问题，由于其名称无法确切反映组织地区概念，客观上对其活动及责任区域难以明确限定，也对接纳新成员构成了组织法律上问题。接纳地区成员国究竟属于中亚地区，欧亚大陆，还是广义上的欧亚地区？这些都是许多专家学者比较困惑的地方，有待未来做出明确规定。从本组织现状来看，在尚未

① 《“上海五国”——上海合作组织资料汇编（1996.4—2003.8）》/上海社会科学院上海合作组织研究中心，第40页。

对上海合作组织地区范围做出明确界定之前，短期内不是去一味追求组织规模扩大，而是进一步健全组织法律文件及其相关原则界定，慎重对待组织接受新成员问题。为了促进组织对外合作交流，一方面强化上海合作组织对话伙伴机制，与西方国家建立对话联系，其可以不受地区限制，有利于组织与不同地区与国家沟通，另一方面提高上海合作组织观察员国地位，使之更多参与组织合作项目，发挥其在地区层面的广泛作用。

在探讨上合组织未来十年发展规划时，至今其尚不具备中长期发展战略计划，尚未形成完整的体系学说。俄罗斯一些学者认为，上海合作组织亟待制定发展战略及其构想，以赋予其未来发展更强的生命力：

首先，通过制定上合组织统一发展战略，以达到提高组织活动效率。为此，可以吸引组织各成员国和观察员国专家一起参与制定该发展战略草案。

其次，发展战略草案可以分成几个部分，分别涉及成员国政治、经济和人文领域以及安全和防务领域的合作。期间，有必要确立上合组织发展几个水平与阶段，其中包括其活动空间以及合作基本领域中的优先目标；中期任务（地区一体化组成与国际组织和世界各国之间互相协作的构成条件）和长期利益（增强组织潜力，在协调有利于本组织各国居民的自身及全部资源的政治和经济发展条件下，使其变为国际体系中“一极”；远景目标及其推进阶段——建立统一的经济空间和安全体系，旨在加强欧亚地区文明间的一体化。

第三，制定上合组织地区安全构想作为组织发展战略的组成部分。其中主要内容是，明确所捍卫的利益，其行动所覆盖的区域，上合组织主体组成；其成员国共同的和特殊利益，把与区域外行为体相抵触的利益区分出来；对成员国构成的内外威胁种类；安全维护问题与目标，为此所需划拨的资源以及当整个组织或其个别成员国面临威胁情况下采取行动的程序。此外，在上述文件中还必须界定监控威胁来源的原则和标准，确立组织相应机构决策程序及其执行程序。

此外，上海合作组织定位有待更加明确，这关系到其未来发展方向。在这个问题上，至今存在各种分歧，争论依然很大。首先，要明确的是，与北约等一些地区军事组织不同的是，上海合作组织绝非军事联盟，其不具备共同防务和统一行动的协同机制，使其各参与方联合在一起的是，大家意识到有必要团结起来应对边境安全挑战与威胁，在长期共同基础上进行多边合作，也就是说，在应对非传统安全威胁问题上，各方共同开展紧密合作。其次，与欧盟等一些地区经济组织有所区别的是，上海合作组织尚且不是一体化联盟，其不具备统一关税和对等市场身份地位，使其各参与方联合在一起的是，基于传统地缘经济因素，彼此存在着密切的商业交往和广泛的边贸联系，以及各国之间睦邻友好关系。上海合作组织理应在国际体系中寻求自身合理定位，成为构建新型国际关系与和谐地区的国际力量。

国家与区域关系

南海危机管理模式及其制约因素

胡　键*

内容提要：南海局势错综复杂，如何对南海危机进行管理，关系到中国和平发展战略的实施。南海危机源于南海周边有关国家对海底资源的觊觎，区域外大国的挑动，以及海洋问题国际规制的缺陷。对南海危机的管理下下之策是冲突式管理，下策是对峙式管理，上上之策则是合作式管理。不过，合作式管理也需要把南海问题进行分类，不能把战略安全和核心利益问题与一般性的发展性问题混为一谈，而应该要根据不同性质的问题分别采取双边合作管理和多边合作管理。国际危机管理不仅要受危机中各行为体的实力、国际环境等的制约，而且还要受到行为体相互之间认知意象的影响。因此，南海危机管理要受到中国、南海周边相关的国家、外部强力特别是美国等因素的制约，同时也受这些国家对中

* 胡键，上海社会科学院欧亚研究所研究员。

国认知意象的影响。

一、南海为什么成为问题？

（一）对南海海底资源的觊觎

20 世纪 70 年代以前，南海周边国家都承认或默认中国划定的断续线，但随着科学技术的进步，发现南海海底资源丰富以后，南海问题才一步步加剧。可见，从经济因素来看，南海成为问题乃源于现代地质学的进步。20 世纪 60 年代末，地质考古发现南海区域储藏着丰富的石油、天然气资源。1968 年 10 月，在联合国远东经济委员会（United Nations Economic Commission for Asia and the Far East，简称 ECAFE）成立的“联合国勘探亚洲海底矿产资源协调委员会”（Committee for Co-ordination of Joint Prospecting for Mineral Resources in Asian Offshore Areas，官方简称 CCOP）赞助支持之下，由美国海洋地质学家埃默里（K. O. Emery）为首的中、美、日、韩四国的 12 位地质学家，在东海与黄海进行了六周的地球物理勘测。勘测报告由 12 位地质学家共同完成《东海和黄海的地质构造和水文特征》的研究报告，第二年 5 月发表，这就是著名的“埃默里报告”（Emcry Report）。该报告指出：“东海、黄海海域和中国大陆礁层下的沉积岩中，蕴藏着储量丰富的大油田；尤其是台湾东北方钓鱼岛列屿周边，约有 20 万平方公里的海底油田，所蕴藏石油将来可望成为世界有数的产油区之一。”[①] 随后，南海周边的印度尼西亚、

① ECAFE, Committee or Co-ordination of Joint Prospecting for Mineral Resources in Asian Offshore Areas (CCOP), *Technical Bulletin*, Vol. 2, May 1969.

马来西亚、菲律宾、文莱、越南等国家，置中国传统海疆线于不顾，先后抢占了南沙海域进行掠夺性的油气勘查开发活动。目前，印度尼西亚、菲律宾、马来西亚和越南等周边国家在南海地区已钻井1000多口，查明油气资源268亿吨，占有28个油田和25个气田，每年开采5000万吨以上石油和400亿立方米以上天然气，为中国近海油气年产量的2.5倍和7倍，基本相当于中国大庆油田的石油年产量和中国从土库曼斯坦进口的天然气年进口量。从1986年"革新开放"以来，越南一直重视发展海洋经济。2007年1月，越共中央通过了《2020年越南海洋发展战略》，提出越南要成为因海而富的海洋强国。因此，越南越来越重视南海的地缘经济地位，并积极拉拢美国、俄罗斯等国合作开发南海油气，企图将南海问题国际化。目前越南已经和20多个国家签署了油气开采合同。周边其他国家马来西亚、菲律宾、文莱都在自己所占的岛礁附近进行了油气资源的勘探和开采。从这一角度来看，南海危机实际上是自1973年世界石油危机之后世界范围内的能源之争的一种表现。①

（二）大国的挑衅与挑动

在冷战时期，南海问题主要表现为大国特别是美国的挑衅。第二次世界大战结束以后，特别是中国共产党领导的中国革命胜利之后，由于美国认识到东南亚地区"面临着许多人类遭受与自由世界为敌的专制统治的可能性"②，同时也为了防止共产主义在东南亚产生"多米诺骨牌"效应，因此美国一方面要在东南亚

① 吴士存著：《南沙争端的起源与发展》，中国经济出版社，2010年版，第7页。

② ［美］斯蒂芬·安布罗斯著，徐向铨译：《艾森豪威尔传》（下卷），中国社会科学出版社，1989年版，第180页。

和南海地区构筑一道“反共防波堤”，另一方面则要确保南海航道畅通而公然占领南沙群岛中的一些岛屿，以及寻找一切可能的借口挑衅中国。例如，1954年，一架英国客机在海南岛附近被中国战斗机击落，美国竟然派出两艘航空母舰开赴海南岛近岸水域，随时准备“追踪”中国飞机。同年7月，美国舰载机群入侵中国海南岛上空和附近水域，攻击驶往中国港口的波兰商船和中国护航舰。[①] 类似的武力挑衅，在20世纪70年代中美缓和之前，可以说是司空见惯。

在冷战时期，南海问题与苏美争霸有关。进入20世纪70年代以后，在美苏争霸中，美国已经把冷战的主动权让给了苏联。苏联乘此机会进入南海海域，并与越南签署了同盟条约，越南金兰湾就成为苏联在东南亚和南海地区的桥头堡，与美国在菲律宾苏比克和克拉克的军事基地遥相对峙，从而使南海海域成为两大超级大国争霸的舞台。与此同时，两个超级大国都存在遏制中国的战略目的。虽然苏联承认南海诸岛主权归属中国，但苏联通过保持在南海地区的存在，力图把“中国的战略后院变成苏联的战略范围”[②]。而美国一方面直接支持菲律宾、南越政府占领南海岛礁的行为，另一方面则在南海地区进行针对中国的间谍活动。此类活动实际上一直延续到今天。[③]

冷战后特别是当前的南海危机则与大国特别是美国对南海周边一些国家的挑动有直接的关系。早在1990年10月的时候，当

---

① 《中美关系资料汇编》第2辑（下），世界知识出版社，1960年版，第1927—1930页。

② ［美］安德鲁·内森、罗伯特·罗斯著，柯雄、贾宗谊、张胜平译：《长城与空城计——中国对安全的寻求》，新华出版社，1997年版，第110页。

③ 例如，2001年4月1日，美国一架EP-3侦察机在中国南海上空搜集情报时，与中国执行巡逻任务的战斗机相撞，中国战斗机坠毁，驾驶员失踪，结果导致中美两国关系历经了相当严峻的时刻。

时布什政府负责远东事务的助理国务卿理查德·所罗门就把南沙争端与朝鲜半岛问题、柬埔寨问题和苏日之间的北方四岛问题相提并论。这是在冷战结束前夕美国战略东移的一个重要迹象。到克林顿政府以后，美国更加重视南沙争端问题，并认为有可能演化成较大规模的军事冲突，“有可能对美国和世界其他国家的海上交通线构成威胁”①。为了应对这所谓的“威胁”，美国克林顿政府提出了对东亚政策的三大支柱：坚持美国同日本、韩国一向存在的双边安全保障关系；维持美军的存在；在亚洲地区举行多边安全磋商。特别是第三大支柱，实际上就是将东亚和南海问题纳入其亚洲战略的一部分，而且美国的三大政策支柱在相当大程度上是在纵容南海周边国家对中国的不负责任的行为。例如，1995 年，中菲美济礁事件爆发，菲律宾多次炸毁中国在南海岛礁上的主权标志。但是，美国不仅不谴责菲律宾，反而以维护航道安全为由而支持菲律宾。② 与此同时，美国加快了战略东移的步伐。为此，美国与东南亚一些国家签署了一系列双边军事协定，包括 1998 年与菲律宾签署了《部队访问协议》；2001 年与新加坡达成协议，“小鹰”号航空母舰进驻新加坡樟宜军事基地，这是美军自 1992 年撤出菲律宾苏比克湾以来的第一次在军事上重返东南亚；2002 年又与菲律宾签署了《后勤互助保障协定》，美军飞机和船舰获得了在菲律宾领空、领海自由出入的权利。不仅如此，美国还与东南亚有关国家在南海地区进行频繁的军事演

---

① US Department of State Dispatch，October 31，1994.

② 当时美国政府就“美济礁事件”发表声明说：“在南海地区的单方面行动和反应加剧了本地区的紧张，美国强烈反对使用武力威胁解决领土争议，并要求各方克制，避免采取导致动荡的行动，并认为维护航道自由是美国的基本利益，所有船只和飞机在南海不受阻碍的航行，对于包括美国在内的整个亚太地区的和平与繁荣是必不可少的。”参见 US Department of State of Daily Briefing，May 10，1995。

习，仅1999年就举行了14次，以后的军演次数越来越多，规模也越来越大，而2004年的数次演习竟然放在有主权争议的南海海域进行，公然为菲律宾等国在与中国的争端中壮胆和刺激中国。而在最近的南海危机中，美国更是公然支持东南亚一些国家对中国主权的挑衅。2010年7月，美国务卿希拉里在东盟会议上明确宣示南海地区有美国的"国家利益"[①]；自2011年6月28日开始，美国又与菲律宾在离南海海域不远的苏禄海域举行为期11天的"海上联合战备训练演习"，而就在演习开始的前一天，美国参议员一致通过一项议案，谴责中国在南海使用武力对付越南和菲律宾的船只。美国的这一些举动显然是在挑动菲律宾并有意把南海地区推向高危地带。[②]

（三）海洋问题国际规制的缺陷

从有关海洋问题的国际规制来看，1982年的《联合国海洋法公约》（以下简称《公约》）[③] 第一次在普遍性的国际公约中确立了专属经济区制度。这一制度的建立，使沿海国有权主张从领海基线量起不超过200海里的专属经济区。但是，《公约》作为海洋领域最重要的一项国际规制，它本身至少存在两大缺陷：

其一，《公约》第57条规定，专属经济区的宽度"从测算领海宽度的基线量起，不应超过二百海里"。虽然《公约》第74条对"海岸相向或相邻国家间专属经济区界限的划定"作了相关规

---

① Hillary Rodham Clinton：http：//www.state.gov/secretary/rm/2010/07/145095.htm。

② "澳智库：中国与邻国摩擦长期化"，http：//www.sinovision.net/index.php?module=news&act=details&news_id=176138。

③《联合国海洋法公约》，http：//www.un.org/zh/law/sea/los/。

定，但究竟如何来划定 200 海里的宽度仍然是有争议的。第 74 条由四款条文组成，其中第一款包含三方面的要求：第一，专属经济区划界应在国际法院规约第 38 条所指国际法的基础上进行，也就是以“过境通行不应受阻碍”为基础；第二，各国之间的专属经济区界限，应由有关各方通过谈判协商达成协议确立；第三，划界应当得到“公平解决”。而“公平解决”正是当年各方谈判过程中为达成协议折中的结果，但在后来的有关实践中因《公约》没有作出强制性规定而成了一个争议的焦点。由此可见，《公约》第 74 条，是对专属经济区划界的规定是十分笼统、含糊不清的。

其二，在专属经济区划界中，究竟如何实现“公平解决”，《公约》并没有明确规定。划界中有几个要素是不得不考虑的，一是划界是以什么为依据：中间线还是等距离线？二是相关的两个国家究竟是海岸相向还是海岸相邻？《公约》第 55 条规定：“专属经济区是领海以外并邻接领海的一个区域”，第 57 条规定：“专属经济区从测算领海宽度的基线量起，不应超过二百海里”。这两条规定成为沿海国主张专属经济区权利等距离原则的法律根据。从操作来看，等距离方法简单、明确且容易操作，但它本身并不构成一项强制性的国际规则，因为海岸线上最细小的不规则现象都会被等距离线自动地扩大。这也是在相关的实践中引发争端的最重要的原因之一。1958 年的《大陆架公约》第 6 条区别了同一大陆架上海岸相向和海岸相邻这两种情况，前者划界适用中间线，后者适用侧面等距离线。然而，在 1982 年的《联合国海洋公约》中，提出了一个新的概念“专属经济区”，但并没有就“专属经济区”的划界原则作出具体规定。因而，自《公约》签署以来，争议就一直没有停止过。

二、南海危机管理的模式分析

如何进行南海危机管理，已经是迫在眉睫的事情。南海危机一旦演变为南海周边有关国家之间的双边或多边冲突，对中国来说，可能会丧失发展的战略机遇期，但若任越南、菲律宾等国的挑衅，又有损中国的大国形象和伤害中国的主权。以下就南海危机管理的几种模式进行分析。

（一）冲突管理模式

关于国际危机管理有不同的看法，一种观点认为，国际危机管理就是和平解决冲突，认为其成功完全取决于能否避免战争，目的是为了防止其成为导致战争的诱因；或者是在有限时间内制定正确对策防止危机扩大化的过程，并在最大程度上用和平手段保护自己的国家利益。[①] 另一种观点认为，国际危机管理就是争取赢的过程，其目标是迫使对手让步，并在国际上尽最大的可能

---

① Coral Bell, *The Conventions of Crisis: A Study in Diplomatic Management*, London: Oxford University of International Affairs, 1971; Joseph S. Nye, Jr., "Arms Control and the Prevention of War ", in Bernard F. Halloran, ed., *Essays on Arms Control and National Security*, 25th anniversary Edition, U.S. Arms Control and Disarmament Agency, 1986, pp. 255－272. 另外还可参见中国现代国际关系研究院危机管理与对策研究中心编著：《国际危机管理概论》，时事出版社，2003年版，导论；郭学堂："国际危机管理与决策模式分析"，载《现代国际关系》2003年第8期，第29页；张沱生、[美] 史文主编：《对抗·合作·博弈——中美安全危机管理案例分析》，世界知识出版社，2007年版；郑伟著：《国际危机管理与信息沟通》，中央编译出版社，2009年版，第20页等。

拓展自己的利益。[1] 而"迫使对手让步"的方式可以根据形势而定，其中也就包括采取威慑乃至武力的方式。因此笔者认为，冲突本身也是一种危机管理模式，是一种极端的模式。也就是危机一方为了自己的利益而采取武力方式来控制局势，从而防止自己的利益被对方侵害。这种管理模式一般是单边主义模式。

如果中国在南海危机中采取冲突管理模式，那就必须有以下几个前提条件：一是中国面对其他争端方对南海石油资源的大量掠夺、其他争端方抢占中国拥有主权的岛屿等的危害，远远大于中国采取武力方式进行局势控制的损失；二是中国拥有绝对的军事实力，冲突发生时能够一战而胜，速战速决；三是确保中国在采取军事行动时外界强力不会介入。

但是，其一，冲突管理是不得已而为之的管理模式，虽然南海问题涉及中国的核心利益，其中就包括中国的岛屿主权问题，南海盆地油气资源的保护、开采和利用问题，以及南海航道安全问题等，但武力方式的直接损失可能会远远高于直接收益。冲突管理模式一般是对战略收益有较高预期值而采用的模式，而不是直接收益的实现形式。在南海危机中，武力不会给中国带来直接的收益，除非处于危机中的其他方逼迫中国采用冲突方式，否则中国不会采用单边主义方式。其二，与其他方相比，中国确实拥有绝对优势的作战实力，但中国不能保证速战速决，毕竟南沙诸岛远离中国本土，对南沙诸岛的海军投放能力受到远距离的掣肘，一旦战事拖延，中国将受到来自国际社会的巨大政治压力、舆论压力，而且作为一个崛起中的大国，中国采用单边主义模式

---

① Oran R. Yang, *The Politics of Force*: *Bargaining during Superpower Crisis*, Princeton: Princeton University Press, 1968.

还会承受国际道德的巨大压力。[①] 其三，中国根本无法确保一旦采取军事行动外界强力不会介入。虽然美国一些官员公开表示美国“不偏袒任何一方”[②]，但美国与菲律宾之间有共同防御条约，两国是盟友，美国绝不会真的“保持中立”[③]。另外，南海是美国贸易和石油的重要航线，同时也是美国亚太总部向印度洋部署，特别是向波斯湾、中东地区部署兵力的重要通道。南海还是美国在亚太的主要盟国日、韩等国的主要海上通道。所以美国在南海问题上不可能“无动于衷”。而事实上，美国无论是被提名的候任防长帕内塔还是即将离职的现任防长盖茨，最近都利用各种机会要求五角大楼认真审视中国军力发展所带来的挑战，鼓吹应强化美军在亚太地区的兵力部署以稳定盟友。帕内塔在为美参院武装部队委员会准备的书面备询中披露，美国军方正在针对中

---

① 例如，《菲律宾每日问询报》2011年6月17日以“中国开展炮舰外交”为题，质疑中国的“和平崛起论”，参见 http://junshi.xilu.com/2011/0617/news_343_167075.html。

② 例如，《菲律宾每日问询报》2011年6月11日报道，美国大使馆新闻官托马森通过电子邮件发表了一份声明：“美国在地区领土争端中不偏袒任何一方。”托马森称，美国“对近几天南海事态感到不安，事态引发地区紧张上升”，华盛顿反对岛屿争端任何一方“使用武力或威胁使用武力”，参见 http://www.sinovision.net/index.php?module=news&act=details&news_id=174372&articlepage=3。托马森的邮件，实际上只是重复了2010年7月美国国务卿希拉里·克林顿的讲话，即“美国在中国南海领土争端中不偏袒任何一方”，实际上并无新意，参见 http://www.state.gov/secretary/rm/2010/07/145095.htm。

③ 例如，美国参议员麦凯恩在2011年6月20日呼吁美国政府要加强对东南亚国家的军事与政治支持，以协助它们在日益紧张的南海局势中抗衡中国，参见 http://www.zaobao.com/special/china/southchinasea/pages/southchinasea110622c.shtml。另外，美国传统基金会亚洲问题研究中心主任沃尔特·洛曼就撰文指出：“中国在南海构成的挑战——对海上领土提出的扩张性主权要求——需要我们作出强烈的、明确的、基于利益的回应”，参见 Walter Lohman, “Sorting American Priorities in the South China Sea”，载 http://www.heritage.org/Research/Reports/2011/06/Sorting-American-Priorities-in-the-South-China-Sea。

国制定新的军事战略。而盖茨则强调，尽管美国面临军费削减的压力，但诸如隐形战机、无人侦察机、战舰、太空及网络武器等关键项目的研发投入必须得到保证，因为“具有破坏作用的新技术和武器可能被用来拒绝美国力量进入关键海上交通线”，美国需要对此作出回应，以确保美国能保卫盟友和美国关键的利益。[①] 一旦有外部强力介入，中国的冲突管理模式将会带来更大的危机。

（二）对峙管理模式

所谓对峙管理模式是指危机中的双方通过放纵危机进一步发展来谋取更多的收益，但又不至于导致危机发展到冲突阶段。对峙管理模式的特点：一是双方在危机中的实力大致相当，即便有大国与小国的区别，但大国可能并不把实力投入到本次危机中来，从而弱小了本次危机的掌控能力；而小国可能非常重视本次危机，并把主要的实力投入到本次危机中来，从而增强了小国在本次危机中的掌控能力。因而，从危机的处置来看，双方的实力构成了大致相当的格局；二是以“既成事实”作为讨价还价的筹码，并进一步向危机中的另一方索要更大的利益；或者是要求危机中的另一方承认“既成事实”。三是危机中的双方在危机管理中各自有一个方案，是两个平行的方案。因此，这一管理模式也称为平行式管理模式。这一管理模式的发展就会成为冲突管理模式。

对峙管理模式实际上自第二次世界大战结束以后的国际关系史上就有不少案例。最典型的就是古巴导弹危机。1961 年 5 月，

---

① “美防长称加强研制新武器　坚定介入亚洲事务”，http：//www. sinovision. net/index. php? module=news&act=details&news _ id=174972&articlepage=2。

卡斯特罗宣布古巴走社会主义道路，引起了美国的敌视，美国公然干涉古巴并宣布美国不会允许“在西半球建立一个为国际共产主义主宰的政权”，“今天，门罗主义原则和它在1823年宣布的时候一样有效”。[①] 美国在古巴问题上的强硬立场使赫鲁晓夫联想到部署在土耳其对苏联存在着直接威胁的美国导弹，因此，他萌生了在古巴部署导弹的念头：“美国已经在我国周围部署了军事基地，并用核武器来威胁我们，现在叫它们尝尝要是敌人的导弹对准你是何滋味；我们做的不过是以其人之道还治其人之身而已。”[②] 就古巴导弹危机直接的结果而言，美苏双方实际上是对峙的结局，美苏各有自己的一套管理古巴导弹危机的方案：美国是通过威慑来阻止苏联“入侵古巴”，直到危机高潮过去之后的两个月即1961年12月，美国国防部才“宣布”苏联轰炸机已经离开古巴。而实际上苏联已经获得的“既得利益”得到了保证，即继续在古巴保持一定的实力存在。苏联也是通过威慑来“援助”古巴，以换取美国从土耳其撤走导弹，但美国同样保证了“既得利益”，即部署在土耳其的导弹并没有撤走，相反还获得了苏联“不入侵古巴”的承诺。[③] 由此可见，美苏两国的方案是平行的，都是想在“既成事实”上进行讨价还价。

南海危机是否可以进行对峙管理？显然不行。主要原因是，在南海危机中，中国的利益受到了直接的伤害。中国对南沙、西沙群岛拥有全部主权，早在1947年中国就提出了“南海九段线”

---

① [英] G·巴勒克拉夫著，曾苏黎译：《国际事务概览（1959—1960）》，上海译文出版社，1986年版，第632—633页。

② 赵绍棣等译：《赫鲁晓夫回忆录》（下），中国广播电视出版社，1988年版，第487页。

③ [美] 罗伯特·肯尼迪著，复旦大学历史系拉丁美洲研究室译：《十三天—古巴导弹危机回忆录》，上海人民出版社，1977年版，第51页。

的法理诉求，国际社会并无异议。但是，自 20 世纪 70 年代以来，周边国家不顾中国的主权而占据了南沙诸岛，其中越南占据 29 个岛礁，已形成 230 海里的岛链，驻扎了一个营共 600 人的军队，并在岛上设立了指挥所；菲律宾占领 10 个岛礁，进驻了 1000 人的海军陆战队士兵，拥有 1300 米的简易飞机跑道；马来西亚占领 5 个岛礁，在岛上驻军 100 人，拥有一条约 600 米的简易飞机跑道；印度尼西亚占领 2 个岛礁，并宣布 8 万平方公里的中国海疆为其主权；文莱占领宣布南通礁为其所有。也就是说，抢占中国的主权利益并以此来作为同中国进行讨价还价的筹码，中国显然是不能接受的。

南海危机不能进行对峙管理的另一个原因在于，主权之下还有另外一种利益，即资源利益。资源随主权一样归属中国。但是，越南早在 1973 年越南战争还未结束时，已经开始对南海丰富的油气资源进行勘探，但鉴于当时中国正在对越南进行大力援助，与外国公司未能合作成功。1986 年，越南在南沙打出了第一口出油探井。随后，越南又将南沙海域划分为数百个油气开发区面向全球招标。近年来，越南与美国、俄罗斯、法国、英国、德国等国家的石油公司签订了一系列油气勘探、开采合同。据不完全统计，越南已从南沙油田中开采了逾 1 亿吨石油、1.5 万亿立方米天然气，获利 250 多亿美元。目前，周边国家单方面已在南沙群岛海域钻井 1000 多口，发现含油气构造 200 多个和油气田 180 个，现已投入生产的 500 余口油气井中，其中 100 多口位于中国南海断续线内，参与采油的国际石油公司超过 200 家。周边国家的这些行为显然违背了 2002 年 11 月签署的《南海各方共同宣言》。宣言规定：“各方承诺保持自我克制，不采取使争议复杂化、扩大化和影响和平与稳定的行动，包括不在现无人居住的岛、礁、滩、沙或其他自然构造上采取居住的行动，并以建设性的方式处理它们的分歧。"① 以中国利益为代价的对峙管理模式，显然对中国是不利的。

（三）合作管理模式

所谓合作管理就是危机中的双方或多方相互妥协以达成合作，从而达到相关各方收益的相对满意。合作管理模式既有双边管理模式，也有多边管理模式。一般来说，合作的动力来自于合作的收益超过单边行动的收益。② 但合作归根到底是"通过谈判的过程（即通常所说的政策协调）将各个独立的个体或组织的行动（并不是处于现在的和谐状态）变得互相一致起来"。③

南海危机进行合作管理，对中国来说必须要确定好和区别合作的议题。南海危机的核心是南沙群岛的岛礁归属和海洋划界争端。在南沙的岛礁争议中，由于中国宣称主权的大多数岛礁分别被越南、菲律宾、马来西亚、文莱等国占据，是公然对中国主权的践踏。在这一议题上，中国只能采取双边方式谈判，通过谈判来争取有关国家与中国合作，即便在这一议题上中国的目标可能很难实现。原因在于，中国政府所倡导的"搁置争议，共同开发"被有关国家错误地理解为"搁置主权，共同开发"。邓小平曾经就南沙问题指出："把主权问题搁置起来，共同开发，这就可以消除多年积累下来的问题。"④ 但邓小平实际上是指"搁置"有关主权问题的争议，而不是"搁置主权"。所以，错误地理解

---

① 《南海各方行为宣言》，参见 http://www.fmprc.gov.cn/chn/pds/ziliao/1179/t4553.htm。

② ［美］詹姆斯·多尔蒂、小罗伯特·普法尔茨格拉夫著，阎学通、陈寒溪等译：《争论中的国际关系理论》，世界知识出版社，2003 年版，第 544 页。

③ ［美］罗伯特·基欧汉著，苏长和等译：《霸权之后：世界政治经济中的合作与纷争》，上海人民出版社，2001 年版，第 62 页。

④ 《邓小平文选》第 3 卷，人民出版社，1993 年版，第 87 页。

中国政府的立场导致南海周边国家错误的行动。这些国家对南沙岛礁占领已经既成事实，要它们把已经到手的利益退出来，绝不是件容易的事。正因为艰难才显得谈判之宝贵，双边合作进行危机管理之必要。

在海洋划界争议上，南海周边一些国家单方面宣布 200 海里的专属经济区或大陆架，其主张或要求均不同程度破坏了中国的传统海疆线。在这一议题上，中国同样要采取双边谈判进行合作管理，而且中国在这一议题上完全有可能实现自己的目标。这是因为，中国的传统海疆线即“九段线”、“ U 型线”是在 1947 年划出的，当时包括南海周边国家在内的国际社会在很长一段时间内未提出异议，而且许多国家出版的地图均据此将断续线内的南海海域标绘为中国疆域，其中包括法国、日本，前者曾经是越南的宗主国，两国都先后曾经侵占过南沙群岛，它们的出版的代表政府立场的地图都将南沙群岛列入中国版图。[①] 而《联合国海洋法公约》是 1982 年签署的，1994 年才正式生效。这就是说，“1982 年的《联合国海洋法公约》是对其后各国对海洋使用权责的法律规范，而无法也不应该成为确定在此之前形成的国际海洋权益分配以及利益之争的法律准绳。这个道理，就如同 1945 年形成的《联合国宪章》，不应成为判断 1898 年美国与夏威夷合并是否合法的法律依据一样”。[②] 也就是说，南海周边一些国家无权用《公约》关于 200 海里专属经济区或大陆架来否定中国在此之前已经获得的南沙群岛主权。因此，在双边谈判中，中国占据着国际法的法理优势，完全可以通过双边谈判进行双边合作管理。

---

① 吴士存：《南沙争端的起源与发展》，中国经济出版社，2010 年版，第 36 页。

② 沈丁立：“谈判是解决南海争端的唯一选项”，《东方早报》，2011 年 6 月 21 日，A16 版。

在南海其他相关问题上，如《南海各方行为共同宣言》所指的海洋环保、海洋科学研究、海上航行和交通安全、打击跨国犯罪（毒品走私、海盗、海上武装抢劫、军火走私等）和海上恐怖主义等非传统安全问题，中国应将其纳入多边机制进行多边合作管理。非传统安全问题因其具有跨国性、突发性、不可预测性等特点①，它所诱发的相关危机更加难以进行有效管理，因此纳入多边合作管理的框架，可以产生多赢的利益格局。其实，这里的合作有很好的基础。关于多边合作管理南海海域的非传统安全问题引发的危机，早在 2002 年就已经正式启动。2002 年 11 月，中国与东盟签署了《南海各方行为宣言》，几乎同时中国与东盟签署了《非传统安全领域合作宣言》；2004 年 12 月，中国与东盟又签署了《非传统安全领域合作谅解备忘录》；2004 年 1 月，在中国倡议下在曼谷举行了首届东盟与中日韩打击跨国犯罪部长级会议，并提交了概念文件。会议同意建立东盟与中日韩打击跨国犯罪合作机制，并通过了《首次东盟与中日韩打击跨国犯罪部长级会议联合公报》。即便是在南海危机的当前时刻，中国与相关方的合作仍然存在，而这恰恰可以使危机迅速降温。例如，2011 年 6 月 19 日，编号为 HQ375 号和 HQ376 号的越南海军舰艇与中国海军一同在北部湾进行联合巡逻任务，巡逻路程总长 306 海里。联合巡逻结束后，越南海军舰艇在中国海军舰艇的引导下，驶过琼州海峡进入广东省雷州半岛的湛江港，同中国海军进行友好交流访问，加强两国和两军之间的相互了解及互信。

总之，对峙管理是下策，冲突管理则是下下之策，当前南海海域的危机只能采取合作管理的模式。一方面，中国着力于内部

① 关于非传统安全特点最新的研究可参见傅勇著：《非传统安全与中国》，上海人民出版社，2007 年版，第 27—34 页。

的发展，走和平发展之路，并不希望南海危机发展成为一个冲突爆发点，这不利于中国整体战略的实施。菲律宾不要对自身所处的环境发生错判、误判，希望美国通过双边条约对菲律宾实施军事援助，但菲律宾并非美国的核心利益所在，美国不可能因双边条约而支持菲律宾在南海海域对中国的军事行动。至于越南想搞平衡策略，目的是为了多头下注以获取更大的利益，越南若采取军事行动，美国只能是象征性的外交表达，而不会有实质性的参与。因此，无论对任何一方，应对南海危机的上上之策还是合作管理。

三、南海危机合作管理的制约性因素

国际危机管理是相关国际行为体之间的一种特殊行为方式，其实质是一种非常规状态下的非程序化决策。[①] 危机决策则是一个由相关行为体在一定的环境和权力结构中进行权力运作的过程。[②] 这就是说，国际危机管理不仅要受危机中各行为体的实力、国际环境等的制约，而且还要受到行为体相互之间认知意象的影响。南海危机合作管理也要受上述诸因素的制约。

（一）中国因素

中国一直努力缓解南海地区相关国家的忧虑，但在主权问题上中国绝不会退让。虽然南海局势复杂，但中国同东盟国家就落

① 钟开斌："认知—心理、官僚组织与议程—政治——西方危机决策解释视角的构建与发展"，《世界经济与政治》，2007 年第 1 期，第 38 页。

② Henry Mintzberg, Duru Raisinghani and Andre Theoret, "The Structure of 'Unstructured' Decision Processes", *Administrative Science Quarterly*, Vol. 21, No. 2, 1976, pp. 246-275.

实《南海各方行为宣言》一直保持着积极的对话和磋商势头。这主要还是因为中国在自身崛起的过程中努力消除周边国家对中国的忧虑。2011 年 6 月 5 日，中国国防部长梁光烈在新加坡香格里拉对话中发表了《促进安全合作，共创美好未来》的发言，代表中国就国际安全合作提出了四个原则：第一，相互尊重，平等相待，照顾彼此的核心利益和重大关切。第二，相互理解，增进互信，全面理解各自的战略意图。第三，互利共赢，同舟共济，不搞针对第三方的对抗性结盟。第四，开放包容，团结合作，欢迎世界各国为亚太安全作贡献。[①] 但是，这并不意味着中国在主权问题上作出让步。中国在近代史上有曾因丧失主权而遭蹂躏的经历，所以把主权始终视为高于一切国家利益。实际上，关于主权问题邓小平在阐述中国对香港问题的基本立场就强调过，“主权问题不是一个可以讨论的问题”[②]。今天，中国政府也始终坚持主权至上的原则。在主权问题上，中国绝不会退让。这是合作管理模式中的一个重要影响因素。

（二）美国因素

美国战略东移和不断加强在东南亚地区的存在，正在打破该地区原有的势力均衡。苏联解体之后，在美国看来，欧洲短期内难以出现取代美国主导权的大国。在东方，中国的崛起已经现实地成为一个不可忽视的力量，这又正好与美国的相对衰落成为一种鲜明的对比。这两种趋势逆向而行促使美国加快战略东移的步

---

① “梁光烈在对话会上提出‘国际安全合作’四原则”，http：//news. xinhuanet. com/world/2011－06/05/c _ 121497716. htm。

② 《邓小平文选》第 3 卷，人民出版社，1993 年版，第 12 页。

伐以应对中国的崛起。与此同时，美国内部的“中国挑战论”[①]则顺势甚嚣尘上，认为中国会在国际体系内与美国争夺主导权，甚至两国很有可能发生冲突或战争。这就是所谓的“权力转移必然导致冲突和战争”之说。[②] 但是，美国的战略东移一直受到地区性战争的牵制，从波黑内战、海湾战争、科索沃战争、“9·11”事件、阿富汗战争、伊拉克战争和南奥塞梯战争等，拖住了美国战略东移的步伐。“天安”号事件之后，美国抓住这一机会加快战略东移的步伐。随后，美国又借美越关系正常化15周年的机会而促成了“乔治·华盛顿”号进入南海海域。近年来，美国在东亚的诸多举动表明，美国欲建亚洲“隐形同盟”来抗衡中国。[③] 因此，美国近年来在对中国“加强接触”的同时，也为中国的发展适当设限，维持亚洲地区的势力均衡，使之对美国有利。但是，美国没有对华采取积极的政策，而是加强与日本、韩国的联盟，增强与中国邻国的合作关系，在东亚地区包括南海地区继续提升军力。这在相当大程度上是在鼓励南海周边一些国家对中国采取不负责任的行为，对合作管理同样是不利的。

（三）东盟相关国家的因素

南海问题相关的国家包括越南、菲律宾、马来西亚、印度尼西亚和文莱，这些国家不仅在南沙抢占了岛礁，而且已经在开发

---

① John Mearsheimer, *The Tragedy of Great Power Politics*, New York: Norton, 2001, pp. 397－402; John Mearsheimer,“China's Unpeaceful Rise”, *Current History*, April, 2006, pp. 160－162.

② Jack S. Levy, “Declining Power and the Preventive Motivation for War”, *World Politics*, Vol. 40, 1987, pp. 82－107.

③ ［新加坡］威廉·钟：“隐形轰炸机外交”，《海峡时报》，2011年7月3日，参见 http://www.straitstimes.com/The＋Print＋Edition/The%2BPrint%2BEdition_20110703.html。

附近海域的能源和其他海底资源。对于已经获得的利益，它们不可能轻易放弃，甚至还要进一步扩大自己的利益。一方面，这些国家要中国乃至国际社会承认既成的事实，也就是要承认它们已经获得的利益；另一方面，它们加强区域外大国的关系尤其是加强与美国的关系，以平衡中国的力量，从而为它们在与中国的讨价还价中增加重要砝码。[①] 无论是越南加强与美国的关系，还是菲律宾以美菲同盟关系为依托来对中国施加压力，目的都是把南海问题国际化，从而提升自身在跟中国谈判中的谈判能力。后一方面的因素实际上影响不大，因为，东盟相关国家也知道，中国崛起给它们搭乘了“顺风车”，在经济上离不开中国，所以它们并不真正想跟中国发生武力冲突。也就是说，从这一方面的因素来考量，合作管理是可能的。至于前一方面的因素，特别是要中国承认越南、菲律宾在南海所占利益的事实，那就意味着中国的主权利益受到伤害。合作管理不能以伤害一方主权为前提。因此，从东盟相关国家来看，这一方面才是影响合作管理的最重要因素。

（四）认知意象

“复杂政治组织的行为取决于决策，而这些决策又取决于决

① 例如，从2008年以来，越南与美国都要举行一年一度的政治、经济与防务对话。在2011年的对话中，双方高度关注南海局势。双方强调要通过外交手段解决争端，也重申了《联合国海洋法公约》和中国与东盟签署的《南海各方行为宣言》的重要性。但是，越南的开发海底能源等行为显然违背了《南海各方行为宣言》，美国并没有给予谴责，反而在联合声明中强调海上航道安全的重要性。这无疑是站在越南一方对中国进行警告。参见“U. S. -Vietnam Political，Security，and Defense Dialogue”，载 http：//www. state. gov/r/pa/prs/ps/2011/06/166479. htm。

策者的心理意象。”[①] 认知意象是国际危机管理最重要的主观性因素。从战略角度来看，国家之间的心理认知意象主要有五种类型：敌人意象、退化意象、殖民意象、帝国主义意象和盟友意象。[②] 从美国的角度来看，美国意识形态中有强烈的反共色彩。[③] 连美国的一些学者也认为，在美国，“除极左派外，实际上所有政治派别都接受反共思想，把它作为美国对外政策的主要参数”[④]。美国的反共意识形态深深地影响着美国对中国共产党领导下的中国的认知。这种认知也毫无疑问地要在美国的对华政策中反映出来，其结果就是要么孤立中国、要么是遏制中国崛起、要么是“根据美国的形象来改变中国”[⑤]。而且，亚洲的安全机制一直是在美国主导下的，中国的崛起特别是近年来中国海军力量的提升，美国十分担心这种主导权被中国所取代。[⑥] 因此，虽然近年来美国对中国的心理认知有不同的表示，如“利益有关方”、“战略再保证”等，但“敌人意象”始终存在于美国对中国

---

① ［美］詹姆斯·多尔蒂、小罗伯特·普法尔茨格拉夫著，阎学通、陈寒溪等译：《争论中的国际关系理论》，世界知识出版社，2003 年版，第 261 页。

② Richard Hermann and Michael P. Fischerkeler, “Beyond the Enemy Image and Spiral Model: The Cognitive-Strategic Research after the Cold War”, International Organization, Vol. 49, No. 3, 1995, p. 421.

③ 有学者研究意识形态在美国对社会主义国家外交政策中的地位和作用时发现这样一条规律：美国基本国家利益受到威胁时，趋向于淡化意识形态的作用；美国国力强盛时，则强化意识形态的作用；美国战略对手强大并强调意识形态时，美国会采取同样的姿态以针锋相对。参见刘建飞著：《美国与反共主义——论美国对社会主义国家的意识形态外交》，中国社会科学出版社，2001 年版，第 229—235 页。

④ ［美］莫顿·贝科威茨等著，张禾译：《美国对外政策的政治背景》，商务印书馆，1979 年版，第 328 页。

⑤ Chin-Chuan Lee, “Established Pluralism: US Elite Media Discourse about China Policy,” *Journalism Studies*, Vol. 3, No. 3, 2002, p. 355.

⑥ Naazneen Barma, Ely Ratner and Steven Weber, “ Chinese Ways—Letters to the Editor”, *Foreign Affairs*, Vol. 87; No. 3, 2008, p. 166.

的心理认知框架之中。

从东盟相关国家来看，中国的崛起对这些国家的发展产生了带动效应，但它们对中国的戒备之心是始终存在的。自2010年1月1日，中国—东盟自由贸易区正式建立，双方迅速推动取消关税，结果引发了东盟内部有关警惕过度依赖中国的讨论。而为了避免经济上过度依赖中国，东盟国家启动了与中国以外国家推进自由贸易协定的谈判，如新加坡、马来西亚分别启动了与欧盟就自由贸易区的谈判，越南与欧盟也将启动这一谈判进程。而新加坡、文莱、马来西亚、越南还是“跨太平洋战略经济伙伴关系协定”（TPP）的成员国。显然，这些并不仅仅是其国家发展所需要，而且也是出于平衡中国的影响所致。至于在安全上，东盟国家存在着“中国威胁”的认知意象，其实就是“敌人意象”的认知。特别是在南海问题上，中国在南海的任何举动都会被美国、日本和东盟国家认为是来自中国的所谓“海上威胁”。①

---

① 例如，美国参议员约翰-麦卡恩（John McCain）对中国航空武器、反卫星能力、隐形战斗机、弹道导弹军械库、进攻性网络武器以及航空母舰表示担心。他说，“我们是从过去一年里中国所采取的一系列举措，才开始担心其军事实力；首先是它宣称在国际水域扩大主权，接着是与海域邻国发生争端，最后是对东南亚等国家进行威胁。”参见http：//www.militaryy.cn/html/60/t—61160.html。另外，美国防卫问题专家保罗·贾拉、伯纳德·科尔认为：“中国海军的崛起和壮大对美日同盟构成了挑战。中国海军正在挑战多年来掌握西太平洋和东亚制海权的美国海军。”参见《参考资料》2011年6月10日。另外，2011年4月7日，日本防卫研究所发表了首份《中国安全战略报告》。报告认为，拥有航母的中国将能把活动范围扩大到可得到空中支援的任何海域。特别是海军长期在东海、南海等周边海域进行大规模远洋训练及开展歼击机空中加油训练等活动，引起本地区各国新的担忧。而且报告还指出，中国海军不断增强常规动力潜艇是“最大的威胁”。参见http：//news.stnn.cc/glb_military/201105/t20110506_1558985.html。

全球能源安全视角下的中欧合作

崔宏伟*

内容提要：本文分析了能源安全概念从能源供应安全朝着全球能源安全的演化，即从关注能源的可获得性到同时关注能源供、需安全的平衡及能源利用的环境安全。与气候变化密切关联的能源安全议题是未来中欧伙伴关系发展的最重要领域之一。由于中欧双方在国际体系中的力量对比变化，政治和战略因素是阻碍中欧能源安全合作的最主要方面。文章探讨了新形势下中欧能源安全合作的可能性及途径，认为中欧双方可以在新形态能源资源开发和新能源技术经济、国际能源市场和国际能源机制及地区发展等领域加强合作，共同推进全球能源安全，并进一步促进和深化中欧战略伙伴关系。

由于世界油气资源过度集中在少数地区和国家手中，油价

* 崔宏伟，上海社会科学院欧亚研究所研究员。

上涨往往导致能源资源竞争的政治化。长期以来，能源进口国外交的中心目标是加强与能源生产国和能源过境国的合作，能源进口国特别是大的能源进口国之间的关系更多地被描述为竞争性。能源利用造成生态危机引起了有关“双峰值”的讨论，即石油的产量峰值与石油的消费峰值。石油产量峰值源于其有限性和不可再生性，石油消费峰值则基于碳排放和环境容量的约束。高油价和碳排放的双重挑战促使世界能源供应模式和消费模式发生深刻转变，世界各国能源发展战略都必须取得安全供应、气候变化和经济可持续增长三方面的平衡。能源安全问题的全球性越来越突出，能源资源获得的安全和能源利用的安全是未来主要的全球治理议程之一。任何一个国家都很难独自实现能源安全目标，国际社会对能源安全合作的需求前所未有，这种发展趋势将打开能源消费大国能源安全合作的空间。作为世界上大的能源消费体和进口方，中国和欧盟在能源安全领域的对话与合作必将有力地推动全球能源安全进程。

一、全球能源安全概念的发展

有关能源安全问题的理论探讨缘起于1973年的国际石油危机。长期以来，能源安全概念的定义主要体现了能源消费国和进口国的视角，能源安全等同于能源供应安全。构成传统能源安全概念的核心要素是化石能源资源的可获得性，及抵御其获得过程中的风险性和外部性。

能源安全的风险性重视可预见性，即对供应中断、价格剧烈波动的预测和预防，安全目标是持续地以合理的价格获得充足的能源供应。已有的关于能源安全的释义反映了对风险性的关注。

"能源安全是一个国家察觉其以可支付的价格获得足够能源供应的高度可能性的状况"。[①] "石油在每个国家的外交政策和国家战略中将比过去居于更为优先的地位。在制定有关国家安全和战略安全决策时，不仅将要更广泛地、更多地考虑到潜在的国内的能源供应，而且还要考虑到国外供应来源的地理位置以及这种供应是否可获得。"[②] 1990 年欧共体委员会对能源安全解释为："能源安全意味着欧盟将来有能力在可接受的经济条件下，依靠合适的有效的内部资源或将维持必要的能源战略储备，以及从稳定且可进入的外部能源产地获得能源。"[③] 2004 年欧盟委员会能源安全定义："无论何时以合理的可负担的价格获得充分供应的有效性……，国家及其绝大多数国民和企业以合理的价格、在可预见的未来，获得充分能源资源并免遭能源服务中断之害。"[④]

能源安全的外部性则重视能源供需关系的不对称性所产生的进口方对出口方内外政策变化的敏感性和脆弱性，关注对外能源依赖程度，对外能源依存度是一个重要的量化指标，安全目标强调的是能源进口来源地和能源过境渠道的多样性。大多数能源消费国能源政策都强调确保能源供应及渠道的多样化和多元化，如《美国国家能源安全法案》、《日本新国家能源战略》、《欧盟能源安全与团结行动计划》以及中国能源白皮书等，都提到多样化的进口来源和过境线路是确保能源安全的关键，为此开展能源外交，加强与能源生产国和能源过境国的

① David A. Deese, "Energy: Economics, Politics and Security", *International Security*, vol. 4, no. 3, 1979, pp. 140—153.

② [瑞典] 博·黑恩贝克著，《石油与安全》，商务印书馆，1976 年版，第 10 页。

③ European Commission, Security of Supply, Energy in Europe, no. 16, 1990.

④ European Commission, Studies on Energy Supply Security and Geopolitics, 2004.

合作。

化石能源资源的有限性和不可再生性决定了能源进口国关系以竞争为主线的特点。地缘政治和市场力量一直是影响能源安全的相互关联的两大因素。能源作为生产要素，首先是一种世界范围内流通的商品，能源价格遵循商品供需关系的一般规律，能源投资和能源贸易产生并形成了开放的国际能源市场，能源进口国和能源出口国都需要依赖国际能源市场的供需条件。石油定价权是国际能源市场的关键要素，也是跨国能源公司与能源生产国博弈的核心，而国际金融通过能源期货市场运作对国际能源市场的影响越来越大，这在很大程度上是由于金融投机比投资能源生产更有利可图。地缘政治和能源市场呈现高度互动关系，有关能源地缘政治的大量文献都已经阐明了国际体系中能源与权力之间的密切关系。能源政治干扰国际能源市场功能发挥正常作用，进一步加剧了市场的波动和不稳定；在石油价格大幅走高的背景下，能源地缘政治影响增大。因此，国际油气市场很难仅从经济角度进行分析，国家或国际政治和战略议题起着相当重要的作用。地缘政治影响着能源供需双方之间的关系：一个国家能源对外依赖程度越高，受制于他国的政治风险越大；能源政治同时也制约着能源消费国之间的关系，导致能源消费大国之间的战略猜疑和战略竞争。

然而，各国能源安全在本质上是一个相互依存、相互促进的互保体系。能源的需求安全也一直是能源生产国和能源出口国的目标。能源需求安全指能源生产国保障能源主权及以合理的高价出售能源并保持收入的稳定性和长期性。① 能源安全概念的界定应着眼于能源供需双方在经济和安全上存在相互依存性的基础

① ［俄］日兹宁著：《俄罗斯能源外交》，人民出版社，2006 年版，第 15—16 页。

上，同时考虑供应安全和需求安全。20 世纪 60 年代先后成立的石油输出国组织和阿拉伯国家石油输出国组织的目的并非出于能源政治需要而主要是为了保障其作为石油供应国的需求安全。2007 年在俄罗斯举行的八国峰会讨论了能源需求安全的问题，提出了全球能源安全目标，会议通过的《保护全球能源安全的共同行动计划》考虑能源供、需安全，并提出了相关措施，如增加能源市场透明度、稳定性和可预见性，改善能源领域投资气氛，保障关键能源基础设施建设，以及能源结构多元化等。因而世界新的能源安全观体现为能源供应与能源需求的长期稳定性、持续性和双向保证的程度。供需安全的相互依存意味着能源市场的自由化和开放。1993 年，国际能源机构曾提出自由和开放的能源政策是全球能源安全的制度保障，能源多样性、市场效率和灵活性是能源长期安全的基本条件。①

化石能源消费引起的气候变化挑战对世界能源关系产生较大的冲击，促使能源相互依存结构的深刻演变。气候变化与生态危机约束了石油无限制消费，应对高碳消费峰值而寻求的全球低碳能源利用，有可能降低能源安全的风险性和外部性。能源安全议程越来越与气候变化议程紧密地联系在一起，两者的一致性或正向性得到了较大程度的国际认同，联合国主导的气候变化多边进程的广泛参与度和治理议程的不断深入都表明了这一点。碳约束有助于改变能源消费构成，化石能源比重逐步减少，清洁能源逐步增大，因而获得能源资源的方式也将发生变化。气候变化治理导致能源安全内涵复杂化，传统能源安全观念不再完全适用新的现实。能源安全概念从关注化石能源资源的可获得性到同时关注化石能源消费的局限性，即关注能源利用对社会和生态安全的影

---

① IEA，*Statement of Ministers*，June 1993，Paris.

响，而清洁能源资源消费比例上升不仅可以降低碳排放量，而且可减少化石能源消费。此外清洁能源特别是再生能源资源具有较明显的本土性特点，有助于降低消费国对国际能源市场和地缘政治的敏感性和脆弱反应，从而使能源安全的风险性和外部性降低。这种发展趋势将导致与能源利益有关的各种政治力量之间相互关系发生改变，能源进口国和能源出口国之间不平衡格局将发生扭转，同时能源消费大国之间对能源资源的战略竞争在一定程度上会有所缓解。

因此，全球能源安全不仅体现为能源供应与能源需求的长期稳定性、持续性和双向保证的程度，而且体现为生态环境对能源利用的可持续性承受；同时能源相互依存性从供需国家间关系朝着包括生产国与进口国之间以及进口国之间的全球关系转变，并逐步开启新的世界能源秩序。在全球能源关系中，市场和政治两大变量仍然存在，但产生新表现形式。由于传统能源资源的主导性在中短期内难以改变，化石能源资源的地缘竞争仍然不可避免，但从中长期看，由于石油“双峰值”的限制，可替代能源和再生能源利用需要依靠技术革新及市场力量推动发展，低碳能源资源利用将更多地通过经济竞争与合作实现，消费国之间呈现复杂的相互依存，世界各国将在竞争中求合作。最近几年欧洲、美国、中国、印度等能源消费大国之间活跃的新能源合作外交反映了这种发展趋势。

二、中欧能源合作现状与阻碍能源安全合作的主要因素

能源与环境是中欧合作最早、最富成果的领域之一。到目前

为止，中欧能源合作主要限于能源技术合作和气候变化政策对话，包括能源资源勘探、核电技术、节能降耗、治污减排等，而双方在能源安全方面的对话与合作却受到欧盟对华政策中的战略猜疑与战略竞争因素的限制，导致中欧能源安全合作缺乏必需的政治意愿和必要的物质基础。

中欧能源合作的主要方面体现在能源技术领域，而且合作在较大程度上属于欧盟对华经济援助范畴。欧共体帮助中国培训中国能源计划官员、管理人员和高校能源教师，在欧洲信息技术研究与发展计划联合研究中心为中国官员讲授先进的能源计划。在电力、石油、天然气和煤炭领域进行可能性的合作，并为此建立了技术合作示范项目；应用欧盟先进能源技术对陕甘宁盆地为中心进行勘探、钻井，并就气田开发和盆地模拟等进行了系统研究；引进欧盟成套核电机械设备，建造秦山和大亚湾核电站等。双方建立了相关对话机制。1994 年 3 月，中国科技部和欧盟委员会能源交通总司共同发起建立两年一届的“中欧能源合作大会”。1996 年底，由中国科技部和欧盟委员会能源交通总司牵头成立了能源合作工作组，负责协调管理双方在能源领域的合作与交流。双方在全球气候协议框架下开展节能降污领域合作。根据 1997 年《京都议定书》要求，自 2007 年 6 月起，欧盟在中国启动一项预算为 280 万欧元的清洁发展机制项目，资金主要运用于为中国清洁发展机制的研究、培训活动、法律法规建设和政策制订提供建议和支持。2009 年 2 月，中欧签订了“欧洲—中国清洁能源中心”协议，在北京建立一个常设中心，推动利用清洁能源技术，支持节能和提高能效。

开展缓解气候变化领域的政策交流与战略对话。中欧在太阳能光伏光热发电、生物质能利用、智能电网、强化洁净煤技术、污水深度处理等新能源领域合作逐步启动。中国与欧盟已经确定在气候变化领域建立伙伴关系，中欧气候变化合作的指导原则是在促进可持续能源供应、创新及减少温室气体排放之间进行充分协调与配合，以确保实现《联合国气候变化框架公约》最终目标与能源政策目标之间的一致性。在可再生能源、清洁煤炭、生物燃料和能源效率领域开展具体合作。2010年4月29日，中欧在北京举行气候变化部长级磋商，并发表了中欧气候变化对话与合作联合声明，宣布中欧建立气候变化部长级对话与合作机制，以及开设部长级气候变化热线。

尽管中欧能源技术合作已经打下了良好基础，然而由于传统能源安全观的作用，欧盟往往从地缘战略竞争角度看待中国对外能源关系，这可以从欧盟内部有关“中国资源威胁论”和“中国责任论”得到反映。

“零和博弈”思维主导了欧盟对中国国际能源合作的态度。由于经济快速增长需要，中国进入了石油消费的高需求时期。2000年至2009年，中国原油消费量由2.41亿吨上升到3.88亿吨，年均增长6.78%，原油净进口量则由5969万吨增加到1.99亿吨，成为居美国之后世界第二大石油消费国。[①] 2009年，中国石油进口依存度超过50%。为了保障国内社会经济发展需要，中国能源企业“走出去”，参与国际能源市场竞争，与能源生产国加强合作，保证掌握能源供应安全的主动权。中国作为一个新的重要角色出现在由欧美发达国家主导的国际能源市场和国际能源秩序中，这自然引起了欧盟的极大关注。在世界油气资源供需结构不平衡、产量不充足、价格高企以及生产受限的背景下，作为国际能源秩序的主导者和既得利益者的欧盟，对后进入世界能源产地和国际能源市场的中国予以排斥，搞能源经济政治化。自

① *BP Statistical Review of World Energy*, June 2010.

2005 年起，欧洲内部开始制造舆论，指责中国等发展中国家经济增长导致国际能源价格上涨，主张从地缘政治角度认识中国能源需求对欧盟的影响。欧盟于 2006 年起酝酿能源战略调整，欧委会指出“一项团结一致的欧盟对外能源政策对实现可持续的、有竞争力的和安全的能源战略来说是必不可少的”[①]，提出加强能源外交，将能源安全和气候变化予以整合作为对外关系的优先议题，将其纳入欧盟一系列对外政策框架并“置于欧盟国际关系的中心地位”[②]。这一时期欧盟“中国资源威胁论”喧嚣尘上，旨在夸大中国能源经济合作和能源外交举措背后的战略意图，矮化中国的国际道义形象。2008 年 5 月的欧洲议会决议称，中国政府将商业利益置于政治原则之上，对非洲一些专制政权无条件的支持导致这些国家的人权遭到侵犯，中国政府应减少对这些政权的财政支持。有欧洲学者提出，中欧双方不仅会因为彼此都对能源的需求而相互竞争，而且对非洲与中东那些能源储量丰富的国家的独裁政权的态度和政策也极为不同。尽管欧盟对非洲、中东等世界其他地方的独裁政权的政策不能说没有自相矛盾和虚伪之处，但显而易见的是中国已将商业利益置于政治原则之上。[③]

欧盟“中国资源威胁论”出现于中国崛起和国际体系深刻演变的大背景下。随着经济实力增强，中国在国际体系中的影响力

---

① European Commision，“ A European Strategy for sustainable，competitive and secure Energy”,Green Paper，COM（2006）105 final，Mar. 8 2006.

② European Commission，second strategic energy review，“An EU Energy Security and Solidarity Action Plan”，Communication from the Commission to the European Parliament，the Council，the European Economic and Social Committee and the Committee of the Region，SEC（2008）2794，SEC（2008）2795.

③ ［德］梅—布立特·斯图姆鲍姆：“欧盟与中国的战略伙伴关系：表面辞令与政治现实”，见伍贻康主编《欧洲一体化的走向和中欧关系》，时事出版社，2008 年版，第 375—376 页。

逐步增大，中欧关系中的竞争因素也在增加。特别是中国与非洲关系的快速发展引起欧洲的不快。欧盟将中国发展与非洲关系视为对其非洲政策的挑战和在非利益的争夺。所以能源问题专家尤金指出，能源安全的真正风险并非来自全球市场上的竞争，而是当油气开发受阻于更广泛的外交政策问题时，风险才会出现。① 长远看，欧盟担心稳定扩大的中国能源需求市场将影响国际能源格局的演变乃至未来世界秩序的演变方向。中国在世界能源市场上的地位和影响上升，必将提高中国对国际能源市场规则的话语权，而且促使能源生产国外交重点发生转向，进而降低欧盟在国际能源格局中的政治重要性。

在这种背景下，欧盟“中国责任论”也应声而起。欧盟提出应将中国与普通的发展中国家予以区别，中国应该在能源、环境、气候变化与可持续发展、国际维和、非洲发展等具有挑战性的问题领域，承担更多、更具体的责任。在 2007 年 6 月的八国峰会期间，欧盟试图将中国在内的新兴发展中大国在解决世界政治经济过程中所承担的责任纳入国际多边机制，在知识产权保护、投资自由化、劳工标准、气候变化等方面提出了更高的要求。

欧盟利用全球气候进程旨在提高和增加中国碳减排的责任和义务。能源链和国际体系权力转移存在紧密关系。② 从欧盟角度看，包括所有国家在内的具有法律约束力的国际减排协议，是形成全球性低碳技术及其产品服务市场的重要条件，因而坚持将中国、印度等发展中国家纳入到全球体制内，承担量化的、有约束

① Daniel Yergin, “Ensuring Energy Security”, *Foreign Affairs*, March/April 2006.

② 于宏源：“能源链和国际体系权力转移”，《国际展望》，2007 年 1 月。

力的减排指标，减排行动计划必须是可量化、可报告和可核实的。对欧盟来说，低碳发展不仅仅为了应对气候变化挑战和能源供应安全的需要，而更主要的是为了提高欧洲经济竞争力，维护欧洲在新能源时代的技术优势及由此形成的战略优势，欧盟气候外交的目标是推动世界范围内新能源技术及其产品和服务的贸易和投资。因此，尽管欧盟承认全球气候变化谈判的“共同但有区别的责任”原则，但仍坚持一些附加条件，如只接受包括所有主要经济体在内的新框架协议，这些附加条件主要与中国有关。欧盟的绿色保护措施已经一一出台，如根据欧盟法律，从2012年1月起，航空业正式被纳入欧盟碳排放交易机制，所有在欧盟境内飞行的航班的碳排放量都将受到限制，超出部分必须由航空公司购买。这一法律对成长中的中国航空业将产生重大冲击；另外欧盟二氧化碳税正在酝酿实行。

三、中欧能源安全合作的途径

作为世界大的能源消费体和能源进口方，中国和欧盟在能源供应上都存在着地缘政治和市场波动的双重风险，双方都面临着同样的战略难题，即内部油气供应严重不足，对外油气依赖程度较高，难以承受任何能源危机或持续高油价对经济增长的冲击。气候变化加剧传统能源资源供应风险，促使能源消费大国和进口国重新认识能源安全问题并探索新的解决途径，实现全球能源安全目标：

第一，深化和促进双边能源经济技术务实互利合作，在此基础上加强全球气候变化适应能力的战略对话与合作。中国与欧盟需要确立双边优先合作领域，建立必要的合作机制。首先，开展非常规能源资源开发利用领域的合作。非常规能源资源利用已经成为消费大国能源发展政策内容之一。欧盟技术领先，中国政策和法律鼓励外商投资勘探开发非常规能源资源，以及外商投资和经营电站等能源设施，这些政策法规为欧洲能源企业参与中国国内能源开发利用提供了条件。中国与欧洲的能源企业还可以在第三国积极开展合作，共同进行能源开发、加工和运输。其次是节能技术合作与政策法规交流。在目前高能源价格的卖方市场下，包括欧盟在内的发达国家都将节能和提高能效作为重要的政策选择，以此降低过于依赖外部供应而导致的经济和政治风险，因此，通过节约能源和提高能效来降低能源需求，通过新技术增加非化石燃料供应，这将是世界能源消费的发展趋势。政府需要加大节能技术投入，并为节能和能效技术转化为商业利用提供制度框架，鼓励有关技术研究的国际合作并获得技术转让。最后进一步拓宽新能源技术合作。尽管双方在新能源技术领域存在竞争，但合作需求更大，中欧双方可以在政府间协议下，共同利用各自技术和资金优势，联合研发，并发挥企业、市场及金融创新机制的能动性。

中欧为适应气候变化挑战而开展的清洁能源技术合作及政策对话也是全球应对气候变化挑战作出努力的重要组成部分，将有力推动全球气候治理进程。在全球气候治理层面上，中欧在《联合国气候变化框架公约》和《京都议定书》的框架下，应遵循全球治理中的公平与正义，依据“共同但有区别的责任”原则履行各自义务。欧盟作为发达国家应该承担累积碳排放的历史责任，通过低碳技术转让、应用和传播，帮助发展中国家用得上和用得起清洁技术。同样，中国作为最大发展中国家也应实施必需的环保措施和减排目标。

第二，增强国际能源市场功能。国际能源贸易和投资是中国和欧盟利用国外能源的主要方式，中欧能源供应都要依赖全球市场的供需条件，能源全球化和市场化的弱化以及能源金融冲击对双方能源供应安全产生消极影响，双方应该加强战略层面上的对话。目前，能源资源国政府对能源市场过度控制造成国际能源市场功能弱化。国有公司在能源生产、运输和分配领域处于垄断地位。一些资源国可能会在已有的国有化基础上，继续调整对外油气合作战略与政策，通过修改和颁布法律、调整对外合作合同条款、改变合作模式、提高资源国股权和收益比例、增加税种税率和税额、要求投资方加大对资源国公共事业投资等办法，挤压外国石油公司的利润空间，维护本国的国家石油公司利益和主导权，进一步加强对国家油气资源的控制。随着天然气在能源结构中地位的上升，世界天然气生产大国开始加紧政策协调，在天然气领域形成新的供需权力关系。能源的市场化与全球化是保障全球能源安全的决定性因素。从中国和欧盟各自能源安全角度看，一个功能完善的全球化国际能源市场符合欧盟和中国的共同利益。

增强国际能源市场功能必须加强国际金融监管。2007 年到 2008 年国际油价急剧上涨的因素中，除了能源供需基本关系外，一个重要原因是国际游资和金融市场利用全球能源需求上升、能源政治等因素而进行大肆炒作。由此可见，金融市场对油价和市场波动影响巨大。在 2009 年 12 月的中欧峰会联合声明中，中国与欧盟同意加强国际金融监管，改革国际金融体制。中国与欧盟在国际金融监管领域的对话与合作将有助于完善国际能源市场的监测和监管，防止金融机构对国际能源价格的过度炒作所导致的油价剧烈波动，从而保证稳定和可持续的国际能源供应，维护合理的国际能源价格，确保各国的能源需求和能源利益得到满足。

第三，共同推动完善国际多边能源协调制度建设。较完善的国际多边机制有利于促进生产国与消费国相互依赖、相互合作的全球性大环境，维护国际能源市场的稳定。目前国际能源秩序的基础是1973年石油危机后以石油生产国欧佩克和石油消费国国际能源机构两大阵营为基本架构，在该秩序内，世界上与能源有关的利益主体通过竞争、合作、谈判等方式在能源生产、交换、消费、分配方面达到了某种相对稳定或均衡。然而，在这一基本架构的国际能源秩序中，中国作为世界第二大石油消费国在国际能源机构中没有发言权，也无法直接与欧佩克能源生产组织对话。这种状况与作为一个越来越大的石油消费市场是不相称的。作为世界上主要的新崛起的能源消费大国，中国的能源利益与发达国家有竞争的一面也有共同利益的一面。中国应逐步加大与其他消费国就战略石油储备建设和使用石油储备的问题进行协调。

另一方面，尽管围绕经济合作组织和石油输出国组织为运转轴心的国际能源秩序保持了基本的稳定，但越来越难以反映世界能源关系的新变化。在21世纪最初10年的国际石油价格急剧波动情况下，欧佩克对国际石油市场影响力降低，国际能源署对此也束手无策。世界能源关系已经发生了多方面的变化。在能源生产方面，尽管欧佩克石油生产国仍然发挥重要影响，但非欧佩克能源生产国在国际能源供应市场上的影响增强。随着天然气在能源结构中地位上升，世界天然气生产大国开始加紧政策协调，在天然气领域形成新的供需权力关系。尤其重要的是，美元对石油定价机制遭遇挑战。石油定价权竞争日趋激烈。2006年5月，伊朗宣布成立以欧元计价的石油交易所，俄罗斯、中东、东亚等地区国家都相继建立本国货币的石油交易所，以此增强对石油定价的话语权。因而中欧双方有必要通过战略对话，探讨建立一个以全球能源安全为目标，将能源生产国和消费国联合在一起的世界能源组织体系。

第四，在共同利益基础上，加强中国和欧盟在能源地缘政治高风险地区有关稳定与发展的对话。中国和欧盟外部油气供应主要来自非洲、中东等地区，地区稳定有利于能源生产和能源贸易的正常开展，中欧尤其需要加强有关非洲稳定与发展方面的合作。尽管中国从非洲进口的石油在总进口中比例不大但呈增长趋势，2009 年中国前十大石油进口国中，非洲就有安哥拉、苏丹和利比亚三个国家。非洲石油主导出口市场是美国和欧盟，而欧盟在非洲天然气出口中占绝对优势。根据英国石油世界 2008 年能源统计，2007 年非洲两大产油区北非和西非共出口石油 4.05 亿吨（北非 1.65 亿吨、西非 2.4 亿吨），两地区向欧洲出口石油总计 1.33 亿吨（北非 9520 万吨、西非 3880 万吨）。

非洲的发展与稳定符合中国和欧盟的共同利益，有利于世界的均衡发展。中欧双方关于非洲问题的对话、合作及政策协调极有必要。非洲大陆的贫穷落后及部落冲突，造成政局不稳，欧洲和中国在非企业都发生过员工遭绑架和受到攻击事件。非洲对欧盟具有地缘战略意义，是欧洲国家传统的政策触角。非洲是欧共体发展政策惠及的主要地区之一，欧盟目前依托“科托努伙伴协定”协调与非洲的经济贸易关系。中国与非洲同为发展中国家，历来是平等合作的伙伴。中国与欧盟在联合国倡导的非洲援助计划中已经开始进行合作，并且发挥了重要作用。2005 年，中欧双方首次就非洲问题开展战略对话，意在相互了解对方非洲政策的目的，并为今后双边整合援助资源、实现援助效益最大化奠定基础。2006 年 9 月，中欧芬兰首脑会议又达成了关于建立双边定期非洲事务高层对话的决议。2007 年，中国与欧盟、英国、法国开始关于非洲正式对话，目标是建立相互信任关系，在发展援助、地区稳定、环境保护及相关安全议题等方面开展对话与合作。

中东海湾地区拥有储量丰富的石油，在欧盟国家与中东贸易中，石油天然气占相当大的比例；中东在中国石油进口中也占重要比例。中欧应该共同支持在联合国框架下推进中东和平进程，通过对话和政治谈判解决巴以冲突，促进地区稳定。

苏联解体后东正教伦理与俄罗斯的现代化

郭丽双[*]

内容提要：本文以东正教伦理与“资本主义精神”的内在冲突为切入点，区分了“自发”和“二次”现代化的不同含义，说明俄罗斯可以依靠自身的精神文化与市场经济相结合，走出一条有自身特色的现代化之路；通过俄罗斯现代化的精神动力分析，确认俄罗斯的现代化进程需要在本国的精神文化中培育出与其相适应的社会价值观念，为民主政治制度和市场经济体制营造出能保证其有效运行的文化环境；最后通过审视东正教伦理在苏联解体后发挥的重要作用和当下俄罗斯社会对东正教自身现代化的努力，推论出东正教伦理将是俄罗斯现代化的精神动力。

* 郭丽双，上海社会科学院邓小平理论研究中心副研究员。

一、东正教伦理与"资本主义精神"的内在冲突分析

（一）苏联解体后俄罗斯的"韦伯热"

1990年以后，俄罗斯学术界兴起了一股重读马克斯·韦伯著作的热潮，韦伯的著述及思想重新为学者们所瞩目。因为俄罗斯再出发的资本主义并非人们想象的西欧、北美的资本主义，市场经济似乎只是野蛮掠夺的"黑社会式的资本主义"。这种单纯追求盈利的市场经济，让俄罗斯学者想起韦伯所归结的资本主义禁欲的职业伦理、企业家的精神，不禁对韦伯的学说发出疑问：为何今天俄罗斯重新开张的资本主义中，丝毫不见这种新教伦理和资本主义精神？①

俄罗斯学者、宗教界人士在这场"韦伯热"中，有些沿着马克斯·韦伯的思路呼唤"俄罗斯的新教伦理和资本主义精神"，有些则质疑马克斯·韦伯对俄罗斯东正教和资本主义发展的看法。

马克斯·韦伯各种著作的俄文版在1990年后应运而生。其中，《俄国革命论》倍受关注。其中不仅有马克斯·韦伯对俄国资本主义发展的看法，而且有编译者关于此问题学术研究的再创造。马克斯·韦伯认为，俄国的东正教是具有极端国家主义品行的教派，政治上墨守成规，"官僚家长制"以牺牲个人责任为代价来取胜。这种特殊的伦理个性和文化价值，阻碍个人自由主义

---

① 孙传钊："重温一个世纪前的革命——读马克斯·韦伯《论俄国革命》"，《中国图书评论》，2011年第1期。

的发展。[①] 编译者“导言”的最后，将 20 世纪初的俄国与 20 世纪末的俄罗斯进行类比之后，呼唤俄罗斯产生类似新教伦理的文化条件，并断言：20 世纪末体制转换后的俄罗斯“它一定不是民主制度，还有一种可能就是它假装民主、欺世盗名。……一个真正货真价实的多元主义和代议制度，要在俄罗斯稳固下来尚需要时日，也需要努力，并且不仅仅需要经济条件、更需要政治和文化的条件”。[②]

尤利·尼古拉·达维德夫（J. N. Davydov）将注意力集中在苏联体制下官僚制与社会伦理之间的关系。他认为，马克斯·韦伯只谈到传统的家产制官僚制和近代以后合理官僚制，没有再深入研究 1917 年俄国革命后的一种特殊的官僚制，连汉娜·阿伦特在《极权主义的起源》一文中也未能涉足这个问题，而斯大林体制下的官僚制颠覆了俄国传统伦理，导致 20 世纪末整个社会的伦理迷失。而这种伦理迷失，不是休克疗法冲击经济体制那样，能在短短几年中得到解脱达到伦理再生的。

《教会观点》杂志的主编 E. 哈尔马佳洛夫（Егор Холмогоров）尖锐地提出了“东正教伦理与资本主义精神”的论题，反对马克斯·韦伯把东正教伦理看成是阻碍俄罗斯走上现代化道路的制动器，坚决反对俄罗斯走欧美的现代化道路，认为东正教伦理是俄罗斯实现与西方不同现代化模式的动力。他指出，“俄罗斯不应该给自己提出现代化的任务，即超越西方并掌握‘新时代的模式’。在这个模式的范围内无论对于俄罗斯，还是对于东正教都完全不适合。将来俄罗斯的任务完全是另一种——俄罗斯的文明

---

① ［德］马克斯·韦伯：《论俄国革命》，潘建雷等译，上海三联书店，2010 年版，第 29 页。

② 同上书，第 33—34 页。

必须实现'向上的现代化'（超现代化），即创造新的文明模式，创造对其他民族也有吸引力的文明模式”。[①]

现代官僚制是否适合新进入资本主义体制国家？威权主义政体如何向民主主义过渡？俄罗斯今后是走西欧现代化的道路？还是另辟择蹊径？其实也是发展中国家共同面临的问题——现代化模式问题。

（二）东正教伦理与“资本主义精神”的内在冲突

马克斯·韦伯成功地开启了宗教社会学研究，在《新教伦理与资本主义精神》一书中，他阐述了新教禁欲主义伦理观念与隐藏在资本主义发展背后的某种心理驱动力之间的关系。新教伦理作为在本质上已经世俗化的伦理观念，其劳动天职观念、职业成功意识、入世禁欲主义等，对现代资本主义的初期发展产生了巨大的推动作用。新教伦理以宗教的方式确认了正当追逐财富的合法性、劳资关系的合法性，把世俗的职业劳动当作一种义务，以工作上的成就确保受到“上帝的恩宠”，并将日常的欲望克制到最低的程度。正是通过这种观念转换，把世俗的职业劳动当作尽天职的义务，使日常的世俗活动获得了宗教涵义和伦理价值，为资本主义企业家提供了一种心理驱动力和道德能量，从而新教伦理成为了现代理性资本主义兴起的精神动力。“现代资本主义精神乃至整个现代文化的基本要素之一，就是天职观念基础上的理性行为，它的源头则是基督教的禁欲主义精神——这就是本文力图论证的观点。”[②]

---

① Егор Холмогоров：Православная этика и дух “социального капитализма”，http：//www. pravaya. ru/side/584/505.

② ［德］马克斯·韦伯，颜克文译：《新教伦理与资本主义精神》，上海人民出版社，2010 年版，第 274 页。

马克斯·韦伯试图回答为什么仅仅在西方文明中，出现了自发形成的现代资本主义。他进而考察了世界诸宗教的经济伦理观，从比较的高度，去探讨世界主要民族的精神文化气质与该民族的社会经济发展之间的内在关系。在对西方宗教的研究中，他找寻到了现代资本主义发轫于西方的精神动力——新教伦理。而对东方宗教的研究则试图说明：迄今尚未经过宗教改革的古老民族的宗教伦理对于现代资本主义的发展起了严重的抑制作用，无法经由内发的途径发展出现代资本主义，其原因就在于，它的文明和宗教，没有独具西方特色的理性主义思维、理性化的方法。

透过马克斯·韦伯的论述，明晰了一个重要观点：新教伦理是现代理性资本主义兴起的精神动力。宗教伦理是导致东西方社会发展路径截然不同的根源，不同的文明形式各自独有的精神核心、价值观念对其经济社会发展具有重要的意义。

马克斯·韦伯提出的“资本主义精神”的实质是，以天职观念和严格的理性化计算为基础，把追求物质财富作为个人价值目标的工具理性思维方式，这与崇尚精神第一性、重视感性直觉的东正教伦理产生了内在冲突。

东正教作为基督教的三大教派之一，是最崇尚古训、不善于思变的一种仪式宗教。在基督教发展史上，天主教和新教都曾对古代的基督教教规、教义作过多次更新和发展。唯有东正教会在历次改革中从未触及过教规教义的革新问题。显然，东正教属于韦伯称之为没有西方特色的理性主义思维的宗教。

在18世纪俄国资本主义萌芽时期，东正教伦理中的群体意识观念、出世禁欲主义观念和深厚的神秘主义色彩等，阻碍了俄国资本主义的发展。在经济活动中，东正教伦理中的群体意识演化为极端国家主义倾向和墨守成规，它因排斥个性而不利于个人首创精神的发挥；东正教伦理的出世禁欲主义观念，崇尚超脱世俗的苦行生活，排斥世俗功利主义行为和竞争意识，对推动生产力发展的经济改革活动持否定态度；俄国东正教信仰中还带有深厚的神秘主义色彩，它反对理性，排斥科学。正是由于上述特征，东正教伦理对当时俄国资本主义经济的发展很不适应，它不仅无法刺激资本主义的发展，反而起到一定的阻碍作用。

然而，苏联解体后，俄罗斯社会初步建立了资产阶级民主政治体制和市场经济体制，在这一过程中东正教在各方面发挥了重要作用，尤其是东正教伦理填补了苏联解体后政治上的意识形态真空和信仰上的价值真空。这就出现了本文所关心的问题——苏联解体后东正教伦理与俄罗斯的现代化，东正教伦理能否成为俄罗斯现代化的精神动力？

在俄罗斯的“韦伯热”中，无论是赞同还是反对韦伯观点的学者，大都忽略掉“自发”和“二次”现代化过程之间的差别。韦伯的新教伦理命题是回溯到资本主义自发形成的根源，而东正教伦理阻碍资本主义发展的命题则旨在证明俄罗斯历史上，没有从本身内部产生出发展现代资本主义的动力。但过去没自行创造，并不表示后来不能“青出于蓝”，人类整部文化交流史都充满了这样的事例，日本和东亚“四小龙”成功实现现代化以及中国迅速崛起的事实，都是外力介入与模仿的“二次现代化经验”的实例。儒家伦理与市场经济相融合创造了东亚“四小龙”的腾飞，马克思主义中国化的理论与市场经济相结合创造了中国的迅速崛起，德川宗教积极推动了日本现代化的成功。但这些都不是对马克斯·韦伯观点的否定。因为，韦伯并不否认其他文化“引进”现代资本主义的现象，只是当时他讨论的问题只限于回溯资本主义自发形成的根源，所以他自然不会无知到将他的命题扩张成“东正教伦理将会持续阻碍俄罗斯的现代化”的。

至此，我们廓清了东正教伦理与“资本主义精神”的内在冲突这一命题。它只能说明在资本主义自发形成的过程中，东正教伦理曾阻碍过俄罗斯向现代资本主义发展，但并不意味着当前俄罗斯在模仿“二次现代化经验”过程中，东正教伦理仍必定会起到阻碍作用。所以，无论从马克斯·韦伯的理论出发，还是以中、日、东亚“四小龙”的成功为据，都可以推论出俄罗斯依靠本国的精神文化与市场经济相结合，走出一条有自身特色的现代化之路的可能性。

二、俄罗斯现代化的精神动力分析

东正教在苏联解体后发挥了重要作用，在当下俄罗斯社会的精神文化构成中，东正教伦理能否成为俄罗斯现代化过程中的精神支撑和道德基础?

（一）当前俄罗斯的现代化需要怎样的精神文化动力

到目前为止，历经 20 年的改革，俄罗斯已经初步建立了资产阶级民主政治体制的框架和市场经济体制。俄罗斯的改革在付出了巨大代价，经历了较长时期的痛苦、失望和期待后终于显现出成效。

但由于缺乏相应的文化价值观念，当前俄罗斯的经济领域充斥着欺诈、假冒伪劣、三角债、偷漏税等现象，经济运行的成本过高；同样，由于缺乏相应的民主、合作的政治文化，初期政治改革中各政党和政治派别互不相容，政局动荡不安，经历了近十年的努力，俄罗斯政局才渐趋平稳。一种相对成功的制度、体制背后总有相应的文化，一国在搬用和模仿别国成功的制度时，不可能立即把相应的文化环境也搬过来，因而刚刚建立的新的制度和体制一般都缺乏合适的文化环境，或者与新的文化环境不相适应，难以发挥预期的功能和作用。[①]

因此，俄罗斯的现代化进程需要与其相适应的社会价值观念，为民主政治制度和市场经济体制营造出能保证其有效运行的文化环境。文化是制度、体制和运行机制的观念基础。民主政治文化要求的是宽容、信任、合作、妥协、节制、调和、适度、平衡、认同等精神；市场经济文化要求的是讲求效率、积极进取、惜时守信、勇于创新、自由平等、独立自主等精神。俄罗斯处于模仿“二次现代化经验”的过程中，应在本国的精神文化中培育出与俄罗斯现代化进程相适应的社会价值观念，适当改造本国的传统文化，使之与新的制度、体制相适应。在俄罗斯的改革进程中，由于社会、政治、经济、文化等因素的综合作用，东正教正试图担当这一使命。

（二）新时代赋予东正教新的使命——成为俄罗斯现代化的精神动力

苏联的解体使人们长期奉行和遵守的行为准则及价值观念骤然过时，俄罗斯整个社会的价值观向多元化方向发展，但由于初期改革的失败，国民的信仰出现了危机，大多数人不仅不相信马克思主义，也不再相信西方的自由主义。经过切肤之痛的反思，大多数俄罗斯民众选择了传统文化中的东正教作为自己的精神支柱。东正教得到了前所未有的发展，至今方兴未艾。

东正教在俄罗斯的复兴不是一种偶然现象，它与当代俄罗斯改革具有互动性。东正教的复兴是俄罗斯社会变革的产物，

---

① 王立新：“俄罗斯改革的中国意义”，《战略与管理》，2006 年第 3 期。

同时，它对当今俄罗斯改革直接或间接地产生着重要的影响。[①]作为意识形态因素，东正教填补了俄罗斯国民意识形态的真空，而且与政府和平共处，它对于加强俄罗斯中央权力、维护俄罗斯社会稳定和捍卫国家主权发挥了重要作用；作为一种信仰和道德因素，东正教超出了宗教领域，它把世俗文化教育转化成了对民众的道德教育，在重塑俄罗斯人的世界观、生活观、消除社会混乱、确立伦理道德观念等方面发挥了特有的社会教育、社会教化功能；作为文化传承因素，东正教承载着俄罗斯传统文化的精神内核，它增强了俄罗斯民众的自我认同感，对于抵御西方大众文化对俄罗斯人精神文化的致命打击起到了重要的保护作用；作为外交手段，东正教积极介入俄罗斯的对外事务，成为影响俄对外关系的一个不可忽视的重要因素。东正教的政治、外交、道德教育、世俗文化的功能仍在继续，它依然显露出无以伦比的价值及作用，为国家经济和社会的转轨营造了良好的外部环境。

然而，东正教的伦理观对于当前俄罗斯转型时期需要大力发展市场经济和完善民主政治表现出明显的不适应性，新的历史形势迫切要求东正教与现代社会接轨。因此，当前，东正教最重要的使命是完成自身的现代化，成为俄罗斯现代化的精神动力，为俄罗斯的民主政治和市场经济制度营造出能保证其有效运行的文化环境，发挥类似新教伦理和日本德川宗教的作用。正如普京在致俄东正教会庆祝耶稣诞辰2000年的贺信中指出的那样，“东正教在新世纪将有助于俄社会的稳定与和谐，有助于国家精神道德的复苏”，因而东正教应当成为“国家和全体人民的道德准则和

---

① 戴桂菊：“东正教与俄罗斯改革”，《东欧中亚研究》，2001年第2期。

精神支柱。”①

三、东正教伦理的现实困境和自身的现代化：

东正教在俄罗斯远不只是一种宗教，而且是俄罗斯文化传承的重要载体。近20年来，俄罗斯社会进程和东正教紧密相关，它已成为俄联邦重构的重要社会资源、政治力量和精神动力，被视为俄罗斯民族精神最重要的标志。目前，“当代俄国人能基于东正教的价值观，去批判性地面对后苏联社会变革所带来的各种重大问题。”②

东正教精神本质与现代文明之间，存在着无法避免的分歧与矛盾，俄罗斯的现代化进程同东正教的群体意识、出世禁欲主义、精神第一性、劳动伦理等观念发生碰撞。东正教与天主教、新教的最大区别就是，它反对资本主义经济和私有制，谴责追求物质财富。“东正教不捍卫私有制本身，甚至不捍卫天主教所确定的私有制”，“东正教也不能维护资本主义经济制度本身，因为这种制度是建立在对雇佣劳动的剥削基础上的，尽管东正教可以暂时容忍资本主义”。③ 俄罗斯的民间谚语中也表达了对私有财产的痛恨，“贫穷能使富人富裕起来。富裕则使穷人穷下去”。④这类谚语，在当代俄罗斯仍被大多数民众所认同。我们知道，资

---

① 蒋莉：“东正教在俄罗斯政治生活中的作用及影响”，《现代国际关系》，2002年第9期。

② 林精华：“无处不在的身影——东正教介入俄罗斯社会政治生活试析”，《俄罗斯研究》，2010年第5期。

③ ［俄］C. 布尔加科夫：《东正教——教会说概要》，徐凤林译，北京：商务印书馆，2001年版，第209—217页。

④ ［俄］Православное отношение к деньгам. М.：ДАРЬ，2006，С.。

本主义经济和私有制这两个原则都是当代俄罗斯社会确立的基本制度，不可改变。

这对东正教的发展提出了一系列新的挑战：是要适应这种社会转型还是墨守成规？如何进行东正教的世俗化改革，在迎合大众的同时，又不失去原信仰的精神内涵？经过了70年压抑的东正教文化怎样与俄罗斯的现代文化融合？如何正确引导东正教成为俄罗斯现代化的精神动力？这些问题无不涉及东正教自身的现代化。

目前，东正教复兴初期的任务已经基本完成，时代赋予了它更重要的使命——变革自身与世俗社会接轨（实现东正教自身的现代化）。在一定意义上可以说，宗教的现代化也就是世俗化。在现代化不可逆转的当今世界中，宗教对世俗界的关切度日益增强，呈现出世俗化的倾向，宗教的世俗化已经成为一种不以人的意志为转移的客观趋势。“宗教的世俗化，是指宗教组织对自己的教规和教义作适应社会的解释并在实践方式上加以调整，使之日益关心现世事务，重视近期及可预见的未来的利益，而不再将彼岸世界或超脱现实的来世作为信仰的惟一目标。”在此方面，天主教和新教都取得了一系列的成果，如今，尚古而不善变的东正教也开启了前行的脚步。①

自20世纪90年代中叶以后，俄罗斯学者、宗教界人士面对新的形势和时代要求，面对东正教的现实困境，为东正教自身的现代化进行着的一系列探索和尝试。随着俄罗斯现代化进程的发展，近两年来，东正教如何适应俄罗斯现代化的步伐，如何实现自身现代化的主题更加鲜明，更加令人瞩目。

“统一俄罗斯”党称东正教伦理应当成为俄罗斯社会现代化

---

① 戴桂菊：“俄罗斯的宗教与现代化”，《东欧中亚研究》，2002年第3期。

的道德基础。2010 年 2 月 13 日，在“统一俄罗斯”党保守政治社会中心秘密召开了党的政治俱乐部的封闭会议，与会者现代化的道德基础、党的政权现代化的精神道德源泉对于国家的意识形态的重要性，以及社会经济改革应该以牢固的精神道德为支撑等问题。这次会议文件的起草者认为，“历史经验表明，顺利进行的一系列改革、团体文化的发展和民族福利的增长都直接与保存牢固的社会价值基础紧密相连，在俄罗斯它的基础就是东正教伦理”。①

2010 年 3 月，自由主义委员会举行了以“东正教与俄罗斯的现代化：21 世纪的挑战”为主题的研讨会。与会的各人文学科的学者探讨了与主题相关的一系列问题：如何理解东正教与俄罗斯现代国家的“交响曲”？怎样确定宗教与经济、思想与实践、合法与非法（灰暗面）相互关系？东正教的思维方式在俄罗斯的经济发展中是动力还是障碍？向信仰者传播什么样的价值、规范和关于现实的观念？东正教与俄罗斯的现代文化有怎样的相互关系？②

宗教伦理在俄罗斯的教育中已经开始正式进入到了实践的层面。据《俄罗斯报》2010 年 3 月 23 日报道，从 2010 年 4 月 1 日开始，俄罗斯大部分（16 个区）小学四年级学生开始学习“宗教文化和世俗伦理学基础”课程，其内容包括世俗伦理学、世界宗教文化、佛教、东正教、犹太教和伊斯兰教。③

2011 年 1 月 14—18 日，在弥勒布斯举行了题为“东正教伦

---

① http://ei1918.ru/russian_today/pravoslavie_stanet_ideologiej.html.

② “东正教与俄罗斯的现代化：21 世纪的挑战”研讨会，2010 年 3 月，http://www.liberal.ru/articles/4603。

③ ［俄］《俄罗斯报》，2010 年 3 月 23 日，“Российская газета”-Федеральный выпуск №5138 (59) от 23 марта 2010 г。

理作为形成经济道德源泉”的研讨会。俄罗斯科学院历史所研究员Г. Н. 乌里扬诺娃作了题目为“俄罗斯商人的宗教信仰和企业活动”的报告；俄罗斯友谊大学历史学教授作了题目为“旧礼仪派企业家活动的宗教伦理因素”的报告。“经济与伦理”委员会秘书长П. А. 莎士金在自己的报告中说道：东正教教会几乎第一个引发了关于东正教的经济伦理对于俄罗斯现代化意义的讨论，俄罗斯的现代化，只有在保存被人民聚积的所有精神性和引导好加强社会道德基础的条件下，才是可能的。本次学术会议力图说明在东正教伦理基础上形成经济道德的可能性，并建议将大会论文汇编成文集，以用来培训商业管理领域的专业人才。①

2011年2月9日，俄新社新闻中心报道，“经济与伦理”委员会秘书长П. А. 莎士金发表了俄罗斯现代化的东正教宣言。报道介绍了《经济与伦理》、《社会爱国主义——俄罗斯复兴的思想行动纲领》等文件，这被看作是俄罗斯现代化的东正教宣言。文件的起草者П. А. 莎士金指出：“现代俄罗斯发展的主要任务是形成全民统一的、非宗教的并具有民族传统内容的价值体系。那样的价值体系根源于社会爱国主义的思想行动纲领。社会爱国主义与社会公正、对俄罗斯文化的爱相结合，而后者源于东正教的信仰。保留俄罗斯人的国民身份认同和俄罗斯现代化进程的命运很大程度上都取决于价值定位的顺利完成。”②

这些都表明，东正教正在努力实现自身的现代化，试图改变与俄罗斯社会发展相冲突的方面，使自身的宗教精神内核与市场经济相结合，正试图成为俄罗斯现代化的精神动力。

---

① “东正教伦理作为形成经济道德的源泉”的研讨会，2011年1月14—18日，http：//kpp-russia. ru/v-mirbis-proshel-nauchnyj-seminar-na-temu-etika-pravoslaviya-kak-istochnik-formirovaniya-nravstvennoj-ekonomiki/。

② 俄罗斯现代化的东正教宣言：http：//strategiya-pmr. ru/? p=384。

人的思想观念的转轨是新型政治、经济体制得以正常运行的必要条件。因此，在这个意义上可以说，俄罗斯能否成功地走出一条有自身特色的现代化之路，其关键在于东正教伦理的现代化。

理论分析

关于恐怖主义概念的分析与研讨

余建华*

内容提要："9.11"事件标志着恐怖主义已完全成为全球化时代的国际公害。此后反恐成为国际社会共识，但伊拉克战争以来，国际反恐形势出现"越反越恐"的局面。这既是由于作为恐怖主义滋生的诸多根源性问题远未消除，也与国际社会反恐斗争面临的矛盾与挑战密切相关，其中围绕恐怖主义定义及相关问题的争议，就是国际社会反恐合作的一大重要障碍。任何关于恐怖主义问题严谨的系统研究，都难以绕过对恐怖主义这一基本概念的界定。本文从恐怖主义概念的语义渊源、历史演变入手，在参照中外学者关于恐怖主义诸多定义要素分析的基础上，结合对恐怖主义本质属性的认识，提出自己对恐怖主义概念的界定，并通过对此恐怖

* 余建华，上海社科院欧亚研究所所长，研究员。本文系作者负责的国家社科基金项目"恐怖主义的历史演变研究"（06BSS012）的阶段性成果。

主义定义要素的探讨，揭示当代恐怖主义的本质属性。

2001年举世震惊的“9·11”恐怖袭击事件，标志着由来已久的恐怖主义已经进入一个全球化的新阶段，其以空前未有的破坏力进一步成为威胁当今世界人类生存与发展的国际毒瘤。联合国安理会在当年11月12日以第1377号决议形式通过《全球努力打击恐怖主义的宣言》，明确宣告：“国际恐怖主义是对所有国家和全人类的挑战”，“是21世纪对国际和平与安全的一个最严重的威胁”。尽管此后国际社会以规模空前的广度、力度和深度持续推进反恐斗争与反恐合作，但这十年来国际反恐斗争与国际恐怖势力较量呈现此消彼长的僵持态势，伊拉克战争以来，国际反恐形势更是出现“越反越恐”的局面。这既是由于作为滋生恐怖主义土壤的社会政治、经济、文化、历史的诸多根源性问题远未消除，也与国际社会反恐斗争面临的矛盾与挑战密切相关。可以说，国际反恐斗争与合作依然有不少根本性问题没有得到解决。今天恐怖主义已突出地成为全球形态的国际邪恶势力，各国反恐自然也离不开国际社会的有效合作，而此基础就是国际法，尤其是国际反恐立法。虽然自1963年以来的近半个世纪中，世界各国已在联合国框架内先后通过了13项针对特定恐怖主义行为的普遍性国际反恐公约，而且自2000年以来联合国大会开始着手制定一项全面禁止恐怖主义并适用于所有情况的综合性国际反恐公约——《关于国际恐怖主义的全面公约》，但国际社会高度关注和期待的这项联合国全面反恐公约拟定工作进展缓慢，历经十年的谈判磋商至今未能完全定稿。其从一个侧面反映出当今国际社会虽然已就反对和打击一切形式的恐怖主义达成共识，但在许多具体问题的认识和观点上，仍然存在各种差异和分歧。其中，关于什么是恐怖主义，或者说恐怖主义概念的界定这一最基本的问题上，国际各方可谓是众说纷纭、观点不一。围绕恐怖主义定义及相关问题的争议，明显成为国际社会反恐合作的一大重要障碍。而任何关于恐怖主义问题严谨的系统研究，明显是难以绕过对恐怖主义这一基本概念的界定。

一

概念的确定无疑是严肃的学术研究工作的逻辑起点。但要准确界定一个概念的内涵与外延，却往往实属不易或者被视为事倍功半乃至徒劳不济之事，更别提要求得到众人的普遍接受、一致认可。

许多耳熟能详的概念，人们通常会说我知道这是什么，但我给不出一个确切的定义。就像“色情”一词，人们会下意识地说：“我不会下定义，但我看见了我就知道它正在发生。”① 至于恐怖主义是什么，或什么是恐怖主义的定义，就是一个有些类似的问题。

试图给出一个涵盖一切历史阶段和现象的定义是一种奢望。② 国际恐怖主义研究权威沃尔特·拉克就断言，“一个全面的、被普遍接受的恐怖主义定义并不存在，也不可能出现”。③ 然而，当我们着手研讨恐怖主义这一错综复杂、争议万千的问题

① ［美］哈里·亨德森：《全球恐怖主义——完全参考指南》，中国社会科学出版社，2003 年版，第 4 页。

② 张金平：《中东恐怖主义的历史演进》，云南大学出版社，2008 年版，第 6 页。

③ 中国现代国际关系研究所反恐怖研究中心编：《恐怖主义与反恐怖斗争理论探索》，时事出版社，2002 年版，第 30 页。

时，难以绕过什么是恐怖主义这样一个最基本、最核心的概念问题，如果对这个概念不能作出比较明确的把握和界定，我们的研究显然缺乏必要的出发点。

在“恐怖主义”这一概念中，“恐怖”构成一个基础性的关键词。好在比起对“什么是恐怖主义”的界定，关于什么是“恐怖”的问题，古今中外的认识基本一致。

在古代汉语中，恐怖是畏惧、害怕、威吓的意思。根据《说文解字》的解释，“恐，惧也，从心巩声”；“怖（悑），惶也，从心甫声”。①《左传·僖公二十六年》：“何恃而不恐?”《汉书·淮阳宪王刘钦传》：“令弟光恐云：王遇大人益解（懈），博欲上书为大人乞骸骨去。”其中的“恐”分别为惧怕、威吓之意。《淮南子·诠言训》：“福至则喜，祸至则怖。”《后汉书·第五伦传》：“依托鬼神，诈怖愚民。”其中的“怖”也分别为惶惧、威胁之意。当然在古代汉语中，恐怖也有连接起来使用的情况。《三国志·魏志·牵招传》：“又遣一通于虏蹊要，虏即恐怖，种类离散。”这里的“恐怖”即惧怕之意。由此从古至今，汉语中的“恐怖”，即指令人畏惧、害怕的环境和心理状态，而这通常是因生命遭受威胁而引发，相应地也时常有威吓、威胁的意思。但就“恐怖主义”一词而言，最初却不是汉语中的固有名词，而是一个纯粹来自西语的外来词汇。

对英语“恐怖主义”（terrorism）一望便知，就是由词根“恐怖”（terror）加后缀“主义”（-ism）所组合成的。从语源学上说，“恐怖”（terror）一词最早是来自于拉丁语词根“terrere”（害怕、恐吓之意），原是用来形容一种人们内心的极度惊骇、恐惧、害怕和恐慌的心理状态，有时也指产生这种心理

① 许慎：《说文解字》，中华书局，1963年版，第223页。

状态的缘由。[①]“恐怖”一词是在14世纪经由法语的过渡而进入西欧语汇的，英语中最早见用于1526年。[②] 到18世纪末，恐怖以及由其引发的极端恐惧成为西方小说创作的源泉，这种小说被称为“恐怖故事”。马修·刘易斯（Matthew G. Lewis，1775—1817）创作的虐待狂般的幻想小说《僧人》（The Monk）成为1796年的畅销书。而19世纪最优秀的魔怪小说作家约瑟夫·拉法诺在为人们带来巨大恐惧感的同时，自己也在1873年前后葬身于一个屡次出现的噩梦中。[③] 这种小说往往虚构一种世俗化但充斥着残忍的、邪恶的超自然力量对人身心折磨的奇情异事。1890年伦敦出版的《韦氏国际词典》在列有“terror”词目的第一、第二义项解释分别为：“精神上所感受到的极度惊骇和强烈恐惧；引起极度惊骇和强烈恐惧的原因。”1979年出版的《韦氏20世纪新词典》中，该词目主要包含如下几层含义：极度的害怕和恐惧；引起极度恐惧的人或事；特指1793年5月至1794年7月法国大革命期间的那段以政治处决为特征的时期。

由上可见，作为“恐怖主义”概念中的基础词汇，“恐怖”的词义在古今中外是相通、相近的，基本上没有什么争议。但对“恐怖主义”的解释，迄今为止无论是国内还是国外，无论是学界还是官方，却一直是众口不一。这一方面是由于恐怖主义作为一种扣人心弦的政治暴力，各方人士在诠释和评价它的时候不能不带有各自的主观倾向性，“恐怖行为特别难以用中立态度进行

① *Webster's Third New International Dictionary of the English Language* (1986 Edition), Merriam-Webster Inc., p. 2361.

② 杨洁勉等：《国际恐怖主义与当代国际关系》，贵州人民出版社，2002年版，第51页。

③ ［美］保罗·纽曼：《恐怖：起源、发展和演变》，上海人民出版社，2005年版，前言。

研究"[①]，形成人言人殊、百言百说，甚至我们已经熟视的"一个人的眼中的恐怖分子却是另一个人眼中的自由斗士"这样一种截然相反的道德判断。而另一方面又是因为恐怖主义作为一种古已有之的社会现象，在漫长的历史长河中，其表现形式、发生缘由、行为动机、使用手段、实施主体、攻击目标、社会影响均呈现错综复杂的演变形态，以致于我们很难以一个简单的定义完全涵盖可以容纳古今中外世界历史发展进程中各种恐怖主义现象所衍生的内涵外延。[②] 但我们真的无法给出一个相对正确和稳定的恐怖主义定义吗？

二

现在我们还原历史，就"恐怖主义"一词指称对象和该概念含义的历史演进进行一番概略的考察。严格而言，恐怖主义是近代以来世界历史出现的社会产物。

作为由"恐怖"衍生的"恐怖主义"一词源于法语，它是18世纪90年代新创造的一个词语。在《法兰西学院辞典》1798年补编中，"terrorism"被赋为"恐怖体制、恐怖统治"（système，régime de la terreur）之意。而根据此前1796年出版的一部法语词典，雅各宾派在言语和写作中时常以积极的意义使

① ［美］杰克·道格拉斯、弗兰西斯·瓦克斯勒：《越轨社会学概论》，河北人民出版社，1987年版，第276页。

② 张金平：《中东恐怖主义的历史演进》，云南大学出版社，2008年版，第6页。

用该词来谈论他们自己的革命行为。[①] 这时候“terrorism”是一个褒义词，雅各宾派领袖罗伯斯庇尔当时就明确地把恐怖与正义、美德和民主紧紧联系在一起：“没有道德的恐怖是有害的，没有恐怖的道德是无力的。恐怖无非是迅疾、严厉而不可动摇的正义，因此也是道德的一种表现。它与其说是一项特殊的原则，不如说是适应祖国最迫切需要的普遍民主原则的结果。”[②] 可见雅各宾派将该词用于自身，并无任何否定性意味。

但在1794年推翻雅各宾派专政的热月政变后，“terrorism”被用来指称雅各宾派政权或雅各宾派的政策、体制，带有强烈的否定意味。相应地，“terrorist”（恐怖主义者）成了一个指称“滥用权力”罪犯的贬义词。不久便传到英国，1795年英国著名政论家埃德蒙·伯克（Edumund Burke，1729—1797）怀着对法国大革命的强烈仇视，在书中咒骂罗伯斯庇尔等雅各宾党人为“terrorist”（恐怖主义者），即“那群从地狱中释放出来、加害于人民的恶犬”。[③] 从此，“恐怖主义”（terrorism）和“恐怖主义者”（terrorist）作为贬义词逐渐在世间流传开来。恐怖主义特指1793年5月至1794年7月法国大革命中的雅各宾恐怖专政，相当程度上成为“恐怖统治”（reign of terror）的同义词。随后“恐怖主义”在词典中获得“恐怖体制”这一更广的含义。而“恐怖主义者”则是指试图通过一种强制性的恫吓方式来推广其主张的任何人。

---

① Walter Laqueur，*The Age of Terrorism*，Boston：Little，Brown and Company，1987，p. 11.

② ［法］阿尔贝·索布尔：《法国大革命史》，中国社会科学出版社，1989年版，第290页。

③ Walter Laqueur，*The Age of Terrorism*，Boston：Little，Brown and Company，1987，p. 11.

由上可见，近代意义上的“恐怖主义”最初出现于法国大革命时期。无论是褒义还是贬义，“恐怖主义”一词的使用均与法国大革命中的雅各宾派专政相联系，后被英国人所借用，指称法国大革命时期雅各宾派专政所采取的系统化恐怖和威慑政策。后人将雅各宾派专政时期的恐怖统治和热月党人的反攻倒算以及后来波旁王朝的封建复辟分别称为“红色恐怖”和“白色恐怖”。今天，法语“terrorisme”名词意为“恐怖主义、恐怖政治、恐怖行动”。法语“terroriste”，作为形容词意为“恐怖主义的、采取恐怖行动的”；作为名词意为“恐怖主义者，恐怖分子”，另外特指法国资产阶级革命时期的主张恐怖政策者。[①] 显然，“恐怖主义”一词时常被赋予强烈的意识形态色彩。“恐怖主义”一经问世，便包含了褒贬不一的含义。但这时的“恐怖主义”内涵和外延明显不同于我们今天所说的“恐怖主义”概念。而在 19 世纪以来的世界历史进程中，“恐怖主义”这个概念大致经历了两种不同含义的转变：一种为“抵抗恐怖主义”，指下层民众在进行共和主义、民族主义和反殖民主义斗争中所使用的暴力手段；另一种为“政府恐怖主义”，指上层统治集团对下层民众进行统治、镇压所使用的暴力手段。[②] 以前一种恐怖主义而言，伴随西方资本主义的迅速发展，向垄断资本主义（帝国主义）阶段的过渡，欧洲世界殖民主义体系的构建，资本主义社会内在矛盾的暴露，在西方工业化国家内部、这些国家之间以及这些国家与殖民地、附属国之间的矛盾、冲突趋于激化，一些无政府主义者和民族主义者在反抗资本主义制度和帝国主义霸权、殖民主义侵略和

---

① 《法汉词典》，上海译文出版社，1982 年版，第 1265 页。

② 李少军：《国际政治学概论》，上海人民出版社，2002 年版，第 389 页。Boaz Ganor，“Defining Terrorism：Is One Man's Terrorist Another Man's Freedom Fighter?” Sep. 23，1998. http：//www. ict. org. il。

统治的斗争中大量使用了恐怖暴力的手段。

法国大革命之后，不时有一些反抗专制政府的个人和群体以“恐怖主义者”来做自己的称谓，坦陈自己的斗争策略是“恐怖主义”。19 世纪意大利共和主义者卡洛·皮萨凯因（Carlo Pisacane）提出了为许多后来恐怖主义团体所坚信、奉行的原则——“以行动作宣传”（propaganda by deed）。而 19 世纪中下叶的俄国民粹派运动在经历了试图以教育农民掀起反沙皇政府的“到民间去”运动挫折后，受巴枯宁的无政府主义思想影响，便在“以行动作宣传”的信条下先后开展了以沙皇及其政府官员为攻击目标的恐怖暗杀行动。当时，“恐怖主义”便用来指称反对俄国沙皇统治的民意党人所采用的政治暗杀手段。[①] 巴枯宁也被称为“现代恐怖分子的鼻祖”。研究者认为，“在恐怖主义这一概念正式进入西方政治词汇表约一百年之后，第一个大规模的恐怖活动‘民意党’笼罩俄国大地，并为患达四十年之久”，“虽然民意党在当时的俄国无甚作为，但其在政治暴力活动中所采用的策略和手段，以及在‘恐怖文化’的培育等方面，却为后世的反政府、反权威的恐怖主义组织所继承和效法”。[②] 而后在 19、20 世纪之交，在无政府主义思潮影响下，欧美一批追求政治变革的激进无政府主义者掀起恐怖袭击浪潮。法国、西班牙、奥匈帝国、意大利、俄罗斯和美国等国家 10 多位国家元首和政府首脑纷纷葬身于这些无政府主义者的刀枪和炸弹之下。于是，“恐怖主义”一词又被用于指称这些在西方各国掀起血雨腥风的无政府主义刺

---

① Zeev Ivianski，“the Blow at the Centre：the concept and its history”，Ariel Merari ed.：*On Terrorism and Combating Terrorism*，Maryland：University Publication of America，1985，pp. 53－62.

② 范明强：《社会学视野中的恐怖主义》，解放军出版社，2005 年版，第 11 页。

客的恐怖袭击。[①] 其时代背景是，在19世纪中叶兴起的国际社会主义运动中，的确出现一些主张和信奉只需一小批“勇士”用恐怖手段在很短时间内迅速推翻资本主义制度的冒险家。

可见在19世纪直到20世纪初，“恐怖主义”这个词语在当时通常与反抗统治集团专制、暴政的个人暴力极端行为相联系。1936年，J. B.S. 哈德曼在麦克米兰公司出版的《社会科学百科全书》中，首次从社会科学的角度对恐怖主义提出如下详细的定义：

恐怖主义是用来描述这样一种方法或理论的术语，即在这种方法和理论的背后，一个有组织的集团或政党主要通过系统地使用暴力来达到其公开宣称的目的。恐怖行为所针对的是那些妨碍该集团或政党实现其目标的个人、机构或该政权的代表人物……恐怖主义者不对袭击做预先的警告，死亡和破坏是该恐怖行动所要追求的目标，如果被抓获，恐怖分子在审判中通常不为自己的行为进行辩解，以争取减轻处罚和获释，而是借以传播和宣示自己的理想和信念……恐怖主义是对抗中的社会组织和武装力量之间，而非个人之间打击对方所使用的一种方法，这种打击手段可以发生在任何社会体制中。作为一种威慑方法，恐怖主义通常具有这样的行为特征，即恐怖行动所要警告的不仅是国家当局和统治阶级，也是为了告诉人民大众，使他们认识到执政者的地位不再是安全的和不受挑战的。实行恐怖主义战略的要害在于公开地挑战权威。[②]

很明显，这里的“恐怖主义”含义并非贬义和否定性的，甚

① David Miller, *Anarchism*. London: Dent, 1984, pp. 109—116.

② J. B. S. Hardman, *Encyclopaedia of Social Sciences*, New York: Macmillan, 1937, pp. 575—579. 杨洁勉等：《国际恐怖主义与当代国际关系》，贵州人民出版社，2002年版，第53—54页。

至有些设身处地的理解意味。

1914 年 6 月的“萨拉热窝事件”和 1934 年 10 月的“马赛刺杀案”[①] 提醒世人，恐怖主义已成为世界和平与稳定的严重威胁，由此反恐问题开始引起国际社会的关注。作为世界上第一个全球性国际政治组织——国际联盟在 1934 年 12 月起草国际反恐公约，迈出国际反恐合作第一步。在 1937 年 11 月通过的《防止和惩治恐怖主义公约》第一次从国际法的角度对“恐怖行为”的内容和性质作出明确规定：“本公约‘恐怖行为’一词是指直接反对一个国家，而其目的和性质是在个别人士、个人团体或公众中制造恐怖的犯罪行为”。公约第二条又对各种恐怖行为作了具体说明：（1）故意危害国家元首、其配偶、公职人员的生命、身体、健康或自由的行为；（2）故意毁灭或损害另一缔约国的公共财产；（3）故意通过共同危险的造成，来危害生命的行为；（4）构成上列犯罪的任何企图；（5）制造、获得、扣留或供给武器、军火、爆炸品或毒物等。[②]

第二次世界大战前夕，在欧美语境中，恐怖主义又被赋予指称独裁统治或极权统治的邪恶含义。希特勒的纳粹帝国和斯大林时期的苏联均被称为“恐怖帝国”。美国学者布鲁斯·霍夫曼就提出，到 20 世纪 30 年代，恐怖主义的含义发生重要的变化。在这个时期，它已经不太指以国家领导人及政府官员为攻击对象的“革命性”政治暴力恐怖行为，而更多是指专制主义国家对其公民的大规模残忍的暴力镇压行为。[③] 如当时希特勒和墨索里尼领

① 1934 年 10 月 9 日，法国外长巴尔都在法国马赛迎接来访的南斯拉夫王国亚历山大一世时，两人遭受克罗地亚右翼暴力团体“乌斯塔沙”凶手的暗刺而丧命。

② 《国际条约集（1934—1944）》，世界知识出版社，1961 年版，第 155—156 页。

③ Bruce Hoffman，*Inside Terrorism*，New York：Columbia University Press，1998，p. 24.

导的德国纳粹党和意大利法西斯党就以“冲锋队”、“黑衫队”为工具，在街头大搞暴力恐怖活动，恐吓国内政治反对势力，形成一种法西斯政权的恐怖统治。

霍夫曼接着又指出，从20世纪40年代起，恐怖主义又同另外一种政治斗争——非西方国家的争取民族解放和反对殖民主义的暴力斗争相联系。① 而事实上，姑且不论古代巴勒斯坦犹太人反抗希腊、罗马势力的暴力行动，即使从近代算起，这种抵抗殖民侵略和占领、捍卫民族独立自由权利的民族解放斗争，就已经在15世纪新航路开辟以来的世界各角落大量出现，构成世界近现代史的主线之一。20世纪初，以反抗殖民统治、争取民族独立为主要目标的殖民地民族主义席卷亚洲大陆，一次大战后其更是以现代民族解放运动的面貌在亚非拉地区广泛兴起。尤其到二次大战后期开始，在世界反法西斯战争的鼓舞、推动和作用下，从20世纪40年代到60年代，砸碎殖民枷锁、建立民族独立国家的亚非拉民族解放浪潮风起云涌、波澜壮阔。② 在这些民族解放运动中，一些殖民地国家的激进组织时常使用恐怖暴力手段打击殖民势力，袭击殖民地宗主国公民的恐怖事件也时有发生。如在巴勒斯坦、肯尼亚、塞浦路斯和阿尔及利亚，均出现了以恐怖主义为手段的民族主义政治运动。由此一些国内外学者认为，这一时期世界恐怖主义的热点大多发生在正在争取独立的殖民地、附属国或刚刚取得独立的民族国家里。与此前相比，这一时期发生的恐怖事件次数明显增多，手段也日趋多样化，爆炸、劫机、绑架与劫持人质逐渐成为常见的形式，更为重要的是，恐怖活动

---

① Bruce Hoffman, *Inside Terrorism*, New York: Columbia University Press, 1998, pp. 25—29.

② 余建华：《民族主义：历史遗产和时代风云的交汇》，学林出版社，1999年版，第27—53页。

的袭击目标和活动范围越来越具有国际性。因而该时期恐怖主义日趋国际化，是“国际恐怖主义的真正形成时期”。[①] 对于这种遍及亚洲、非洲和中东的民族主义运动中出现的政治暴力，在亚非拉第三世界国家与欧美西方国家之间围绕“恐怖分子”还是“自由战士”的争论至今未休，成为国际社会制定一个统一的恐怖主义定义的主要障碍之一。不过，面对当时国际劫机事件明显增多、威胁增大的现实，联合国专门机构——国际民航组织（ICAO）通过了《关于在航空器内的犯罪和其他某些行为的公约》（简称《东京公约》）。这说明有关国际组织已经有的放矢地采取相应举措，制定专业领域的国际反恐法律。

20 世纪 60 年代末以来，世界开始进入一个恐怖犯罪猖獗作乱的现代国际恐怖主义的阶段。东西方出现一大批典型的恐怖组织，其性质明显多元化，既有极端民族主义和宗教性恐怖集团，也有极左和极右恐怖团体；如果说此前恐怖暴力行为大多是某些政治势力实现政治目标的辅助手段，而现在恐怖活动已成为其追求政治意图的主要方式；恐怖活动以西欧、中东、拉美等地区为重点，并向全球各角落扩展，南亚等地区的过去一些相对平静的国家也频繁受到恐怖主义袭击，恐怖主义国际化的各种特征也在此前基础上进一步发展；恐怖行为的手段方式更加多样化，活动范围和袭击目标日益扩大，不仅政界领袖、政府官员、军警人员，而且司法官员、外交使节，乃至更多的工商企业家和无辜平民，均成为恐怖攻击和杀戮的对象，恐怖活动次数之频繁、手段之残忍、场面之血腥、造成伤亡之惨重、破坏之严重，对各国政治和国际关系冲击之巨大，均达

① 花军、韩本毅：《国际恐怖主义》，中国人民大学出版社，1989 年版，第 1、2 页。

到空前的程度。

1972年9月慕尼黑奥运会恐怖屠杀案的发生，对国际社会又是一次强烈的震憾。面对恐怖犯罪集团惨绝人寰的暴行，联合国秘书长瓦尔德海姆疾呼，联合国再也不能做默不作声的旁观者，而应该对这种发生于世界各地的行为采取行动。① 这一表态获得大多数国家的支持，当年12月18日，联合国大会通过了第3034号决议，并决定成立由35个国家组成的“国际恐怖主义问题特设委员会”，就如何定义恐怖主义、查明恐怖主义的根源、建议反恐怖措施展开工作。反恐怖合作逐渐在国际、地区和双边各层面推进，以遏制和消除这个“20世纪的政治瘟疫”。的确，到这一时期，恐怖主义已经充分显示其反社会、反人类、反人道和反文明的罪恶本质，已经明显成为国际社会谋求和平与安宁的对立面，成为现代世界的一大毒瘤。

相应地，20世纪60—70年代，主要在西方兴起恐怖主义研究的第一波热潮，围绕恐怖主义定义的研究自然成为主要内容之一，各方学者虽然对恐怖主义的界定各式各样，但也显示出不少共性。荷兰学者亚历克斯·施密德做了一件很有意义的工作。他在1988年出版的《政治恐怖主义》一书中对1936—1981年期间（主要是60—70年代）专业领域内的学者专家给出的109个恐怖主义定义进行归纳分析，将界定中出现的各要素剥离出来，并按它们在定义中出现频率的统计数值依次做了如下排列：暴力、武力（在定义中的出现率占83.5%）；政治性（65%）；恐惧、恐怖（51%）；威胁（47%）；心理影响和预期出现的反应（41.5%）；打击目标和直接受害者之间的差异（37.5%）；有目的、有计划、系统化、有组织的行为（32%）；战斗方法、战略

① 王逸舟主编：《恐怖主义溯源》，社会科学文献出版社，2002年版，第18页。

与战术（30.5%）等。[①]

施密德关于109个恐怖主义（1981年前）概念的内容分析

	要　素	出现频率（%）
1	暴力、武力	83.5
2	政治性	65
3	恐惧、恐怖	51
4	威胁	47
5	心理效果和预期出现的反应	41.5
6	（直接）受害者与打击目标的区别	37.5
7	有目的、有计划、系统化、有组织的行为	32
8	战斗方法、战略与战术	30.5
9	非常规、违背社会准则、不受人道主义约束	30
10	强迫、强求、使（对方）屈服	28
11	宣传性	21.5
12	任意性、随机性、无选择性	21
13	受害者是市民目标、非战斗目标、中立目标或旁观者	17.5
14	恫吓	17
15	强调受害者的无辜性	15.5
16	肇事者是团伙、（社会）运动或组织（及其）成员	14
17	象征性、表演性	13.5
18	暴力发生的难以预测性或不可知性、突发性	9
19	随意性、秘密性	9
20	重复性、暴力的系列运动性	7
21	犯罪性	6
22	对第三方的要求	4

① Alex P. Schmidt and Albert I. Jongman, *Political Terrorism: A New Guide to Actors, Authors, Concepts, Data Bases, Theories and Literature*, Amsterdam: Northholland Publishing Company, 1988, pp. 5—6.

胡联合关于50个恐怖主义（1982年后）概念的内容分析

	要　素	出现频率（%）
1	暴力、武力	92
2	政治性（目标）	90
3	威胁（使用暴力）	54
4	恐惧（恐怖）及心理影响	54
5	有计划、系统化、有组织的行为	40
6	恫吓、强迫、强求、使（对方）屈服	34
7	社会性（目标）	32
8	受害者是市民等无辜目标	20
9	（直接）受害者与打击目标的分别	20
10	犯罪性	16
11	宣传性	14
12	象征性	12
13	（使用或威胁使用暴力）非法性	12
14	暴力发生的难以预测性、不确定性、突发性	6
15	（目标）随机性、无选择性	6
16	非正义性	2

中国学者胡联合在其2001年出版的《当代世界恐怖主义与对策》一书中则继续了施密德的工作，对1982年以来中外学者、官方和词典关于恐怖主义的定义进行了梳理分析，结合施密德对109个定义的统计分析，得出如下结论：①

1. 人们普遍（绝大多数）将恐怖主义界定为一种暴力（或武力）行动。

① 胡联合：《当代世界恐怖主义与对策》，东方出版社，2001年版，第15—16页。

2. 人们普遍（大多数）认为恐怖主义往往是有政治性的。

3. 人们多数认为恐怖主义是旨在制造恐惧、恐怖气氛或打心理战的。

4. 有接近半数的人认为恐怖主义概念应该包含威胁（使用暴力）的行为要素。

5. 人们对于恐怖主义概念中是否应包含社会性、有组织性、重复性、不受人性（人道主义）约束、强迫（对方）性、受害者的无辜性、随机性或无选择性、难以预测性或突发性、象征性、宣传性、非法性、犯罪性和非正义性等要素存在明显分歧。

可见尽管人们对恐怖主义的界定各持己见、众口不一，但人们对恐怖主义的内在特征、基本要素的认识还是存在相当大的共性，这就为我们确定恐怖主义的定义奠定了必要的基础。

三

定义是以简洁、明确的语言揭示事物本质特征和特有属性的逻辑方法，是对一个概念的内涵和外延的确切而简要的说明。内涵是一个概念所反映事物的本质属性的总和，也就是概念的内容；外延则是指一个概念所确指的对象的范围。按照形式逻辑的原理，定义的一般方法是属加种差定义：寻找被定义概念临近的属类概念，确定被定义概念所属的属类；再将被定义概念的对象与属类中其他种类进行比较，找出相互间的差异——种差。这种定义结构用公式表示，即被定义概念＝属（属概念、相邻属）＋种差（同一属概念下的种概念之间的差异比较）。

因种差可以从不同方面体现，如揭示被定义概念所反映事物的性质或功能，或揭示事物产生、形成的原因和过程，或该事物与其他事物之间的关系，因而会出现各种各样的种差，产生众说纷纭的定义。定义的一般规则是定义概念的外延必须与被定义概念的外延完全相等，否则会出现“定义过宽”或“定义过窄”的问题。按照辩证逻辑的要求，定义必须从被定义概念所反映事物的发展变化中全面地研究对象的一切联系，从而具体地揭示该概念所反映事物的本质。[①] 定义固然是将概念所反映事物的本质具体化，但这只能在基本稳定的历史阶段内适用而具有生命力，其内容是概括和具体的，也总是不完全的。“所有定义都只有有条件的、相对的意义，永远不能包括充分发展的现象一切方面的联系。”[②] 概念通常是不变的，定义则不时更新。因为随着人们对事物认识的不断加深，定义就需要相应的修正，乃至形成新的定义。

因此，恐怖主义的定义必须充分反映恐怖主义的一般的本质特征，高度概括出恐怖主义的内涵（即概念所反映事物的本质属性的总和），以便人们在错综复杂的事物表象中准确地判别和把握恐怖主义这一社会现象。

这样，我们在参照前面施密德、胡联合两位学者关于中外恐怖主义诸多定义要素分析的基础上，结合我们对恐怖主义本质属性的认识，得出如下我们对恐怖主义的界定：

恐怖主义是指个人、群体或国家出于政治或社会目标，通过使用或威胁使用暴力及其他破坏性手段，袭击平民（或非战斗人员）和公用设施，残害无辜，制造恐怖，胁迫另外的个人、群体或政府实施或不实施某种行为的刑事犯罪活动。

---

① 杨洁勉等:《国际恐怖主义与当代国际关系》，贵州人民出版社，2002 年版，第 58 页。

② 《列宁选集》第 27 卷，人民出版社，1985 年版，第 401 页。

我们在这个定义中主要通过对恐怖主义如下基本要素的归纳，揭示恐怖主义的本质属性：恐怖主义的行为性质、恐怖主义的目的和动机、恐怖主义的行为主体和客体、恐怖主义的其他要素等。①

首先，如同大多数学者在界定恐怖主义时所揭示的，恐怖主义是一种暴力行为。显然，暴力性（或破坏性）是恐怖主义一个最为本质的特征。在传统意义上，暴力（或武力）是恐怖主义必不可少的内涵，也是全球绝大多数学者认真研究后得出的关于恐怖主义概念的突出的根本共同点。暗杀是最为古老和传统的恐怖活动形式，到近现代爆炸、袭击、劫机、绑架与劫持人质等也成为恐怖主义常用的行为方式。在当代世界，在不少场合下，恐怖分子也经常使用暴力威胁的方式。这种暴力威胁虽然许多是属于未遂或虚构的威胁，但往往也是一种严重的破坏性行为，有时造成的损失未必亚于一般的恐怖暴力行动。而随着信息时代的到来、当今计算机在人们日常社会生活中的普及应用及其重要功能的凸显，恐怖分子越来越多地利用各种信息工具从事恐怖活动，形成信息恐怖主义（也称计算机或电脑恐怖主义）。美国联邦调查局特别调查处的马克·帕尼特把电脑恐怖主义定义为："由亚国家组织或秘密人员有预谋、有政治目的地对信息系统、计算机系统、计算机程序及数据所实施的攻击"，并强调"这种攻击可导致对非战斗目标的暴力"。② 这种破坏性手段表现为一种软杀伤力，一定意义上是一种非传统形式的暴力手段，对人们心理产

① 胡联合：《当代世界恐怖主义与对策》，东方出版社，2001年版，第18—28页。胡联合：《第三个眼看恐怖主义》，世界知识出版社，2002年版，第7—16页。胡联合："准确把握恐怖主义的基本含义"，《国际政治研究》，2006年第3期。

② 周效坤、杨世松主编：《信息反恐论》，军事科学出版社，2005年版，序，第1页。

生的恐惧效果与传统的暴力恐怖是一样的，有时甚至更甚。因此我们在定义中，适应恐怖主义攻击方式的演进、发展，以“使用或威胁使用暴力及其他破坏性手段”来强调恐怖主义概念的暴力性这一最根本的本质特征。

其次，政治性（或社会性）也是恐怖主义一个极其重要的本质特征。恐怖主义绝不是一般的暴力或破坏行为，而属于一种政治性暴力行为。如果仅仅为暴力而暴力、为破坏而破坏就构不成恐怖主义。恐怖主义行使暴力一定是具有某种政治或社会目标，“恐怖主义是达到目的的一种手段，而不是目的本身。”[①] 恐怖主义者只是将暴力作为一种威胁、恫吓、强迫、使对方屈服的手段，其真正目标是要影响其打击目标，使某个个人、团体或国家政权实施或不实施某种政策、举措，从而达到自己的政治或社会目的。这是恐怖主义区别于一般暴力行为、犯罪活动的主要标志之一。正如学者所言，当代世界的恐怖主义已从高政治性的恐怖主义中逐步分化出一类旨在追求社会目标的低政治性的恐怖主义，即它们可能并不像传统的恐怖主义那样具有强烈、鲜明的政治意图，而是旨在影响或反对某一具体的、微观的社会政策，或仅仅是为了威胁社会公众安全，借以发泄对社会的不满和敌视情绪，政治性不突出而社会性明显。[②] 如反堕胎恐怖主义就是一种典型的社会性恐怖主义。所以我们在定义中强调“出于政治或社会目标”，“胁迫另外的个人、群体或政府实施或不实施某种行为”。

再次，恐怖性（或宣传性）构成恐怖主义的本质特征。“以

---

① David Calton & Carlo Schaerf eds., *International Terrorism and World Security*, London: Croom helm Ltd, 1975, p. 15.

② 胡联合：《当代世界恐怖主义与对策》，东方出版社，2001 年版，第 22 页。

行动作宣传”是恐怖主义的一个信条。其直接目的就是要通过具体的恐怖行动制造令人恐怖的社会气氛，使社会或社会中的特定人群陷入恐惧、惊慌和担忧心理，产生不安全感，做出违心之举。恐怖主义直接攻击对象往往不是其真正的打击目标。其通过恐怖活动的隐蔽性、突发性、难以预测性和象征性，来对社会制造恐怖气氛和恐惧心理。任何人、物（设施）对恐怖主义而言，均可能具有不同程度的某种政治、经济或文化的象征价值，从而使其打击对象几乎无所不包、无所不在、无所不有。恐怖活动越来越朝着滥杀无辜、针对普遍平民目标的群体“象征性价值最大化”的方向发展。从攻击的战术角度上说，恐怖主义可以说是一种特殊形式的心理战，其主要目的不是为了打击和摧毁敌方的有生力量，而是为了从心理上威慑对方，并通过由此造成的社会恐慌效应，迫使对手作出违心的让步。

研究专家大多认为，恐怖主义是心理战，而不是军事战。[①]“今天的恐怖分子施加的最大威胁在于他们制造的恐惧（惊恐）心理。”[②] 因此恐怖主义者认为，其恐怖活动的实际效果大小取决于它在多大程度上使社会公众感到焦虑、担忧和恐慌，而这不仅取决于恐怖活动本身的血腥性、残酷性和规模性，更取决于在多大程度上引起社会注意力、扩大其社会影响力。许多恐怖分子相信，在大街上攻击一个名人，要胜于在山区歼灭敌方一个营。“不是要更多的人死，而是要更多的人看。”恐怖主义者认为，通

---

① Alex P. Schmidt and Albert I. Jongman, *Political Terrorism: A New Guide to Actors, Authors, Concepts, Data Bases, Theories and Literature*, Amsterdam: Northholland Publishing Company, 1988, p. 8.

② Cindy C. Combs, *Terrorism in the Twenty-First Century*, NewJersey: Prentice-Hall Inc., 1997, p. 234. 胡联合：“准确把握恐怖主义的基本含义”，《国际政治研究》，2006 年第 3 期。

过对外宣传（包括恐怖组织自身的“认领”、宣传和利用外界新闻传媒的报道、宣传），既使外界认识到其存在、知晓其为之奋斗的“事业”，又可借以虚张声势、显示实力，并借此获得外界关注、重视和支持，向对方施加社会压力。因此，对他们来说，媒体宣传构成其行动的重要组成部分。“所有的宣传都好。即使是坏的宣传也比没有宣传要好。没有宣传的恐怖主义，就如打空包弹的武器一样。”[①] 由此，我们在定义中强调恐怖活动“残害无辜，制造恐怖”，“胁迫另外的个人、群体或政府实施或不实施某种行为”。而要注意的是，随着极端宗教恐怖主义的猖獗发展，其目标已由“要更多的人看，而非更多的人死”发展到“既要更多的人看，也要更多的人死”的惨绝人寰的非理性的疯狂地步。

另外，非法性（或犯罪性）也是当今世界恐怖主义的一个本质特征。由于恐怖主义非法使用或威胁使用暴力及其他破坏性手段，攻击平民，残害社会，造成不同程度的社会危害性后果，从而违背了现行法律（包括各国国内法、国际法和国际惯例），因而是一种违法行为。至于是否属于犯罪，要视情节轻重而定。如果情节轻微（如实施暴力威胁但未造成多大实际效果），可能只是违法行为，还构不成犯罪；否则就构成刑事犯罪行为。强调刑事犯罪：一是因为恐怖活动造成人员伤亡（特别是政治领导人或无辜平民），经济损失或其他严重的社会政治危害等构成犯罪行为；二是由于恐怖主义大多具有政治性，恐怖主义分子往往自称或被视为持不同政见者。为有效遏制恐怖主义、防范恐怖分子逃避法律制裁（国际法中一般有政治犯不引渡的惯例），全球社会大多已将恐怖分子从政治中排除出去。所以我们坚决主张，即使在恐怖行为发生的原因、缘由或其追求的最终目标上包含一些可

① 胡联合：《第三个眼看恐怖主义》，世界知识出版社，2002年版，第13页。

以理解的合理因素，但在现代社会，恐怖主义就是一种非理性、反社会、违法的刑事犯罪活动，已站到人类文明的对立面，绝不能姑息和纵容，而必须予以毫不留情的坚决反对、遏制和打击。由此，我们不仅认为恐怖主义是一种特殊形式的极端政治暴力，而且在定义中明确表示其行为性质属于“刑事犯罪活动”。

此外，关于恐怖主义的行为主体和客体认定：尽管恐怖主义极其重视其宣传效应，甚至在恐怖活动发生后，不时会有些恐怖组织以一定方式宣布“认领”（有的甚至是冒领或争先恐后），但在现代社会，几乎没有哪个个人、群体或集团、国家自称或承认自己是恐怖主义的主体身份，因此恐怖主义行为主体通常是隐秘而非公开的。人们一般赞同，将那些策划、制造、参与或支持恐怖活动的个人、群体（或集团、组织）确定为恐怖主义行为主体，必须予以法律制裁和惩罚。但在对那些直接或间接动用国家机器采取恐怖主义行径的国家政权，或支持、赞助、庇护、纵容、煽动恐怖组织活动的国家政权，或者为反对外国殖民侵略、占领和统治而开展暴力武装斗争的民族解放运动，是否构成恐怖主义的行为主体问题上，几十年来国际社会认识差异极大，争议迄今未了，成为国际社会难以形成统一的、普遍接受的恐怖主义概念的界定。而且即使到今天，国内外无论是学界还是官方，在恐怖主义定义方面，很多关于恐怖主义行为主体表述是缺省的，尤其在不少西方国家从学者到官方，均将恐怖主义行为主体确定为非国家行为体——秘密的个人和群体。但我们认为，如国家排除在恐怖主义行为主体之外，不仅有违历史与现实，更难以坚持反对和打击一切形式的恐怖主义，不利于我们彻底铲除恐怖主义这颗社会毒瘤。相关讨论我们还将在下面进一步展开。

关于恐怖主义的行为客体，实际在前面关于恐怖主义行为的政治性和恐怖性特征论述上已经涉及。在这方面，国内外已经达成很大的共识，指出恐怖主义行动的直接攻击目标包括精心策划研究或随机任意选择的人或物（设施），人既可能是其仇视、敌对的对方政治领袖、军政要员，但越来越多地包括无辜平民（或非战斗人员）。但要注意，如果是在战争状态或武装冲突情况下单纯攻击军事目标，许多场合就不能被纳入恐怖主义范畴，而是在非战时或和平状态下，对军警人员和军事设施的攻击，就会被归入恐怖主义犯罪行为。还要强调，直接受害者通常不是恐怖主义的真正打击目标，恐怖分子是要通过对其选择的或随机的象征性目标的暴力攻击，制造恐怖效应和震撼，给社会或特定的个人、群体或政府造成心理威胁、担忧和恐慌，迫使他们做出恐怖主义行为主体的希望之举。所以我们在定义中确定恐怖主义行为主体是“出于政治或社会目标”的“个人、群体或国家”行为客体既包括直接受害的“平民（或非战斗人员）和公用设施”，也包括其所胁迫的“个人、群体或政府”。

最后，要说明的是，对某一概念的任何定义均是相对的，不可能给出一个涵盖一切历史阶段和现象的恐怖主义定义。我们这个定义主要是就 1968 年以来的当代世界恐怖主义而言，当然其也包含此前历史各阶段恐怖主义的一些基本特征。

试析国际恐怖主义的“犯罪化”

汪舒明*

内容提要：恐怖组织与有组织犯罪集团的共性和差异为两者之间的相互关联和转化提供了可能性和必要性。冷战结束、尤其是“9·11”事件以来，国际恐怖主义出现了“犯罪化”趋势。一方面，恐怖组织与有组织犯罪集团之间各展所长、分工协作的现象及其带来的威胁变得更加突出。这既包括动荡地区恐怖组织主导下的以“保护”换资金的合作，也包含其他地区双方更为平等的供求和雇佣关系。另一方面，罪、恐合作中存在的障碍，恐怖组织的犯罪潜能，犯罪暴利的诱惑，加之合法筹资途径受到限制，这一系列因素使恐怖组织转而更加积极地直接从事有组织犯罪活动，甚至变身为有组织犯罪集团。

恐怖主义和有组织犯罪是当今国际社会的两大毒瘤和公害，严重威胁着世界许多国家和地区的秩序和安全。自冷战结束、尤

* 汪舒明，上海社科院欧亚所助理研究员。

其是“9·11”事件以来，恐怖主义和有组织犯罪之间的关联日益密切，在某些条件下还出现了恐怖组织与有组织犯罪集团之间相互转化乃至合流的情况。有学者如此评论：“恐怖主义和跨国犯罪的进一步融合正迅速成为当今冲突中最清晰和最具威胁的方面。两者之间的关联（或联盟）使得各自的目标、方法和组织结构变得更加难以区分。”国际社会同样也注意到了这种危险的关联。早在2001年9月28日，联合国安理会就在1373号决议中对国际恐怖主义与国际有组织犯罪之间的关联表示“关切”。2005年美国国务院发布的《2005年恐怖主义国家报告》，也将恐怖组织与跨国犯罪集团的“纠合”（Overlap）视为恐怖主义发展的三大趋势之一。“在一些情况下，恐怖分子使用跨国犯罪集团使用的同一网络，利用这些网络之间的重合来提高灵活性，为他们的恐怖事项提供支持并逃避侦察。”① 许多国家还把反恐与打击有组织犯罪这两项职能置于统一的执法机构之内，或者将这两类行动加以统筹。本文不揣粗陋，尝试分析两者发生关联的基础、条件和方式，以冀抛砖引玉。

一、恐怖组织和有组织犯罪集团之间的共性和差异

与恐怖主义和有组织犯罪定义一样，何谓恐怖组织和有组织犯罪集团，这都是学术界争论纷纷、莫衷一是的问题。有组织犯罪是有组织犯罪集团实施的犯罪行为。根据2000年通过的《联

① United States Department of State, *Country Reports on Terrorism* 2005, April 2006, p. 11.

合国打击跨国有组织犯罪公约》的规定，有组织犯罪集团“系指由三人或多人所组成的、在一定时期内存在的、为了实施一项或多项严重犯罪或根据本公约确立的犯罪以直接或间接获得金钱或其他物质利益而一致行动的有组织结构的集团”①。这一定义采用了学术界所说的狭义有组织犯罪集团②的定义，就是通常所说的黑社会（性质）组织。有一定的组织结构，有组织的暴力，通过犯罪和（或）介入合法经济和政治以获得物质利益和权力，有一定经济实力，确立排他性的势力范围，是一切黑社会组织（即有组织犯罪集团）的本质属性和特征。③ 有组织犯罪集团主要从事毒品走私、武器走私、贩卖人口或人口器官、洗钱、盗版、敲诈、计算机犯罪等非法经济活动，但也渗入合法产业。全球知名的有组织犯罪集团主要有：中南美洲的贩毒集团、意大利黑手党家族、美国黑手党、俄罗斯黑手党、日本的三口组、香港的三合会、车臣匪帮，以及一些中亚国家的匪帮等。

至于恐怖主义和恐怖组织，联合国迄今为止尚未提出明确的定义。一般而言，恐怖主义是非国家行为体针对非战斗目标的暴力、暴力威胁和非暴力破坏活动，这些活动出于政治或意识形态动机，旨在在目标群体、组织或政府中制造恐惧以影响社会政治进程。恐怖主义有政治性、暴力性、恐怖性、违法性和宣扬性等明显的特征。④ 而恐怖组织则是实施恐怖主义的组织。

---

① 联合国：《联合国打击跨国有组织犯罪公约》，2000 年，第 2 条（a）款。

② 根据不同学者定义的宽泛程度，有组织犯罪的定义有广义、中义、狭义之分。广义的界定几乎包含了从团伙犯罪、恐怖主义、邪教、黑社会等各种有一定组织性的犯罪，而狭义的界定只包含黑社会性质的犯罪。

③ 何秉松：“黑社会组织（有组织犯罪集团）的概念和特征”，《中国社会科学》，2001 年第 4 期，第 132 页。

④ 胡联合：《当代世界恐怖主义与对策》，东方出版社，2001 年版，第 19—24 页。

这两种类型的组织有着许多相似性：

第一，通常都有完整、严密、稳定的组织结构。与一般犯罪团伙相比，这两类组织人数较多，有明确的组织者和领导者，有自己的组织纪律和宗旨，骨干成员基本固定，成员之间往往有较明确的分工。[①] 传统上，垂直金字塔型的组织体系是非法秘密组织的常见组织形态，如老牌的有组织犯罪组织往往都呈现为此种形态。但随着通讯技术的发展，这些秘密组织越来越呈现出扁平化的网络形态。许多组织往往有一个可以提供各种支持和指导的核心组织，外围由若干自主性很强的松散团伙构成。

第二，两类组织都带有明显的暴力性，均属于有组织的暴力团。暴力工具的非法占有和使用，都是两类组织赖以对抗执法机构、破坏正常的社会秩序、打击或胁迫相关目标群体的必要手段。在全球化时代，知识、人员、资金和物资流动的便捷性极大便利了包括恐怖组织和有组织犯罪集团在内的各种各样的非国家行为体获得武器、技术和人员，导致“私有化暴力”迅速发展壮大。[②]

第三，都从事秘密的违法犯罪活动，严重危害社会。两者都以国家及其执法机构为共同的敌人，都隐姓埋名，开展秘密活动，有可能使用相同或类似的基础设施，并且通常利用同一张腐败和白领犯罪网络。双方往往卷入相似的非法活动：跨国走私，洗钱，造假，绑架勒索以及其他各种暴力活动。而且，这两类组

---

① 阮传胜：《恐怖主义犯罪研究》，北京大学出版社，2007年版，第161—164页。

② 约翰·P. 苏利文全面分析了新时期“私有化暴力”发展导致的战争行为体的变化。参见 John P. Sullivan，“Terrorism，Crime and Private Armies”，Robert J. Bunker，Networks，*Terrorism and Global Insurgency*（New York：Routledge，2005），pp. 69—83.

织往往都从在生活中遭受挫折的群体中招募其大部分成员，这些成员都喜欢冒险，追求兴奋和刺激，鄙视正常的社会规范。①

第四，都利用执法机构的软弱无力和治理中的漏洞实现组织的生存和发展。有效治理显然是它们共同的天敌，而治理不善则是它们赖以滋长的沃土。破坏有效治理，规避法律制裁是所有恐怖分子和犯罪分子的共同需要。失控区、跨界区、冲突区和移民区等治理不善的地方，往往成为恐怖分子和犯罪分子容易藏身的“安全天堂”。②

但是，这两类组织仍然有着明显的差异。

第一，两者在根本目标和动机上有着本质区别。恐怖主义的首要目标是政治和意识形态方面的，而有组织犯罪则受经济动机驱使。恐怖组织卷入犯罪活动以推进其意识形态和社会政治议程③，通常是一种政治、意识形态、宣传和非法武装行动的混合。恐怖分子往往视自己为政治行为者。政治意识形态、激进宗教立场、疏离和复仇驱使着恐怖分子；对他们而言，金钱只是一种手段，本身并非目的。而有组织犯罪集团本质上是实用主义的犯罪企业，他们的政治活动总是旨在保护他们的非法（经济）活动。④

第二，出于不同的目标和动机，使用暴力的重要性、选择

---

① 弗兰克·博芬柯克、贝希尔·阿布·沙克拉：“恐怖主义和有组织犯罪”，载联合国：《犯罪和社会论坛》第1期和第2期，2004年12月，纽约，第3—13页。

② Louise I. Shelley (et al.), Methods and Motives: Exploring Links between Transnational Organized Crime & International Terrorism, June 23, 2005, pp. 42—43, http://www.ncjrs.gov/pdffiles1/nij/grants/211207.pdf.

③ Gregory F. Treverton (et al.), Film Piracy, Organized Crime and Terrorism, Rand, 2009, p. 15.

④ Frank G. Shanty (edit.), Organized Crime: From Trafficking to Terrorism, pp. 369—370.

性、宣扬性在两类组织中差异很大。恐怖组织以暴力残害无辜，制造和宣扬恐怖，这是其主要的、根本性的手段。尽管恐怖组织也需要各种非暴力的技能和关系网络，但暴力手段和宣传技能正是其重要专长。而黑社会组织则常常运用暴力、威胁、欺骗和腐蚀等多种多样的暴力与非暴力的犯罪手段，暴力并非其达到目的的最主要手段。它们更倾向于运用贿赂来拉拢、腐蚀执法人员，而暴力则是一种威慑和控制目标人群、对抗执法机构的备用手段。各种各样非暴力的犯罪技能在犯罪集团中作用更大，也更加专业。出于恐怖效应最大化的目的，恐怖组织在暴力袭击对象选择上比较宽泛，而且在其袭击目标、规模和时机的选择方面都期望最大程度吸引媒体关注和公众注意力。而有组织犯罪集团的暴力袭击通常更隐蔽，其对象更有选择性，通常针对试图打击它们的执法者（官员、法官、警察等），或者是势力范围的竞争者（火并）或反抗者。

第三，尽管两者都以非法犯罪手段破坏社会的有效治理，但是，两者对社会现状的态度并不相同。恐怖主义往往出于对某种现状强烈不满而又难以通过和平合法途径加以改变，于是转而用暴力手段破坏和打击在他们看来充满“邪恶”的社会，谋求建立他们所渴求的社会秩序。而“有组织犯罪的思想根源是利用各国当前经济和道德体系的缺陷与不足，并由此来创造机会”[①]。有组织犯罪集团经常通过提供贿赂或政治支持与各层级官员建立联系，以获得某些合法政治势力的容忍，获得一定的生存和发展空间。墨西哥、日本的有组织犯罪集团都曾由此为其犯罪活动获得

---

① 弗兰克·博芬柯克、贝希尔·阿布·沙克拉：“恐怖主义和有组织犯罪”，第12页。

了某种"受保护的空间"①。收买不成，或者受到执法部门严打时，犯罪集团往往会转而使用暴力袭击。总体而言，"恐怖团体试图摧毁现状，而犯罪辛迪加试图稳定其灰色经济的环境"②。

两类组织的共性和差异为观察和探究它们之间相互关联和互动的可能性、必要性及其方式提供了重要线索。亚历克斯·斯米特提出，双方关联可以采取协作、联盟、合作、同流合污、汇合，以及共生等多种形式。塔玛拉·马卡连科则将两者关联的种种形式纳入一个闭联集（continuum），并揭示联盟（合作）、模仿、合流、"黑洞"这样一种由低到高的关联程度。③ 显然，两者之间的关联既有关联程度较低的相互之间的合作与联盟，也有双方直接卷入对方的活动领域，甚至在组织性质上向对方蜕变的情形。

二、恐怖组织与有组织犯罪集团的合作

早在 20 世纪 70—80 年代，一些恐怖组织和贩毒集团就存在

① Frank G. Shanty（edit.），*Organized Crime*：*From Trafficking to Terrorism*，p. 97.

② Gregory F. Treverton（et al.），*Film Piracy*，*Organized Crime and Terrorism*，p. 15.

③ 参见 Tamara Makarenko，"The Crime-Terror Continuum：Tracing the Interplay between Transnational Organised Crime and Terrorism"，*Global Crime*，Vol. 6，No. 1，February 2004，pp. 129－145. 还可参见，Tamara Makarenko，"Terrorism and Transnational Organized Crime：Tracing the Crime-Terror Nexus in Southeast Asia"，Paul J. Smith（edit.），*Terrorism and Violence in Southeast Asia*（New York：An East Gate Book，2005），pp. 169－187. "黑洞"指的是有组织犯罪和恐怖组织混合体控制了某一地域，合法的政治机制已经不再起作用。

某种程度的战略合作联盟。[①] 后冷战时期，这两类组织各展所长，分工协作的现象变得更加突出。从能力结构来看，双方存在许多可以相互合作的“汇合点”。恐怖组织的专长在策划和组织实施暴力袭击上，它们可以凭借更加强大、专业的暴力扰乱社会正常秩序，转移执法机构的注意力，削弱其执法能力和意志，甚至对某些地域建立事实上的控制；而有组织犯罪集团往往经营着非法的关联网络，善于通过贿赂等方式渗透政府机构和部门，擅长走私（毒品、武器等）、造假（证件、商品）、洗钱等。2004年12月的一份研究报告显示，在接受问卷调查的55个国家中，有17个国家承认曾发现两种组织之间开展合作的证据，还有9个国家发现了两种组织关联增加的证据。[②]

制售毒品显然是双方合作最为普遍的产业。在南美洲、中亚、巴尔干和北高加索等某些治理不善的动荡地带，恐怖组织往往控制着制售毒品的地域和路线，而有组织犯罪集团维持毒品制售，双方以保护换资金，各尽所能，各取所需。恐怖组织可以通过对抗政府执法机构，为贩毒集团的活动提供安全保障，并向其“征税”；而贩毒集团在提供资金的同时，也可顺利从事毒品交易。[③] 在哥伦比亚和秘鲁等国，几乎各派恐怖组织都与贩毒集团存在合

① Tamara Makarenko, “Terrorism and Transnational Organized Crime: Tracing the Crime-Terror Nexus in Southeast Asia”, Paul J. Smith (edit.), *Terrorism and Violence in Southeast Asia*, p. 170.

② Yvon Dandurand & Vivienne Chin, “Links between Terrorism and Other Forms of Crime”, *International Centre for Criminal Law Reform and Criminal Justice Policy*, Canada, Dec. 2004, pp. 10, pp. 24.

③ Frank G. Shanty (edit.), *Organized Crime: From Trafficking to Terrorism*, p. 339. 这种恐怖组织与犯罪团伙之间保护与被保护的关系可能存在于恐怖组织占统治地位的任何区域，可能涵盖任何一种可以获取巨额收益的非法产业。比如，马六甲海峡和索马里海岸的海盗行动往往都有当地的恐怖组织、军阀和叛乱组织提供庇护和支持。海盗团伙与支持者的关系，也与中亚和南美等地毒品经济中的恐罪关系基本相似。

作，并以毒品产业为其主要财源。恐怖势力及其控制范围也与毒品经济扩展存在相关性。1998 年，“哥伦比亚革命武装力量”（FARC）通过毒品经济获得的资金达到其当年收入的 48%，它付给其武装人员的报酬 3 倍于政府军士兵。2001 年，哥伦比亚警方逮捕大毒枭达·科斯塔（Luiz Fernando Da Costa），他当时正好跟一些 FARC 成员在一起。科斯塔在被捕前与 FARC 之间存在武器换毒品的合作。[①]“哥伦比亚联合自卫力量”（AUC）本身就是由大毒贩和大地主雇用的武装人员构成，并发展成为右翼恐怖组织。[②] 阿富汗塔利班也通过保护毒品经济获得巨额收益。2005 年在美国受审的阿富汗大毒枭哈吉巴兹·穆罕默德就曾为塔利班提供经济支持，以换取后者的保护。在他看来，贩卖毒品也是一种“圣战”,因为这样做能够一边卖给美国人可以杀死他们的东西，一边从他们那里拿钱。[③] 据美国智库调查，塔利班近年来从鸦片种植和走私中征收高达 40%的税，并从毒品经济中获得至少 2000 万美元，其活动资金几乎完全依赖毒品经济。[④]“乌伊运”、阿富汗毒贩和中亚犯罪集团则共同维护着从阿富汗到俄罗斯联邦和高加索之间的毒品转运线，这些组织之间存在着战略联盟。

除了这些动荡地区，恐罪之间的合作还在其他许多地区存在，但可能采取一种更加平等的供求和雇佣关系。毒品换武器是双方以供求关系开展合作的最重要领域之一。印度犯罪大亨达沃

---

① Louise I. Shelley（et al.），*Methods and Motives*：*Exploring Links between Transnational Organized Crime & International Terrorism*，p. 62.

② Mark S. Steinitz，“The Terrorism and Drug Connection in Latin America's Andean Region”，CSIS，July 2002.

③ 美联社，2007 年 10 月 5 日电。

④ Hayder Mili，“Afghanistan's Drug Trade and How it Funds Taliban Operations”，*Terrorism Monitor*，Vol. 5，Issue 9，May 10，2007.

德·易布拉欣（Dawood Ibrahim）建立的犯罪集团“D公司”，就长期与“斯里兰卡伊拉姆猛虎组织”（LTTE）存在毒品换武器的特殊关系。而后者则积极卷入中亚，与当地毒品和军火贩卖集团建立合作联盟。① 在欧洲，恐怖组织与有组织犯罪集团之间毒品换武器的交易也不时发生。2001年，埃塔（ETA）就与意大利那不勒斯的黑手党家族签订了合作协议，由黑手党向埃塔提供包括导弹和导弹发射架在内的重型武器，而埃塔则提供毒品。② 巴尔干的犯罪集团、俄罗斯军火贩子维克多·鲍特（Victor Bout）等都向许多恐怖组织非法贩卖军火。

这种供求关系还可延伸到其他许许多多的领域。“基地”组织曾与“MS-13”接触，希望该犯罪集团帮助其转送恐怖分子。③ 为获得大规模杀伤性武器（尤其是核武器或放射性材料），“基地”组织也积极向中亚地区的有组织犯罪集团寻求帮助。西欧监狱中关押的恐怖分子则在狱中与来自东欧和苏联国家的罪犯达成提供假文件的协议。专长盗版和制售假货的香港犯罪集团在南美三角地带向真主党提供大量冒牌产品，使真主党通过销售这些产品大获其利。④

在行动中相互雇佣对方的“专业”人员也不乏其例。麦德林

---

① Tamara Makarenko，“Terrorism and Transnational Organized Crime：Tracing the Crime—Terror Nexus in Southeast Asia”，Paul J. Smith（edit.），*Terrorism and Violence in Southeast Asia*，p. 179.

② Glenn E. Curtis & Tara Karacan，“The Nexus among Terrorists，Narcotics Traffickers，Weapons Proliferators，and Organized Crime Networks in Western Europe”，December. 2002，The Library of Congress，USA.

③ 参见 Frank G. Shanty（edit.），Organized Crime：From Trafficking to Terrorism，p. 126. “MS-13”是由拉美国家萨尔瓦多内战时期难民组成的拉丁语区黑社会组织，以擅长向美国组织偷渡而著称。

④ Louise I. Shelley（et al.），Methods and Motives：Exploring Links between Transnational Organized Crime & International Terrorism，pp. 47，62.

集团曾多次雇佣“M-19”、ELN、FARC 等恐怖组织制造恐怖袭击，向哥伦比亚政府施加压力。车臣匪帮头目巴哈耶夫（Arbi Barayev）曾于 1998 年受雇于“基地”组织，绑架了四名英国和新西兰电信工人，并将他们斩首。其侄子（Movsar Barayev）领导的匪帮也曾经受伊斯兰恐怖分子雇佣，与其他匪帮一起于 2002 年 10 月 26 日制造了莫斯科北东（Nord-Ost）剧院人质危机，导致 170 人死亡。① 在前一个案例中，麦德林集团显然利用了恐怖组织的制造暴力袭击的能力；而在后一事例中，伊斯兰恐怖组织利用了后者在俄罗斯的组织网络和社会渗透能力。

总体而言，除了中亚、南美等动荡地区的毒品和武器走私方面的合作，在全球绝大多数地区，恐怖组织和有组织犯罪集团之间建立合作和联盟的情况并不多见，这两者之间的联系要大大少于黑社会犯罪分子同政客之间的勾结。而且，双方合作的内容主要集中在较低的后勤和财政等层级，较少提升为较高的组织、政治和意识形态等层级。合作也通常采取短期的、工具性的便利联盟方式，而较少采取长期、深度的战略联盟。实际上，两类组织开展合作也会经常面临一些障碍：

第一，两类组织在动机和目的上存在根本差异。有些恐怖组织（如“基地”组织和一些左翼叛乱组织）注重意识形态和政治信条纯洁性，它们往往会担心因为与犯罪分子公开的关联而损害自身的政治声誉。这种担忧绝非空穴来风。古巴恐怖组织“奥米伽 7”（Omega 7）就曾因其走漏卷入贩毒的消息而导致原来的支

① 参见 Mark Galeotti，“‘Brotherhoods’ and ‘Associates’：Chechen Networks of Crime and Resistance”，Robert J. Bunker，Networks，*Terrorism and Global Insurgency*，pp. 180－181.

持者对它疏远甚至敌对。[①] 那些发达国家的老牌犯罪集团更愿意维持非法经营环境的一定的稳定性，可能不愿追随恐怖组织的“损人不利己”行为，它们担心与声名狼藉的恐怖分子的关联会引来本国政府乃至国际社会的严厉打击；新犯罪集团和第三世界国家中的犯罪集团则更加无视既存社会秩序[②]。

第二，组织背景和特性的差异。相似的族裔来源、价值观、历史文化背景往往有助于两类组织之间的合作。真主党在南美三角地区频频利用民族主义牌，这成为获得当地黎巴嫩移民中的犯罪分子支持与合作的的重要因素。一些在俄罗斯活动的车臣匪帮愿意支持车臣民族主义叛乱组织，但一旦车臣恐怖主义伊斯兰化，它们的支持就大大减弱甚至停止了[③]。

第三，双方往往缺乏信任。恐怖组织担心因与犯罪集团合作而受到渗透或叛卖；而毒品走私集团也担心“与狼共舞”会引来恐怖组织对它们暴利产业的敲诈和没收。[④]

种种障碍的存在，恐怖组织培育犯罪能力以及进入犯罪领域的难度较低，以及犯罪暴利的强大诱惑，加之合法筹资途径日益受到国际社会限制，使恐怖组织转而更加积极地直接从事有组织犯罪活动，甚至变身为有组织犯罪集团。

---

① 弗兰克·博芬柯克、贝希尔·阿布·沙克拉：“恐怖主义和有组织犯罪”，第12页。还可参见，Frank G. Shanty (edit.)，Organized Crime：From Trafficking to Terrorism，pp. 369—370.

② Louise I. Shelley (et al.)，Methods and Motives：Exploring Links between Transnational Organized Crime & International Terrorism，p. 54.

③ Ibid，p. 57.

④ Frank G. Shanty (edit.)，Organized Crime：From Trafficking to Terrorism，p. 354.

三、恐怖组织从事犯罪活动甚至变身为有组织犯罪集团

恐怖组织直接从事犯罪活动并不是新现象。恐怖组织需要筹集资金来购买武器、招募和培训、转运人员、开展宣传，甚至获得安全庇护所。由于其非法地位，恐怖组织的运作在许多方面经常需要通过有组织犯罪的方式和途径来进行。如恐怖组织资金的获得，既可来自某些政府的支持、慈善资金、经营合法产业等合法途径，也可来自贩毒、走私、贩卖人口、抢劫和敲诈、盗版、制售假货等各种犯罪活动。恐怖组织的资金转移可能通过洗钱等金融犯罪，恐怖分子的转送则可能需要伪造和篡改身份证明文件和资料，包括大规模杀伤性武器在内的涉恐装备的获得通常需要通过黑市走私。

在冷战时期，美苏双方都曾以不同方式支持各自所谓的“自由战士”，在敌对阵营中制造恐怖暴力。冷战的结束使得各种包括恐怖分子在内的叛乱武装获得国家支持的机会大为减少。[①]“9·11”事件的发生进一步使恐怖主义受到国际社会的围追堵截，通过合法途径获取资金、武器等各种物资和服务的机会大受限制，这使恐怖组织进一步依赖犯罪活动。出于工具性动机，恐怖团伙变得经常卷入各种犯罪；有的恐怖组织还以此显示自身的存在。[②] 恐怖组织的组织网络，使用暴力的专业性，以及从事秘

---

① Frank G. Shanty (edit.), Organized Crime: From Trafficking to Terrorism, pp. 342, 364.

② Yvon Dandurand、Vivienne Chin, “Links between Terrorism and Other Forms of Crime”, p. 5.

密活动过程中积累的经验和能力，都使其轻而易举地就能“胜任”某些类型的有组织犯罪，如贩毒、走私、抢劫、绑架、敲诈等。对恐怖分子而言，以犯罪手段获取资金是一种风险较小而收益不菲的途径。无论出于其恐怖活动的需要，还是恐怖分子的个人贪欲，有组织犯罪都很有吸引力。犯罪分子某些方面的经验由此深受恐怖组织的青睐，后者直接从监狱中招募成员也不乏先例。在北高加索，投入恐怖组织的罪犯就被视为有价值的“资产”。恐怖分子与罪犯在监狱中的共同经历可以产生某种相互信赖，这有助于他们投入共同的冒险事业。[①]

毒品市场规模庞大，毒品贸易收益丰厚，因此，贩毒是恐怖组织经常参与的犯罪活动，几乎很少受到不同恐怖组织的意识形态和社会政治信条的限制。在中美洲和中亚等地区，“毒品恐怖主义”泛滥成灾。在全球 30 多个国家，各种（包括恐怖组织在内）叛乱组织都卷入了毒品的生产、走私和销售。美国近期列出的恐怖组织中，也有 15 个从事贩毒[②]，约占 1/3。这种情况在拉美尤其显著，无论左翼还是右翼叛乱组织，几个主要的恐怖组织都积极参与毒品生产、走私和交易，并将毒品产业作为主要财源。在原有的贩毒集团受到打击而瓦解后，“哥伦比亚革命武装力量”和“哥伦比亚联合自卫力量”这两个哥伦比亚最大的反政府武装摇身一变，成了该国最大的贩毒集团。[③]。2000 年，“哥伦比亚革命武装力量”控制了哥伦比亚 40%的地域，并从毒品产业每年获得 5 亿美元的收入“基地”、塔利班、“乌伊运”、黎巴嫩

① Frank G. Shanty (edit.), Organized Crime: From Trafficking to Terrorism, p. 368.

② Ibid., p343.

③ 中国现代国际关系研究院反恐怖研究中心编：《国际恐怖主义与反恐斗争年鉴》，时事出版社，2004 年版，第 118 页。

真主党、克什米尔武装团体、巴勒斯坦的伊斯兰“圣战”组织、库尔德工人党、阿布沙耶夫等组织也积极卷入毒品产业。塔利班的某些团队甚至同时参与毒品生产和恐怖活动。[①] 左翼叛乱组织或有伊斯兰背景的恐怖组织通常将吸食毒品视为违反道德的行为。但是，这些组织自身往往积极支持或从事毒品生产和交易，因为，毒品的主要消费市场在西方，它们既可以通过毒品产业获得巨额资金以支持针对西方资本主义社会的“解放”运动，也可以直接通过毒品来加剧西方社会的腐化。真主党就宣称：“如果我们不能用枪杀死他们（即美国人和犹太人），我们就可以用毒品”。[②] 另外，贩毒路线也往往是毒品换武器的传输线。

除毒品产业，不同恐怖组织还从事其他多种多样的犯罪活动。菲律宾的阿布沙耶夫组织、塔利班、车臣匪帮等恐怖组织都通过绑架和勒索赎金获得资金；“基地”组织利用信用卡犯罪和制售假货筹资[③]；北爱尔兰恐怖武装组织则不时抢劫银行。近年来，塔利班就不断绑架亲美国家人质。2007 年夏，他们通过绑架 22 名韩国人质向韩国施加压力，迫使韩国答应从阿富汗撤军，停止在阿富汗传教活动，并交付 1000 万美元赎金。塔利班用这些赎金购买武器，攻击英美部队。[④]“泰米尔猛虎组织”则长期向西方贩卖毒品和人口。2000 年，斯里兰卡的刑事调查部发现了“猛虎组织”下属的一个主要走私团伙。据估计，通过该团伙贩卖到欧盟去的人口大约有 600—700 人，每贩卖一人，“猛

---

① Hayder Mili, “Afghanistan's Drug Trade and How it Funds Taliban Operations”, *Terrorism Monitor*, Vol. 5, Issue 9, May 10, 2007.

② Gregory F. Treverton (et al.), Film Piracy, Organized Crime and Terrorism, p. 18.

③ Tamara Makarenko, “The Crime—Terror Continuum: Tracing the Interplay between Transnational Organised Crime and Terrorism”, p. 135.

④ [英]《星期日电讯报》，2007 年 10 月 14 日。

虎组织”就收取 1.8 万至 3.2 万美元。[①] 近年来，盗版和制售假货等侵犯知识产权的犯罪也成了恐怖组织的重要财源，真主党、哈马斯、“基地”以及爱尔兰和车臣的恐怖组织都参与其中。[②] 据估计，北爱尔兰大约有 80%的盗版和制售假货在各派武装组织的操控之下，1/3 的雪茄和一半加油站出售的燃料来自走私，导致政府每年流失 4 亿美元收入。[③] 盗版光碟除了可以用来筹资，也可以用于宣传教育，如描述 1993 年美国在索马里惨败的电影《黑鹰坠落》就被伊拉克“基地”组织领导人扎卡维用于宣传。[④]

财富带来的长期诱惑和贪欲的力量经常大于意识形态和政治信条的吸引力。恐怖组织转变为有组织犯罪集团的可能性要远远高于后者转变成前者的可能性。这种转变既可能由于恐怖组织的恐—罪两重性逐渐发生向后者的倾斜而发生渐进性蜕变（如菲律宾的阿布沙耶夫组织），也可能因为内外环境变化而发生突变。后一种突变模式主要来自两个方面的原因：

第一，恐怖组织中关键政治领导人死亡或入狱。这将导致组织政治信念和纪律的弱化，群龙无首、迷失方向的恐怖组织有时会沦为有组织犯罪集团。20 世纪 90 年代中期，“哥伦比亚革命武装力量”在其意识形态领导人雅各布·阿伦纳斯（Jacobo Arenas）死后，该组织就深深卷入了贩毒、绑架人质等犯罪活动，

---

① Tamara Makarenko，“Terrorism and Transnational Organized Crime：Tracing the Crime-Terror Nexus in Southeast Asia”，Paul J. Smith（edit.），*Terrorism and Violence in Southeast Asia*，p. 180.

② 肖宪、刘军：“恐怖资金来源问题研究”，《现代国际关系》，2008 年第 11 期，第 14—15 页。

③ Gregory F. Treverton（et al.），Film Piracy，Organized Crime and Terrorism，pp. 86－87.

④ Ibid.，p. 18.

其在毒品产业中的角色从保护者进一步升格为农场主和毒品卡特尔之间交易的中介。[①]“乌伊运”领导人朱马·纳曼加尼于2001年被美军击毙后，该组织成员开始四处绑架，勒索赎金。[②]

第二，恐怖组织被击溃，或者恐怖组织所关注的政治问题已经得到解决，使恐怖组织失去了其存在的政治理由和基础。这种情况未必导致原来的武装组织就此解散。这些组织的一些成员已经形成了自己的生存方式，他们热衷于暴力活动，唯一重要的技能就是战斗。因此，即使政治冲突平息，这些人为了谋生或者满足对财富的贪欲，也很容易走上犯罪道路。这种情况在北爱尔兰、车臣、哥伦比亚等地经常出现，当今的伊拉克和斯里兰卡则成为潜在的有组织犯罪高发区。1998年“贝尔法斯特协议”的签订使得绝大多数政治暴力结束，但北爱尔兰各派武装组织继续存在，并将其主要活动转向有组织犯罪，变身为有组织犯罪集团。对于许多以前的恐怖组织而言，通过继续控制社区以赚钱已经成了目的。这些武装团伙从事抢劫、敲诈、走私和制售假货等活动，已经成为北爱尔兰地区实现法治的长期最大威胁。“临时爱尔兰共和军”（PIRA）的领导人曾劝说手下成员远离犯罪，但犯罪活动的低风险、高收益使该组织成员欲罢不能。[③]

蜕变为有组织犯罪集团的武装组织往往继续打着原有的政治旗号，继续宣扬其意识形态。但是，它们的主要驱动力不再是政

---

① Tamara Makarenko，“The Crime-Terror Continuum：Tracing the Interplay between Transnational Organised Crime and Terrorism”，p. 137.

② 弗兰克·博芬柯克、贝希尔·阿布·沙克拉：《恐怖主义和有组织犯罪》，第10页。

③ Gregory F. Treverton（et al.），Film Piracy，Organized Crime and Terrorism，pp. 82—89.

治和信仰，而是通过犯罪获得非法利益。其保留政治伪装的动机主要有三种：转移政府和执法部门对其犯罪行为的注意力；在相互竞争的犯罪团体中间确立自己的地位；以及继续操纵原有的恐怖支持网络。①

① Tamara Makarenko, “Terrorism and Transnational Organized Crime: Tracing the Crime-Terror Nexus in Southeast Asia”, Paul J. Smith (edit.), *Terrorism and Violence in Southeast Asia*, pp. 177—178.

国际政治的安全困境

——伯罗奔尼撒战争的启示

姚勤华*

内容提要：古希腊历史学家修昔底德[Thucydides，公元前460年或455—400年或395年]用纪实的方式写了一本《伯罗奔尼撒战争史》，详细描绘了古希腊半岛发生的战争。2500年过去了，当代美国国际关系学者小约瑟夫·奈认为《伯罗奔尼撒战争史》通过记载战争的一个个事件，透视了城邦国家为争夺权力所形成的错综复杂的政治关系，是古代国际关系的一个缩影。在小约瑟夫·奈看来，《伯罗奔尼撒战争史》不仅是一本历史书，更是一本蕴含国际政治理论的历史书籍，难怪小约瑟夫·奈称修昔底德是国际关系学"现实主义之父"①。

* 姚勤华，上海社科院欧亚研究所研究员。

① [美]小约瑟夫·奈：《理解国际冲突：理论与历史》，上海人民出版社，2002年版，第17页。

一

伯罗奔尼撒战争（Peloponnesian War，公元前431年—前404年），是希腊半岛的争霸战争或者说统一战争，类似于古代中国秦始皇的中原战争，秦国的胜利统一了中国。公元前5世纪，在希腊半岛，最有权势的两个城邦国家是雅典和斯巴达。希波战争确定了雅典的海上霸权，形成了以雅典为首的海上同盟，同盟的金库和会址在提洛岛，史称提洛同盟。在抗击波斯人入侵的年代，有200个城邦加入了同盟，到波斯战败后的公元前425年，同盟的成员扩大到300多个。雅典的强势迫使各邦接受雅典的法律、货币、度量，向雅典纳贡，听命于雅典出兵扩张。而在伯罗奔尼撒岛，结成了以斯巴达为首的伯罗奔尼撒同盟。希腊半岛形成了以雅典和斯巴达为首的两个霸权同盟，类似于美苏两极时期的北约和华约。雅典与斯巴达的关系由同一民族抗击波斯入侵的同盟关系演变成民族内部争霸的竞争关系，就像美苏为抗击法西斯联合起来，战后为争夺霸权而对峙。“斯巴达是一个保守的、面向陆地的国家，它在战胜波斯之后，变成一个内向型的国家”。“而雅典则是个商业的、面向海洋的、外向型的国家”。[①]

伯罗奔尼撒战火是由小城邦引燃的，就像第一次世界大战是由塞尔维亚引爆一样。按照小约瑟夫·奈的分析，“大规模冲突常常是由一些发生在边缘地区的那些规模较小和不太重要的危机

① ［美］小约瑟夫·奈：《理解国际冲突：理论与历史》，上海人民出版社，2002年版，第19页。

导致的”。[①] 伯罗奔尼撒战争的起因是小城邦埃皮达姆努斯关于国家治理方式的争论，是采取民主政治，还是寡头政治。民主派向科西拉求助，但被拒绝，随即转向科林斯求助，得到帮助，但引起科西拉的不满，便出兵占领了埃皮达姆努斯，这激怒了科林斯，随后向科西拉宣战。科西拉实力弱于科林斯，便向雅典求助。由于雅典是盟主，科林斯也向雅典派使臣，说服雅典站到自己那一边。雅典此时考虑的不是科林斯和科西拉谁公谁不公的问题，而是希腊半岛海上力量对比引发的希腊半岛谁主沉浮的问题。雅典、科林斯、科西拉是当时的 3 个海上强国，如果科林斯胜科西拉，将危及雅典的海上霸权，如果雅典支持科西拉，科西拉倒向雅典，将不仅增强雅典的海上力量，而且增加抗衡斯巴达的霸权力量，在增加霸权力量还是维持霸权力量的选择上，雅典选择了前者。对此雅典不惜冒着与前盟友斯巴达发生战争的危险，卷入了科林斯与科西拉的冲突。面对科林斯和科西拉之间的战争，斯巴达认为这不是雅典同盟内部的事情，而是雅典力量的增加将危及希腊半岛两个霸权同盟的力量平衡，“如果不对雅典的力量加以制约，雅典就可能控制整个希腊”。[②] 因此对斯巴达而言，坐视雅典力量的坐大，无异于坐以待毙。公元前 431 年，希腊半岛两个霸主之间的战争不可避免地发生了。

二

那么战争是否是政治见解的不同引发的呢？希腊半岛存在两

① ［美］小约瑟夫·奈：《理解国际冲突：理论与历史》，上海人民出版社，2002 年版，第 20 页。

② 同上书，第 21 页。

个显著不同的政治制度，以雅典为代表的民主政体和以斯巴达为代表的专制政体，民主和专制较量导致战争？修昔底德认为不是，是城邦国家之间彼此力量增长不平衡引发了战争，用现在的话说是国家力量的增长导致所谓的国际安全困境。2003年美国攻打伊拉克，难道美国遭到伊拉克进攻了？不是！是因为伊拉克试图发展大规模杀伤性武器（是否是事实是另外一回事），增加国防力量，而这种力量的增强，对美国而言是不健康的，即大规模杀伤性武器掌握在独裁者手里（非民主国家），是对世界和平的威胁。

那么一个国家增强自己的实力，为什么会引起反作用，招致别国的反对？这就是安全困境问题。一个国家增强自己的实力，尤其是军事力量，似乎是国之常情，因为它要生存，它要保护自己，它要遏制别国不敢侵略它。但是，一个国家强大了，自身的安全程度提高了，其他国家并不认为是件好事，它会感到不安全，会担心受到强国的凌辱或侵略，尤其是强国的邻国。所以当一方强大后，另一方也会增加自己的实力，提高自身的安全程度，以防备对方。结果，“每一方增强自己的实力和确保自身安全的独立行为，都会使得双方更不安全”。① 从常理上说，发展经济，提高综合国力，是任何一个主权国家应尽的职责，是主权国家分内的事，因为没有一个国家愿意看到自己落后被挨打。但是增加安全程度的实际后果并不能带来实际的安全，比如两极时期的美国与苏联，双方都有大量的核武器，都有足够保护自己安全的核力量，但双方的核力量都可以致对方于死地，而且死一百次都不止，因此双方都是对方的人质，都没有摧毁对方核力量的

① ［美］小约瑟夫·奈：《理解国际冲突：理论与历史》，上海人民出版社，2002年版，第23页。

核力量。这种核力量是没有安全的核力量，这种安全是没有最终安全的安全。这就是安全困境。

安全困境怎么造成的？现实主义国际关系理论认为，是无政府状态的缘故，因为国与国之间，没有统一的制度，没有一个世界政府，没有一个可以命令一方停止发展不正当权益的世界性的权威机构。

三

安全困境引出的第一个问题是信任。

即为什么双方不能坐下来谈一谈，即达成共识，将各自的力量发展到不威胁对方生存的安全限度，以便双方都有安全感呢！因为双方都不相信对方，彼此没有信任感。“在国际政治中，由于缺少沟通和信任，每个国家都可能只努力维护自己的安全，这样做的结果可能导致所有的国家更不安全。”① 如果一个国家对另一个国家说，我不武装自己，你也别武装自己，我们双方都不武装，这样对大家都有好处。但是，另一个国家会怀疑他说的不是真心话，是想让自己放弃武装的一种圈套，因此不会相信这话的真实性。2500 年前的伯罗奔尼撒战争便是如此。

雅典和斯巴达都知道战争对大家都没有好处，所以在希波战争后（公元前 5 世纪），雅典和斯巴达有过协议——不交战。因埃皮达姆努斯问题挑起科西拉和科林斯争端后，根据修昔底德的描述，科西拉人这样说服雅典人，“在希腊有 3 个海上强

① ［美］小约瑟夫·奈：《理解国际冲突：理论与历史》，上海人民出版社，2002 年版，第 25 页。

国，它们是雅典、科西拉和科林斯。如果科林斯首先控制了我们，而且你们允许我们的海军同科林斯的海军合并，那么你们就不得不同科西拉与伯罗奔尼撒人的联合舰队作战。但是，假如你们同意与科西拉结盟，那么我们双方的舰队就可以联合作战”。①

摆在雅典面前有两条路：要么接受科西拉的“邀请”，参战；要么拒绝科西拉的说服，继续与斯巴达和平相处。但问题是，斯巴达怎么想？这是囚徒的安全困境（被隔离的两个罪犯互相不知道对方在被捕后是招供、攻守同盟、还是揭发对方以减轻自己的罪责，但目的心照不宣，达到最轻的惩罚）。如果雅典保持中立，不帮助科西拉，虽然遵守了与斯巴达的君子协议，但斯巴达可能背信弃义，接受科林斯的邀请，占领科西拉，那么海上力量对比是 2∶1，雅典处于劣势。未来可能的后果是科西拉与斯巴达结盟攻打雅典。如果现在就接受科西拉的“邀请”，与科西拉结盟，至少在力量对比上处于优势，因此当时大多数雅典人都不相信斯巴达人，认为与斯巴达人的战争不可避免，即不能眼看着科西拉落入斯巴达人的手里而使自己处于劣势。

“在相互间缺少沟通的情况下，双方很难进行合作。”② 能否相互沟通是解决信任问题的前提。

安全困境引出的第二个问题是博弈。

小约瑟夫·奈认为，一次性博弈，人们很难合作，相信别人的一方会受害，欺骗别人的一方会受益；在多次博弈后，人们学

① ［美］小约瑟夫·奈：《理解国际冲突：理论与历史》，上海人民出版社，2002年版，第 25 页。

② 同上。

会了合作。雅典在科林斯和科西拉的角逐中从一开始就认识到这会威胁到与斯巴达的平衡，在避免与斯巴达交战作为干预的前提，还是与斯巴达交战作为干预的最后的结果两者间，雅典做好了最坏的准备——与斯巴达交战。雅典人从心底里怀疑斯巴达人会欺骗自己，所以先下手为强，先与科西拉人合作，建立海上联盟，共同对付科林斯人和斯巴达人。同样，斯巴达认为雅典的干预不在于是否摆平同盟内部的纷争，而是剑指希腊半岛的控制权，斯巴达的感受是生存受到威胁的恐惧，宁战死、不屈生成为斯巴达的选择。双方都不相信对方会对自己“心慈手软”，相信战争是解决问题的唯一方法，因而都是单数博弈，而不是复数博弈。

罗伯特·阿克塞尔罗德（Robert Axelrod）在研究了多次博弈后，认为囚徒困境最好的博弈是“一报还一报”（tit for tat）。如果你首先欺骗我，那么我也欺骗你；如果你继续欺骗我，我也再欺骗你。如果你与我合作，我也与你合作；如果你再次与我合作，我也继续与你合作。如果你怀疑对手会欺骗你自己，最好你不同对方合作，也采取欺骗的手段对付对方。

“一报还一报”的策略是欺骗对欺骗，合作对合作，这样就能最大限度地保护自己。这是博弈的最佳策略，也是迫不得已而为之。

那么战争是否真的不可避免？安全困境引出的第三个问题是道义：国际政治有没有道义？

科西拉受到了生存威胁，雅典出兵帮助使它免遭亡国，那么雅典出兵是出于道义，还是出于自身的安全利益？修昔底德在两千多年前就论证了道义的作用。科西拉在向雅典求援的时候，使用了道德语言。“首先，你们不应该帮助侵略者，而应该帮助人民，他们是侵略的受害者。第二，我们将永远感激你们。”[1] 对雅典来说，不帮助科西拉已是个道德问题。但是雅典出兵对科林斯道德吗？在1999年科索沃战争问题上，似乎也是如此。美国轰炸南斯拉夫的理由是科索沃的阿尔巴尼亚人遭到了种族灭绝（美国还追捕前南斯拉夫罪犯，名曰审判战争贩子、危害人类罪等）。所以战争的一个很好的借口是维持正义和道义，而且往往道义被作为发动战争的幌子，掩盖见不得人的动机。你能说美国发动伊拉克战争，没有一点私利，纯粹是为了国际安全——禁止大规模杀伤性武器蔓延？现在美国至今没有找到大规模杀伤性武器，那又怎么看待美国在伊拉克的武力行为，是否可以认为美国没有发现大规模杀伤性武器，美国出兵伊拉克就不合法了呢？找到大规模杀伤性武器就合法了呢？这样看来，对道义本身就有争议。道义的内涵是什么？起点是什么？谁来判断道义的公正性？

小约瑟夫·奈认为西方政治文化对道义的执行有两个传统：一个是18世纪德国哲学家伊曼努尔·康德的完美道德；另一个是英国实用主义者吉里米·边沁的实用道德。在科索沃的问题上国际舆论体现了这两种传统，你可以支持康德的观点，不干预、不轰炸，不杀一个人，不做恶事，但美国人认为，那样的话，放任塞尔维亚人的种族清洗，会使阿尔巴尼亚族人死得更多。你也可以采取边沁的做法，轰炸塞尔维亚人的军事要地，杀塞尔维亚军人，按美国人的说法，阻止塞尔维亚人的种族清洗，拯救科索沃阿尔巴尼亚族人，甚至更多人的生命。不杀一个人，对你个人而言是一个高尚的人——从不施恶行，但因为你的言行为了维持你个人的道德名声，却眼睁着更多的人死掉，这道德吗？反过

① ［美］小约瑟夫·奈：《理解国际冲突：理论与历史》，上海人民出版社，2002年版，第30页。

来，是杀了人，但拯救了多数人，有更多的人的生命得以保持下来，这难道不道德吗？对杀人者也可不杀，以德制暴，还是以为了拯救更多无辜者的性命为由杀人，以暴制暴？小约瑟夫·奈认为判断战争是否道德，不仅要看动机和意图，还要看手段和后果。但困难的是，国际关系中（很难）如何把握这三者的关系？

因为，首先不同的文化背景对道德有不同的认识，如果人类存在某种普世价值观，首先是从自身的文化或宗教去解释。亨廷顿的文明冲突论尽管争议颇大，但至少表明文化对分析国际关系具有重要意义。其次，即便对道德有共同的认识，行使的方式不尽相同。美国打着联合国的旗号，以国家的身份使用最先进的精确制导武器打击侵略科威特的萨达姆军队，巴勒斯坦人以人体炸弹或暗杀的方式反抗以色列定居点的扩张却没有联合国的授权，同样是暴力，一个以联合国的名义维护正义和秩序，一个境遇尽管得到世人同情，却非常规地使用暴力，并伤及无辜，正义也就无从谈起，结果也不尽相同。再者，战争通常是由国家发动的，国家与人不同，国家是抽象的东西，难以用衡量人的道德标准衡量国家的道德。总统作为个人可以不杀人，但作为国家的领导，不杀侵略者，不保护老百姓，就没有一个公民会选举他。阿富汗战争，美国公民支持布什，为什么？由此看来，动机是好的，手段不当，结果也难好；动机不正，手段再好，也会遭到世人唾弃；动机好的，手段恰当，但后果未必理想。动机、手段和后果这三者互相交织在一起，很难有一致的认识，国际关系的复杂性也在于此。

提高开放型经济水平的若干思考

赵蓓文*

内容提要：“以人为本，全面、协调、可持续”科学发展观的形成，源于中国特色对外开放模式的不断探索，继而又从更高、更宽广的视野指引了中国特色对外开放的实践。贯彻落实科学发展观，必须进一步实施沿海与内地分步对外开放的梯度战略，加强外资、外贸、外经与金融市场之间的协调互动，并以科技创新驱动中国开放型经济转型升级，达到提高开放型经济水平、推动经济可持续发展的目的。

1979 年以来，中国从改革起步，坚定不移地扩大对外开放，从建立经济特区到开放沿海、沿江、沿边、内陆地区再到加入世界贸易组织，从大规模“引进来”到大踏步“走出去”，中国利用两个市场，两种资源，对外开放水平不断提高。然而，由于国

* 赵蓓文，上海社会科学院世界经济研究所研究员。

内体制和战略的原因，随着市场的全面开放，中国也产生了一些发展中的问题。2003年，在抗击“非典”的过程中，以胡锦涛同志为总书记的党中央提出了“以人为本，全面、协调、可持续”的科学发展观。科学发展观的提出，从更高、更宽广的视野指引了中国特色对外开放的实践。

一、科学发展：对外开放道路上的不断探索

十一届三中全会以后，党中央的指导思想发生了重大转变，从原先的排斥外资转变为利用外资，作出了改革开放的历史抉择。1979年7月，党中央决定在深圳、珠海、汕头和厦门试办特区。1980年5月，中共中央、国务院批转《广东、福建两省会议纪要》，正式将“特区”定名为“经济特区”，从而建立了对外开放的第一批窗口。在确定“经济特区”的同时，邓小平同志还建立了中国对外开放的第一个理论，即“窗口论”。他指出：“特区是个窗口，是技术的窗口，管理的窗口，知识的窗口，也是对外政策的窗口。”[①] 从而为中国开放经济理论的发展奠定了基础。在党中央的英明决策下，中国逐步开放了沿海城市，实现了对外开放从点（经济特区）到线（沿海经济开放带）的目标转变。

1992年，邓小平同志在视察武昌、深圳、珠海、上海等地的过程中，进一步强调，“能发展就不要阻挡，有条件的地方要尽可能搞快点，只要是讲效益，讲质量，搞外向型经济，就没有

① 邓小平：“办好经济特区，增加对外开放城市”，1984年2月24日，《邓小平文选》第三卷，人民出版社，1993年10月第1版，第51页。

什么可以担心的”，“经济发展得快一点，必须依靠科技和教育。……高科技领域的一个突破，带动一批产业的发展。……要提倡科学，靠科学才有希望”[①]，提出了对外开放不仅要讲速度，还需要讲效益，讲质量，经济发展必须依靠科技和教育的推动作用等科学发展的观点。

1992年邓小平同志南巡讲话以后，地区优惠政策逐渐向内地延伸，先后开放了边境对外开放城市和长江沿岸城市。1999年，以江泽民同志为总书记的党中央和国务院作出了《关于实施西部大开发若干政策措施的通知》的重大决定，给予中西部地区对外开放诸多优惠，实现了点（经济特区）、线（沿海经济开放带）、面（边境内陆城市和中西部地区）的全方位对外开放。2001年末“入世”以后，中国对外开放的领域逐步从制造业扩大到服务业，实现了江泽民同志代表党中央提出的全方位、多层次、宽领域对外开放的战略目标。

2003年，“非典”之后我国服务业受到冲击，外资、外贸增幅下降的现象使党中央进一步认识到经济社会全面发展的重要性。7月28日，胡锦涛同志提出了一个促进经济社会协调发展的新思想，为科学发展观的提出作了铺垫。在十六届三中全会中，以胡锦涛同志为总书记的党中央进一步指出，“树立和落实全面发展、协调发展和可持续发展的科学发展观，对于我们更好地坚持发展才是硬道理的战略思想具有重大意义”。[②]胡锦涛同

---

① 邓小平：“在武昌、深圳、珠海、上海等地的谈话要点”，1992年1月18日—2月21日，《邓小平文选》第3卷，第375、377—378页，转引自《毛泽东邓小平江泽民论科学发展》，中央文献出版社、党建读物出版社，2008年8月版，第58—60页。

② 胡锦涛：“树立和落实科学发展观”，2003年10月14日，《十六大以来重要文献选编》（上），第483页，转引自《科学发展观重要论述摘编》，中央文献出版社、党建读物出版社，2008年8月版，第1页。

志的这篇讲话以及十六届三中全会通过的《中共中央关于完善社会主义市场经济体制若干问题的决定》，标志着科学发展观的正式确立。

2007年10月15日，胡锦涛同志在十七大讲话中对于科学发展观进行了精辟概括和总结，“科学发展观，第一要义是发展，核心是以人为本，基本要求是全面协调可持续，根本方法是统筹兼顾”。[①] 2010年10月18日，在党的十七届五中全会上，胡锦涛同志进一步指出，“在当代中国，坚持发展是硬道理的本质要求就是坚持科学发展。这就要求我们牢牢坚持发展是硬道理的战略思想，全面准确领会科学发展观的科学内涵、精神实质、根本要求，努力在经济社会发展各个方面加以落实”[②]。科学发展观的提出，从更高的层次要求我们以与时俱进的科学态度来进一步实施对外开放。科学发展观的不断丰富和完善，充分表明了中国在改革开放实践中所进行的中国特色对外开放模式的不断探索。

二、梯度开发：以人为本在中国特色对外开放模式中的体现

早在1978年，邓小平同志就提出“在经济政策上，我认为

① 胡锦涛：“高举中国特色社会主义伟大旗帜，为夺取全面建设小康社会新胜利而奋斗”，2007年10月15日，《中国共产党第十七次全国代表大会文件汇编》，第14页，转引自《科学发展观重要论述摘编》，中央文献出版社、党建读物出版社，2008年8月版，第6页。

② 胡锦涛：“深入贯彻落实党的十七届五中全会精神，不断开创中国特色社会主义事业新局面”，2010年10月18日。

要允许一部分地区、一部分企业、一部分工人农民，由于辛勤努力成绩大而收入先多一些，生活先好起来。……这样，就会使整个国民经济不断地波浪式地向前发展，使全国各族人民都能比较快地富裕起来”①。1988年，邓小平同志在中国对外开放取得初步成果的基础上，进一步提出“沿海地区要加快对外开放，使这个拥有两亿人口的广大地带较快地先发展起来，从而带动内地更好地发展，这是一个事关大局的问题”②，率先提出了沿海与内地分步对外开放的战略思想。

1992年初，邓小平同志在著名的南巡讲话中强调，“共同富裕的构想是这样提出的：一部分地区有条件先发展起来，一部分地区发展慢点，先发展起来的地区带动后发展的地区，最终达到共同富裕。如果富的愈来愈富，穷的愈来愈穷，两极分化就会产生，而社会主义制度就应该而且能够避免两极分化。……总之，就全国范围来说，我们一定能够逐步顺利解决沿海同内地贫富差距的问题”。③ 南巡讲话的发表，为中国特色分步型对外开放模式的最终形成奠定了基石。

1992年10月，在邓小平同志发表南巡讲话后不久，江泽民同志也指出，“对外开放的地域要扩大，形成多层次、多渠道、

---

① 邓小平：“解放思想，实事求是，团结一致向前看”，1978年12月13日，《邓小平文选》第2卷，第152页，转引自《毛泽东邓小平江泽民论科学发展》，中央文献出版社、党建读物出版社，2008年8月版，第26页。

② 邓小平：“中央要有权威”，1988年9月12日，《邓小平文选》第三卷，人民出版社，1993年10月版，第277—278页。

③ 邓小平：“在武昌、深圳、珠海、上海等地的谈话要点”，1992年1月18日—2月21日，《邓小平文选》第3卷，第373—374页，转引自《毛泽东邓小平江泽民论科学发展》，中央文献出版社、党建读物出版社，2008年8月版，第58页。

全方位开放的格局”。[①] 1999年，他再次强调，“实施西部大开发，是一项振兴中华的宏伟战略任务。……没有西部地区的稳定就没有全国的稳定，没有西部地区的小康就没有全国的小康，没有西部地区的现代化就不能说实现了全国的现代化”[②]，着重指出了西部开发在达到共同富裕中的重要性。

2005年，党的十六届五中全会提出：“对外开放是我国的基本国策，在国内市场和国际市场联系日益紧密的情况下，我们要有宽广的世界眼光，着力提高对外开放水平，加快转变对外贸易增长方式，继续积极有效利用外资，支持有条件的企业‘走出去’，实施互利共赢的开放战略。”[③] “互利共赢开放战略”的提出，进一步深化了邓小平同志沿海与内地分步对外开放的战略思想。

2010年，以胡锦涛同志为总书记的中国共产党第十七届中央委员会第五次全体会议通过了中共中央关于制定“十二五”规划的建议，提出“实施区域发展总体战略。坚持把深入实施西部大开发战略放在区域发展总体战略优先位置，给予特殊政策支持，……全面振兴东北地区等老工业基地，……大力促进中部地区崛起，发挥承东启西的区位优势，……积极支持东部地区率先发展，发挥对全国经济发展的支撑作用，在更高层次参与国际经济合作和竞争，在转变经济发展方式、调整经济结构和自主创新

---

① 江泽民：“加快改革开放和现代化建设步伐，夺取有中国特色社会主义事业的更大胜利”，1992年10月12日，《江泽民文选》第1卷，第230页，转引自《毛泽东邓小平江泽民论科学发展》，中央文献出版社、党建读物出版社，2008年8月版，第66—67页。

② 江泽民：“不失时机地实施西部大开发战略”，1999年6月17日，《江泽民文选》第2卷，第344页，转引自《毛泽东邓小平江泽民论科学发展》，中央文献出版社、党建读物出版社，2008年8月版，第97页。

③ 《中国共产党十六届五中全会公报》，2005年10月11日。

中走在全国前列”。[①]

由此可见，在坚持对外开放的同时，中国必须在科学发展观的指导下，正确选择适合本国国情的对外开放模式，即具有中国特色的分步型对外开放模式。作为中国特色分步型对外开放模式的一个重要环节，梯度开发战略既解决了农村富余劳动力的问题，又解决了城市化进程中东部地区对于劳动力的巨大需求的问题，并能够通过携带技术要素和资本要素的劳动力回流来实现东部沿海地区与中西部地区和东北老工业基地的优势互补、发展互动，进而带动中国整体产业结构的升级。同时，这一战略也恰恰是能够让一部分人先富起来，进而带动大部分地区，最终实现共同富裕的正确选择，能够体现广大人民群众的根本利益，是“以人为本”科学发展观思想的重要体现。

三、协调互动：构建开放型经济体系的总体战略

1979 年以来，中国的对外开放和市场化改革在相互促进、共同发展的过程中取得了丰硕的成果。与俄罗斯和中东欧国家相比，中国的经济转型之所以能够取得阶段性成功，原因就在于对外开放为中国的经济体制改革带来了动力，促进了劳动力、资本和金融要素的国际流动及其在中国的大量集聚。科学发展观所提出的正确处理增长的数量和质量、速度和效益的关系以及重视人与自然和谐相处、经济、政治、文化协调发展等理念，为我们不断提高对外开放的水平、打开通向经济增长的大门提供了保障。

① 中共中央：“中共中央关于制定国民经济和社会发展第十二个五年规划的建议”，2010 年 10 月 18 日。

科学发展观的提出，为中国加快发展开放型经济提供了理论依据和方针指导。贯彻落实科学发展观，需要我们理论联系实际，不断调整我们的战略目标，以适应国内外形势的变化。在这一过程中，邓小平同志、江泽民同志和胡锦涛同志在深入分析世界各国和地区尤其是发展中国家对外开放实际情况的基础上，结合中国的国情提出了从“经济特区”、“‘引进来’与‘走出去’”相结合到“互利共赢”等一系列具有中国特色并与中国各阶段发展情况相符合的对外开放理论，为中国构建科学发展观指导下的开放型经济体系奠定了理论基础。

贯彻落实科学发展观，还要求我们处理好对内开放与对外开放的关系，加快转变对外贸易增长方式，积极有效利用外资，加快“走出去”的步伐。贯彻落实科学发展观，还要求我们妥善应对“入世”过渡期结束以后服务业扩大开放问题，加快金融市场基础性制度建设，增强银行、证券、保险等行业的国际竞争力和抗风险能力，维护国家经济安全。正是在这个意义上，我们提出构建开放型经济体系的总体战略，即加强外资、外贸、外经与金融市场创新之间的协调互动。主要内容包括以下几个方面：

首先，中国要将利用外资与保持外贸增长结合起来考虑。扩大现代服务业吸收外资，促进国际服务外包和生产性服务业发展。以联动促引资，尽快实现贸易增长方式的转变和吸收外资方式、方法的创新。同时，大力引进产业关联度高、技术含量高、附加值高、符合可持续发展要求的项目，形成较为完善的产业集群，提高外资技术溢出效应。

其次，加快贸易增长方式的转变，推动加工贸易从生产向研发、营销环节延伸。聚焦服务贸易重点领域，大力推动贸易结构的优化。加强进口管理，逐步实施从出口导向向进出口平衡、内外需均衡拉动的转化；重视民营企业，以形成新的比较优势和出口增长点。充分发挥天津滨海新区、上海浦东新区的作用，促进各地区保税区——保税港区联动效应的形成，更好地为中国的对外贸易服务。

第三，引导有条件、有实力的国有大企业集团开展海外企业的多元化投资、经营者（自然人）持股、承包经营、期权、期股、薪酬属地化等改革试点。通过鼓励跨国并购和设立境外研发机构等方式，提升“走出去”的层次和水平。利用和引进境外技术、管理经验和智力资源，提高开发具有自主知识产权的新技术、新产品的能力，逐步培育国际品牌，提升中国企业的创新能力和国际竞争力。

最后，抓住人民币国际化机遇，创设人民币证券、期货、信托投资新产品，打造开放的金融服务支持体系。吸引一批著名的外资货代企业和航运服务企业，促进国际中转物流发展，拓展航运服务链，推进内外贸一体化发展。通过提高金融市场的发展水平和开放程度，为国内并购市场的发展提供良好的金融市场基础，加强外资、外贸、外经与金融市场之间的开放互动。

四、科技创新：推动经济可持续发展的根本动力

美国次贷危机爆发以后，中国面临的国际国内环境都发生了很大变化：第一，危机后世界经济增长放缓，新贸易保护主义抬头使中国传统低端出口贸易发展的空间缩小；跨国公司投资战略转变使得中国前30年依靠外资拉动的增长模式必须改变。第二，美国两轮量化宽松政策助推“热钱”流入中国；多哈回合步履维

艰，发达经济体乘机提出“碳关税”[1]，使包括中国在内的广大新兴经济体面临一定压力。第三，日本地震对全球产业链供给造成巨大影响。特别是电子产业，由于日本掌握了该产业最上游的产品和核心技术，东芝等芯片巨头部分工厂的停工，已经催涨了全球芯片的价格。在这一背景下，我们比以往任何时候都更加需要科学发展观理论来指引我们对外开放的实践。

在这次金融危机中，中国目前投资—出口导向模式的弊端暴露无疑：第一，传统的投资贸易增长方式受到冲击。金融危机爆发以后，世界经济疲软导致外部市场需求减弱，对中国特别是作为沿海开放地带的对外贸易产生了重大影响。在华跨国公司进行利润再投资和资本扩张的计划被取消或搁置。第二，非创新拉动的要素结构遭遇发展瓶颈。目前，中国经济增长主要依靠资源、劳动力等非创新要素的投入，信息技术资本等创新要素的投入总量虽然不少，但因为单位投入偏低，导致生产率与欧美国家的进一步偏离，经济增长具有不可持续性。第三，中国在低碳经济发展中面临双重压力。一方面是危机后中国产业升级的内在需求，另一方面是在发达国家占据主导地位的新一轮产业革命和低碳经济形势下，中国可能面临“被低碳”命运的无奈。因此，中国必须实施引进吸收消化再创新的全面战略，充分利用这一次金融危机中发达国家经济受到重创的机遇，加强科技创新，发展低碳经济，实现经济增长方式的转型，推动经济的可持续发展。

首先，实施继续引进与自主创新的并举。战略性新兴产业如节能环保、新一代信息技术、生物、高端装备制造、新能源、新材料和新能源汽车等，对于推进产业结构升级和经济增长方式转变具有重要作用，应争取在引进外资问题上取得突破。目前，中

---

① 所谓“碳关税”，是指对高耗能的产品进口征收特别的二氧化碳排放关税。

国在处于国际高端的战略性新兴产业上，尚缺乏如法、英、德、西政府联手对空中客车研发新飞机进行政府补贴、欧洲和加州政府对汽车尾气排放进行立法等大手笔。应通过创业板以及国外的PE（Private Equity）和VC（Venture Capital）模式，解决战略性新兴产业前期投入大、研发经费不足等问题，鼓励企业实施自主创新。

其次，提高信息技术推动科技创新的有效性。信息技术可以为科技创新提供四种引擎：方法、实验、共享和复制，因为它减少了这四个方面的成本。美国200年的历史显示，信息技术投入不仅在宏观层面能够促进经济增长，而且对企业实施科技创新也有所帮助。因此，政府应致力于通过以下两种途径促进经济的可持续发展：一是加大信息技术资本的单位投入，提高信息技术生产行业的全要素生产率以及使用信息技术的相关产业的劳动生产率；二是增强信息技术在科技创新过程中所进行的信息撮合、信息传递以及信息共享的有效性。

第三，实施科技创新必须采取渐进战略。自主创新不可能脱离原有基础，只有渐进开发与已有技术相关的新技术，才有可能逐步获得新的技术能力和比较优势，获得产品开发的成功。芬兰从开发森林资源，发展造纸业，一直到生产切纸机械、自动机械和电子产品，其科技创新的过程都遵循了这一原则。在这一过程中，中国必须通过在继续引进过程中的二次创新、集成创新，与自主创新战略相结合，才能够达到以科技创新驱动中国开放型经济转型升级的最终目的。

第四，进一步开放专业服务业市场，通过专业性公司加强国外技术在国内的适应性。以新能源产业为例，与韩国相比，中国在新能源领域的市场发展空间更大；因为韩国的技术能力已经远远超出其国内市场的需要，而中国还方兴未艾。但是，由于国内企业的组织结构和运作模式与外国公司完全不同，中国企业无论是在与跨国公司的合作中，还是在对外贸易中都是摩擦不断。可以考虑引进国际律师事务所等专业性机构来代理相关业务，加强国内企业与跨国公司的技术合作。

专题探讨

金融危机以来跨国公司在华投资布局变动及其影响因素

于蕾[*]

内容提要：世界金融危机的爆发和全球经济的衰退，直接影响到跨国公司的全球布局。本文通过分析跨国公司2010年在中国的发展态势和数据指标发现：从总体上看在华跨国公司已经逆转金融危机中撤资的趋势，从区域分布上看跨国公司有在中国国内不同地区撤离和重新布局的新特征。引起这种变化的原因与金融危机影响国际投资周期、各国提高限制投资措施比例、国内经济正在处于经济结构转型与周期性调整“双因素叠加”时期、金融危机以来中央外资政策向中西部地区倾斜等因素有关。

从2010年之初开始的富士康员工“跳楼事件”到年末东部地区的劳工荒，从纽约人寿从海尔的撤资风波到百思买关闭在中

* 于蕾，上海社会科学院世界经济研究所副研究员。

国大陆的所有门店，都提示我们金融危机后跨国公司在中国的经营活动特点正悄悄发生改变，尤其是中国政府出台的对跨国公司有一定约束力的政策调整，更引起了关于“中国投资环境恶化论”的争议。2010 年 3 月，驻华美国商会（AmCham-China）发表的一份调查指出，38％的美国企业觉得外企在中国“不受欢迎”，这是美国商会 4 年前开始调查以来的最高值，两个月前有这种想法的公司还只占 26％。欧洲商会（The European Chamber of Commerce）的报告也表明其成员有同样的担忧。①

跨国公司是否会从中国撤退到越南等东南亚国家，或是如顺应美国提出的“再工业化政策”而回归母国？跨国公司在中国撤资的趋势是否已经存在或是日趋加强？从 2008 年金融危机以来，“撤资”似乎成了跨国公司在华活动的新关键词和热点话题，但是通过分析跨国公司 2010 年在中国的发展态势和数据指标，我们发现：从总体上看在华跨国公司已经逆转金融危机中撤资的趋势，从区域分布上看跨国公司有在中国国内不同地区撤离和重新布局的新特征。

一、跨国公司逆转在华撤资趋势

跨国公司 2008 年金融危机后在中国的投资曾经一度出现撤离，主要表现为外商在华企业注销、倒闭、在华股权减持明显增加。如广东东莞 2008 年 1—9 月，外商投资企业关闭 625 家，占

① 杰夫·高尔文（Jeff Galvin）、吉米·赫克斯特（Jimmy Hexter）：“把中国打造成第二本土市场”，《麦肯锡季刊》，2010 年 6 月号，转引自《社会科学文摘》，2011 年 1 月号，第 45 页。

当地外商投资企业总数的4.2%；江苏省工商局《上半年长三角地区外商投资企业发展情况分析》报告指出，2008年上半年共有4119家外资企业撤出了长三角市场，其中，注销企业1203户，吊销企业2906户，比2007年同期分别增长68.7%和81.7%。[①] 这主要因为金融危机从金融领域扩散到实体经济，金融危机削弱了跨国公司的投资能力；各国经济受到明显影响，贸易保护主义抬头限制了FDI的流动；我国成本优势的减少等诸多因素的影响，与此相对应的是全球的直接投资流量在2009年进入低点，根据联合国贸发组织报告数据，即使2010年全球外来直接投资恢复后，也比2009年仅增长近1%，从1.11兆美元增加到1.12兆美元。

但是全球经济陷入低迷之际，随着在华外企总体运营情况良好，不少企业成为母公司全球业务的亮点和主要利润来源，2010年中国吸引外资数量同比增长17.4%，扭转了2009年下降的局面，创造历史的首次突破千亿美元，位居全球第二和连续19年成为发展中国家最大吸引国，不但与排名第一的美国差距大幅缩小，即使与同为新兴经济体的其他国家相比也具有优势，如2010年印度吸引的海外直接投资比09年下降近32%，为237亿美元（见图1）。

不过上述分析仅是从总体投资金额上显示了中国吸引外资总量情况及国际比较，关于企业是否存在撤资数据的测算还需要进一步分析。由于跨国公司撤资的实际具体数据无法准确获得，我们参照国内较早研究撤资问题学者提出的估算方法，并进行调整：即利用当年末外商投资企业登记户数减去上年末外商投资企

① 卢曦："融资难4119家外企撤出长三角"，《每日经济新闻》，2008年9月24日。

业登记户数，并减去当年新增外商投资企业数，以当年净增或净减的外商投资企业数估测撤资规模，如果用公式表示，即：

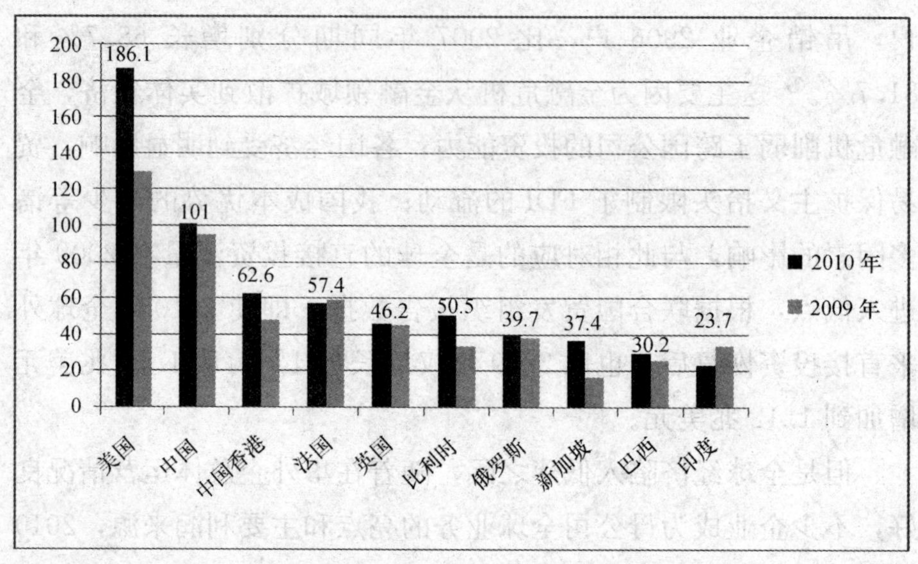

图 1　全球吸引外资主要经济体比较（单位：10 亿美元）

数据来源：根据联合国贸发会议（UNCTAD）报告“Global and Regional FDI Trends in 2010”，*Global Investment Trends Monitor*，2011 年 1 月 17 日数据整理。2010 年数据为其预测值。

$R_t = X_t - X_{t-1} - N_t$

R：撤资企业数量

X：年末外商投资企业登记户数

t：年份

N：新增外商投资企业数

这个估算方法并不能准确统计撤资企业的数量，但是可以反映一定的撤资规模，我们选择从 2000 年到 2010 年 10 年间的数据来分析（见图 2），发现除了 2008 年计算结果为正值即从总体上看不存在撤资规模外，其余年份都保持了一定规模的撤资量，并且从总体看撤资规模是基本呈现下降趋势，而且外资的收缩和撤退现象只是短期行为，并没有形成大规模的撤资潮。

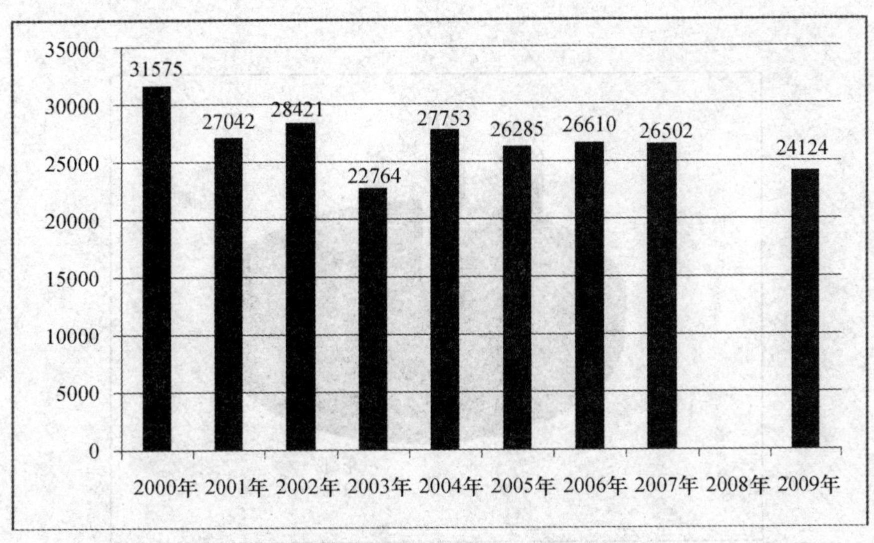

图 2　在华跨国公司撤资企业数量

数据来源：根据历年《中国统计年鉴》计算整理。

二、跨国公司在华投资区域布局调整

如果说跨国公司在中国全国范围内的投资保持了较为稳定的发展，并没有出现大规模撤资带来的影响，那么跨国公司 2010 年投资更新的特点是在国内不同区域和产业间的重新布局。2010 年中国实际使用外资金额的较快发展主要得益于服务业以及中西部地区[①]吸收外资的大幅增长，其增幅分别达到 28.6％和 27.6％。如富士康公司从东部东莞地区工厂向中西部如河南、四川转移生产线，反映了以代工为主的制造业外资从东部地区撤离转向中西部的新趋势，图 3、4、5、6 向我们展示了这一变化。

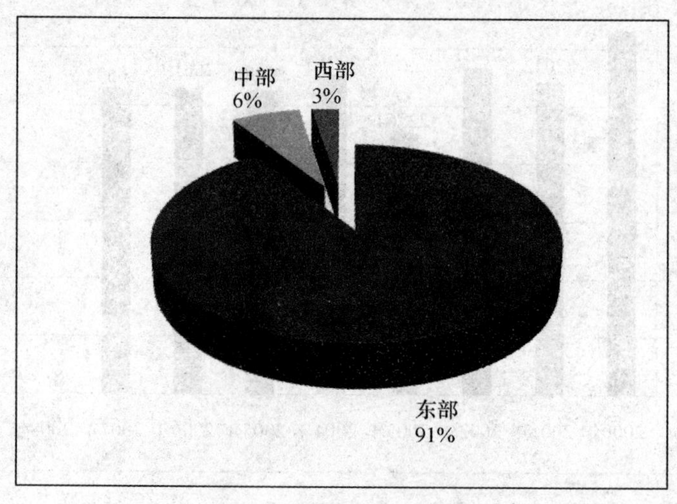

图 3　2006 年底东部、中部、西部地区实际使用外资金额比较

数据来源：根据中国商务部外资统计数据整理。

自 1978 年改革开放以来，外资在华不同地区的发展分为四个阶段：1978—1992 年初级起步阶段、1992—1998 年启动增长不平衡发展阶段、1997 年至 2007 年不平衡扩大阶段[②]和 2007 年

---

① 除了特殊说明外，本文中东部地区指北京、天津、河北、辽宁、上海、江苏、浙江、福建、山东、广东、海南；中部地区指山西、吉林、黑龙江、安徽、江西、河南、湖北、湖南；西部地区指内蒙古、广西、四川、重庆、贵州、云南、陕西、甘肃、青海、宁夏、新疆、西藏。

② 详细分析可参见本文作者于蕾另外一篇论文，“开放三十年来外商在华直接投资的区位结构演变及动因分析”，《世界经济研究》，2008 年第 6 期。

以来的发展转型阶段。比较图 3 和图 4 可以清楚地看到 2006 年和 2010 年跨国公司在中国的布局已经出现大幅调整，中西部地区吸引外资呈现增长速度加快的趋势，反映出中央全国外资均衡发展的政策效应开始初步显现。但是由于发展基础和实力在中西部分化更大，中西部吸引外资的加快并不是平衡发展，对外资的吸引具有集聚效应，在中部地区，主要集中在河南、湖南、江西、安徽；在西部地区，主要集中在重庆、四川、内蒙古、陕西（见图 5）。

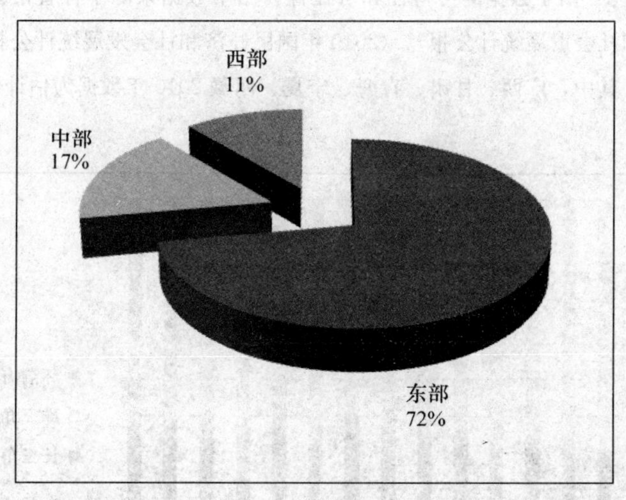

图 4　2010 年底东部、中部、西部地区实际使用外资金额比较

数据来源：由各省市自治区公布统计数据计算而得。

另外值得注意的是，在东部地区外资在三大经济圈分布从不平衡逐渐趋向平衡，首先外资高度集中于长三角地区、珠三角地区、环渤海湾地区，我国绝大多数外商直接投资都集聚于这三大地带；其次，外资由南向北动态发展，表现在长三角地区吸引外资保持稳定，环渤海湾地区吸引 FDI 不断上升，而珠三角地区相对比例不断下降，（见图 6）。

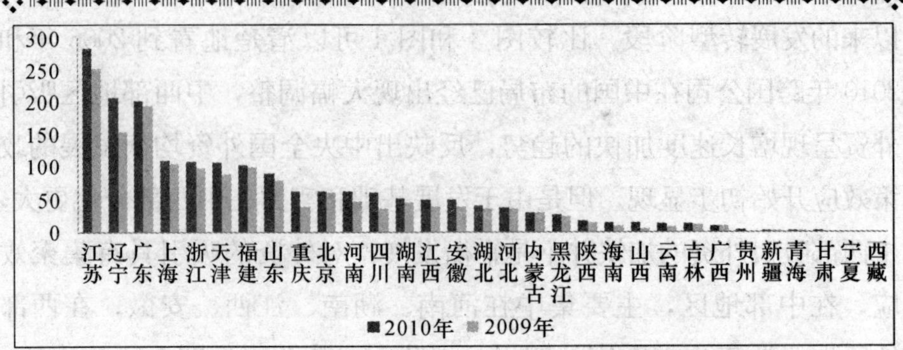

图5　2010年全国各省市实际使用外资比较（单位：亿美元）

数据来源：由于数据的可得性和可比性，图中数据来源于各省市公布的《2009年国民经济和社会发展统计公报》、《2010年国民经济和社会发展统计公报》以及各省市外资统计，其中，广西、甘肃、青海、宁夏、西藏2010年数据为估计值。

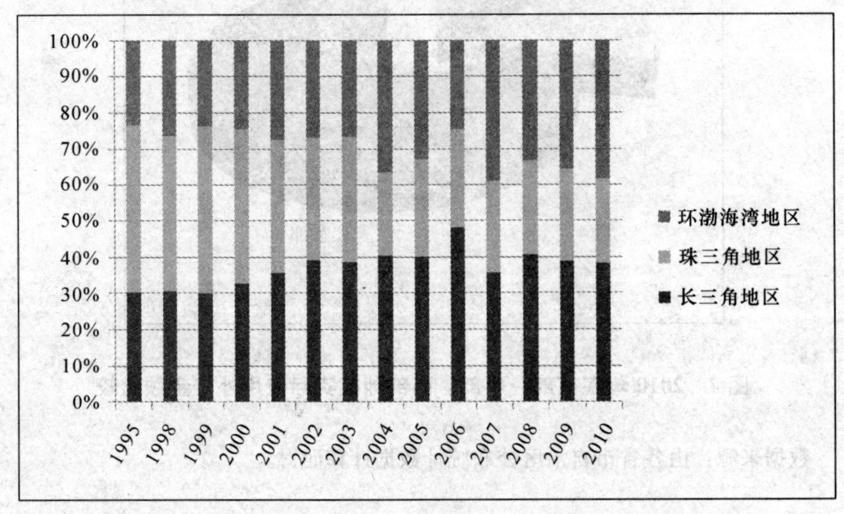

图6　中国三大区域FDI发展的情况（1995—2010年）

注：此处长江三角洲地区包括上海、江苏、浙江，珠江三角洲包括广东、福建，环渤海湾地区包括山东、辽宁、北京、天津和河北。

数据来源：2000年及以前数据引自杨亚琴：《FDI向产业集群区发展的内在机理》，博士论文，2003年9月，第123页；2001—2006年根据商务部外商投资数据及《中国外商投资报告》（2004、2005、2006、2007）整理计算而得。2007年以后数据根据各省市统计数据计算。

三、影响跨国公司在华投资布局变动的几大因素

（一）金融危机影响国际投资周期，跨国公司战略重心进一步向新兴经济体转移

根据联合国贸发会议 2009 年 5 月的报告，受持续蔓延的金融危机和世界经济大幅放缓的影响，2009 年全球外国直接投资（FDI）继续缩减，标志着从 2004 年开始的此轮国际投资增长周期的正式终结，但危机中也蕴含着一些难得的机遇，例如低廉的资产价格将降低股权并购的成本，遭受危机影响最为严重的产业被迫重组将引发产业跨境转移，扩大在新兴经济体的生产活动，由此将导致向发展中国家的效益寻求型投资扩大。近几年来，新兴经济体的经济增长速度一直位于世界前列，其中具有代表性的是“金砖四国”——中国、印度、俄罗斯和巴西，这个由高盛公司在 2003 年所创造出的新名词，目前正成为世界经济增长的动力引擎。在全球金融危机下，以“金砖四国”为代表的新兴经济体，表现出了更强的抗风险和复苏能力，不仅率先从衰退中复苏，而且迅速恢复较高的增长能力。从这个意义上说，跨国公司资本的抗风险场所和安全的投放空间，显然是少不了以“金砖四国”为代表的新兴市场国家，特别是重新恢复高速增长的中国、印度。联合国贸发会议发布的《2009—2011 年大型跨国公司投资前景调查》中，东亚、南亚和东南亚是全球引资前景最好的地区，在跨国公司最青睐的 15 个投资目的国中，中国和印度分居

第一和第三位。[①] 根据联合国贸发会议，发展中国家 2010 年吸引外资历史上第一次占据绝对优势，吸引了全球 53%的资金额。

跨国公司过去投资新兴市场，实行的是资本和劳动力要素的结合，发挥彼此的比较优势，充分利用东道国的市场规模和廉价劳动力，实现利益最大化。产业转移也主要实行隔代转移和梯度转移，将母国的夕阳产业和淘汰技术转移到东道国。尽管随着“金砖四国”经济实力的增强和劳动力素质的不断提高，跨国公司也在这些国家建立了地区总部和研发中心，但也只是配合母国总部，或者只是母国研发中心的配套研发，还没有成为跨国公司真正的运营和战略重心。但这次金融危机的爆发，使得发达国家的实力受到影响，新兴市场国家的地位进一步上升，跨国公司为对冲资本投放风险，将公司战略重心向新兴市场国家转移。新兴市场国家的跨国公司随着实力的增强，在对外投资中也非常重视相互间的投资。

(二) 各国提高限制投资措施比例，隐性保护主义倾向出现

根据 UNCTAD 监测，金融危机发生后，全球范围内出现一些隐性保护主义倾向，在投资方面，各国出台的刺激经济方案竟成为了投资保护主义的“温床”。贸发会议《关于外国直接投资的国家法律和法规改革年度调查》显示，2009 年全年颁布了 102 项有关外国直接投资的新措施，其中 31 项更加不利于外国直接投资（见表 1）。与 2005 年相比，不太有利于外国直接投资的措施的比例大幅上升，尤其与 20 世纪 90 年代相比对投资的限制与

---

① 国研网，http：//www.drcnet.com.cn/DRCNet.Common.Web/DocViewSummary.aspx?docid=2017762&Leafid=3008&Chnid=&gourl=/DRCNet.Common.Web/DocView.aspx。

日俱增，在 2009 年世界各国出台的投资政策里，限制投资措施已经占到 30%，而 90 年代每年只有 5%至 6%的限制性投资政策出台。

表 1　1992—2009 年各国对外投资管理规定的变化

项目数	实行改革的国家数目	管理规定变化数目	更有利	更不利
1992－1994 年	49	95	94	1
1995－1999 年	66	132	121	11
2000 年	70	150	147	3
2001 年	71	207	193	14
2002 年	72	246	234	12
2003 年	82	242	218	24
2004 年	103	270	234	36
2005 年	92	203	162	41
2006 年	91	177	142	35
2007 年	58	98	74	24
2008 年	54	106	83	23
2009 年	50	102	71	31

数据来源：UNCTAD《World Investment Report 2010》，table III. 1。

（三）国内经济正处于经济结构转型与周期性调整“双因素叠加”时期

近几年来，政府通过各类手段，促使产业结构升级，减少对自然资源的依赖，缓解环境保护的压力，促进经济的可持续发展。但是，从理论上讲，经济转型政策在短期内对经济增长带来的负面影响显而易见。受限制的行业在较短时期内就会因为政策的压力而放慢增长，甚至逐步退出。而与此同时，受扶植政策不到位、市场培育滞后、相关机制处于磨合期、技术开发存在瓶颈等因素影响，新的产业成长将较为缓慢，无法对冲前者带来的负面影响。目前，支持我国经济增长的主导产业比如建材、钢铁、化工、汽车、房地产、纺织业等都已经明显感受到这种经济转型的政策压力，行业景气出现了快速下降，许多中小企业都将不得不从行业中退出，对长三角、珠三角地区经济带来的负面影响显而易见。

我国的对外开放，是从东部地区向西部地区逐级扩散、梯度推进的。当年在东部地区建设经济特区和 14 个沿海开放城市的对外开放浪潮中，西部大部分地区却不允许外资介入。由于东部地区的投资环境明显优于西部地区，必然出现大量的西部劳动力在市场力量的推动下流向东部地区，形成较高效率的生产能力，外商优先投资于东部地区，及西部地区的优秀人才向东部地区转移。东部地区对外开放由于有沿海区位优势、中央特殊政策、国内市场被高度保护、幼稚产业得到很好地呵护，使得东部地区在非常优越的政策环境条件下积蓄了能力，为经济发展打下坚实的基础。

但是随着我国经济发展重点的调整、东部地区劳动力土地成本的提高，依靠政策性吸引外资的思路必须扭转。金融危机后从东部地区撤离的企业基本都是属于低端制造业，来东部投资的初衷也是因为东部开放的政策优势，而大部分高端制造业并没有出现撤离东部的情况，这些企业选择留在东部的原因主要是看重东部地区政府管理的规范性、东部产业链配套的完整性。

（四）金融危机以来中央外资政策向中西部地区倾斜

2008 年底，国家发展改革委员会会同有关部门修订了《中西部地区外商投资优势产业目录》，纳入《目录》的条目从以前的 287 条，大幅度增加到 411 条，进一步扩大了中西部地区开放的领域和范围，这 411 条涵盖了包括山林保护等国家重点生态工程的后续产业开发，汽车关键零部件制造，优势资源的综合开发利用，以及增值电信业务，旅游资源开发经营，城市供气、供热、供排水管网建设经营等服务领域，这有利于发挥中西部地区的资源、产业和劳动力等优势。同时，还正在积极研究进一步推动中西部地区承接产业转移的相关政策。

中西部在中央政策空间下推出多项吸引外资优惠政策，如贵州省根据国家工商局等六部委下发的《关于开展 2009 年外商投资企业联合年检工作的通知》精神，对企业年检给予的宽松扶持政策，对于 2008 年 7 月 1 日以后出资期限到期的无违法记录的企业，因资金紧张无法按时缴付出资的，依企业申请，依法允许延长出资期限至 2009 年底。对于受国际金融危机影响，企业成立后超过六个月未开业，或者开业后自行停业连续六个月以上的，允许其延续至 2009 年底。这些优惠措施使得某些政策驱动型外资企业向中西部转移。

跨国公司在华研发增长、全球研发基地的崛起与我国科技创新发展*

盛 垒**

内容提要：在全球化的大格局下，利用国际科技资源促进科技创新发展，是关乎我国创新型国家建设的大问题。作为世界头号引资国及第三大制造国，我国的外资研发集聚规模正日趋扩大，并伴随着由跨国公司的全球生产基地向全球研发基地升级演进的态势。在当前我国技术水平仍较落后的条件下，跨国公司研发充当了我国科技创新发展的生力军，并将长期成为我国科技创新体系建设的活跃力量。而且，跨国公司研发机构拥有对全球市场的快速响应能力、与跨国公司全球研发网络的同步运转优势和即时连通全球各区域创新体系的枢纽性

* 基金项目：国家自然科学基金青年项目（41001083）。

** 盛垒，上海社科院港澳研究中心助理研究员。

功能，不断改变着我国创新体系的开放格局和演变路径，对构建我国面向全球的、开放的创新体系至关重要。因此，应通过合理的政策设计与制度安排，将跨国公司研发机构纳入国家科技创新体系，并以增进跨国公司研发机构与我国创新主体间的有效互动合作为重点，进一步深化跨国公司研发机构对本土创新网络的地理根植性，促成彼此间的有机紧密联系，从而推动我国科技创新更好更快发展。

一、跨国公司在华研发增长与跨国公司全球研发基地的崛起

（一）从“中国制造”到“中国研发”

改革开放以来，中国凭借巨大的内需市场、具有产业保护性质的外贸政策、开放的经济形式和低廉的劳动力成本等后发优势，成为世界最大的外资吸引国。其中，制造业是外商在华投资的最大主体。借助于以跨国公司为主导的对华制造业转移，中国的制造能力和产出水平迅速得以发展壮大，“中国制造”在全球经济竞争和全球生产网络中扮演着越来越重要的角色。从最初的“三来一补”到大规模的代工业务，再到形成以低附加值产品为核心的外向型经济，“中国制造”已遍布全球各个角落，中国成为举世公认的“世界工厂”。比如，中国制造了世界上50%的照相机、30%的空调和电视机、25%的洗衣机及接近23%的冰箱。制造业已占中国GDP的53%，出口额的90%，进口额的85%以及吸引投资额的70%。目前，中国已是仅次于美国和日本的全球第三大制造国，也是跨国公司的全球生产基地之一。

制造能力的迅速扩展、市场规模的不断扩大以及市场结构的逐步升级换代，使中国市场在跨国公司全球战略体系中的重要地位日益彰显。随着跨国公司在华生产能级的日益扩展，其对华技术支持和研发服务的市场需求也与日俱增。为支撑在华生产、适应中国市场、并利用当地人才，跨国公司在投资“中国制造”的同时，也越来越多地向“中国研发”进军，纷纷在华建立研发机构和开展研发活动，并不断将在华研发纳入其全球研发网络，不仅大大拓展了跨国公司在华业务体系，推动跨国公司在华价值链条的动态升级，也不断改变着中国在跨国公司战略体系中的地位和作用。有理由相信，随着跨国公司越来越频繁地将更高端、更核心、更具竞争优势的研发功能布局中国，未来的中国将不再仅仅只是充当跨国公司的加工组装生产基地，而是逐渐从“中国制造”转入“中国研发”的新阶段，在跨国公司全球分工体系中占据更重要的地位。

（二）崛起中的跨国公司全球研发基地

近年来，在研发全球化日趋深入的格局下，我国成为全球外资研发增长最为迅速的区位。不仅来华设立的外资研发机构持续增多，研发投入规模日趋扩大，而且其研发功能也进一步向技术价值链高端拓展，在跨国公司全球研发网络中的地位不断提升。历经改革开放三十年洗礼的中国，正逐步被植入跨国公司的全球研发网络，并呈现由跨国公司的全球生产基地向跨国公司的全球研发基地演进的趋势。这主要体现在以下几个方面：

第一，研发机构数量迅猛增长。跨国公司研发机构数量的多寡是判断区域能否成为全球性研发基地的基本前提。跨国公司来华设立研发机构始于20世纪90年代，进入21世纪以来的增长尤为迅猛。据科技部统计，跨国公司在华研发机构由1997年前的不足20家迅速上升到2007年的超过1200家，十年间增长了近60倍，年均新增120家左右。即使此次发端于美国的全球金融危机，也难以阻碍跨国公司将研发移师中国的坚定决心。金融危机以来，虽然全球跨国公司的研发投入总体趋缓，人员裁减或机构关停现象屡见不鲜，但对华研发投入不减反增，新设机构不断增多。据统计，仅世界500强企业近期在华增设的研发机构就多达20余家。例如，自2008年9月以来，博世和礼来先后在上海成立了其中国研发总部、陶氏化学和德国拜耳分别在上海和北京设立其全球研发中心、雀巢在北京开设了第二家研发中心、英特尔在上海成立新的亚太研发中心、可口可乐在上海成立其在亚洲最大的研发中心等。而且，这一增长势头仍在持续。UNCTAD2005年对世界研发支出最大公司的一项调查显示，未来几年全球最具吸引力的前20大研发区位中，中国名列榜首，超过60%的跨国公司将把中国作为其重要的海外研发地点。可以预料，未来会有越来越多跨国公司来华设立研发机构，我国外资研发机构的集聚规模将进一步提高，成为全球最主要的外资研发集聚地。

第二，在华研发投入迅速增加。随着外资研发机构不断集聚中国，其在华研发投入也迅速增加。科技部对全国75家外资研发机构的调查显示，2004—2006年75家机构的研发投入分别为27.9亿元、36.2亿元和46.5亿元，年均增长33%。一些世界著名跨国公司在华研发投入的增长更为迅速。例如，继2008年向北京研发中心注入3亿美元的研发投资后，微软公司最近又宣布将在接下来的3年内新增10亿美元投资，用于微软中国在移动和嵌入式、互联网平台等方面的研发。摩托罗拉集团目前在华累计研发投资已达8亿美元，且正以每年1亿美元的额度增长。EMC中国研发中心承诺今后5年内在华的研发投入将达到5亿美元。与研发经费投入的迅速增长相适应，研发机构的人员规模也急遽扩张。摩托罗拉中国研究院从1993年的10名研发人员发展到目前的2000多人，并计划未来5年发展为5000人。微软中国的研发人员由1998年的10多人发展到现在的5000多人，且未来几年内要达到10000人左右的规模。GE中国研发中心自2000年成立以来已迅速发展到1600多人。

第三，在华研发功能由低向高纵向拓展。跨国公司进入中国市场的初期主要是针对市场本土化的需要，进行适应性和专用性的应用研发，极少从事基础研究和核心技术开发，处于技术价值链的低端。但随着跨国公司在华研发战略的深化，一些基础性研究和面向全球需求的前瞻性技术研发也开始向中国转移。科技部对全国外资研发的调查显示，90％的外资在华研发人员主要从事应用研究和技术支持活动，但从事基础研究的研发人员已占7％以上，具备基础研究功能的外资研发机构也超过了20家。例如，2006年微软整合其所有在华研发机构，成立中国研发集团，重点是开展面向全球化的核心技术研发，并形成一套包括基础研究、技术孵化、产品开发和产业合作在内的完整创新链条。诺基亚在华设有6个研发中心，其全球销售量40％的手机就是由北京研发中心研发。惠而浦集团在北京、上海、深圳等地建立了基于全球平台的国际级研发中心，旨在集成全球核心技术进行联合开发。英特尔的上海研发中心则长期从事闪存方面的核心技术研发，该机构还计划争取将英特尔全球总部的CPU核心技术研发项目引入中国。还有不少外资机构表示，他们在华从事的研发活动与母公司总部基本保持同步，甚至较之更为高端。一般而言，基础研究与核心技术是跨国公司的生命线，历来只集中布局于母国。而跨国公司一改传统，将基础性、前瞻性、关键性研发活动也陆续转移至中国，这不仅表明跨国公司在华技术价值链正呈现为由低向高的纵向拓展，更伴随着中国在以跨国公司为主导的国际分工格局中所处地位的动态演进，即循着跨国公司的加工组装车间向跨国公司的研发创新基地的成长轨迹演进。

第四，研发机构的战略地位不断升级。随着外资在华研发能力的不断增强，不少跨国公司纷纷将在华研发机构纳入其全球研发网络，从全球视角配置研发资源，统筹研发业务，实现全球一体化运营。许多在华外资研发机构相继升级为跨国公司区域性、全球性或总部型研发中心，也有的成为跨国公司海外最大或唯一的研发中心，还有不少跨国公司则整合在华各项资源，形成更强的整体研发力量。例如，2003 年摩托罗拉宣布成立中国技术有限公司，整合现有的 19 个研发机构，集管理、研发、销售三位一体，建成世界级研发中心。2006 年成立的微软中国研发集团，规模已达 5000 人左右，是微软最大的海外研发基地，也是在全球最大的基础研究部门之一。同年整合成立的西门子中国研究院也已跻身为西门子在德国本土之外最大和最重要的研究基地。据科技部统计，目前我国全球级的跨国公司研发中心已超过 50 家，作为跨国公司海外最大或唯一的研发中心也在 15 家以上。这些高等级的外资研发机构不仅规模庞大，独立进行投资管理运作，且面向全球市场参与母公司的全球分工体系，在跨国公司全球研发体系中处于中枢或核心机构的重要地位。不难预料，未来还将会有更多高等级的跨国公司研发机构涌入中国，届时，中国有望真正跻身于全球创新体系中的重要节点行列，并成为名符其实的全球性研发基地，引领我国科技创新持续快速发展。

二、跨国公司研发机构在我国科技创新体系中的地位和作用

（一）跨国公司在华研发是推动我国科技创新发展的活跃力量

第一，跨国公司在华研发投入业已成为我国企业研发投入的重要来源和推动我国研发经费快速增长的重要力量。从研发经费投入来看，外资企业在华研发投入占我国规模以上企业的研发投入已接近 30%。科技部统计显示，2006 年我国外资大中型工业企业研发经费支出达 444 亿元，占我国大中型工业企业研发经费支出的 27%。外资企业人均科技经费拥有量高于大中型工业企业人均拥有量。外资大中型工业企业科技机构中科技活动人员人均经费为 24.4 万元，而同年全国大中型企业科技机构中科技活动人员人均经费只有 17.62 万元。从增长率看，按 2000 年可比价，2000—2004 年间我国外资企业研发经费年均增长率为 27.6%，其中外商投资企业年均增长率达到 33.2%，而同期全部企业研发经费年均增长率为 18.9%，内资企业仅为 16.4%。从科研人员投入来看，外资企业研发人员占我国规模以上企业研发人员的比重已超过 20%。2006 年我国外资大中型工业企业的科技机构共有 2223 家，占大中型工业企业办科技机构数的 21.2%。外资大中型工业企业科技机构中人员数为 14.38 万人，占全国大中型工业企业科技机构人员总数的 18.98%。

第二，跨国公司在华研发产出已超过内资企业，是我国科技创新的重要参与者。以发明专利申请量为例，在华外资企业的发明专利申请数量迅速增长，并已超过内资企业，成为我国发明专

利创造的最大主体。根据科技部统计数据，外资在华专利申请从1993年后呈迅速上升趋势，年均增长率达33%，其中发明专利占申请总量的90%以上。2006年我国发明专利申请受理数，来自国外的有8.8万件，来自国内的有12.2万件。在来自国内的12.2万件申请中，1/3为个人申请，2/3为机构申请，来自外资企业的申请占机构申请的50%左右，即外资企业的发明专利申请量相当于我国企业、科研院所和大学等机构申请量的总和。另外，从新产品产出看，2006年外资大中型工业企业新产品产值占我国大中型工业企业总产值比重为20.2%，新产品销售收入占大中型工业企业主营业务收入比重为19.7%。勿庸置疑，外资企业已经成为我国产品创新的重要参与者和我国产业创新的重要推动者。

第三，跨国公司成为我国高技术产业研发活动主导力量的趋势日益明朗。进一步从产业研发的角度来看，外资在华研发活动主要集中在通讯、计算机、软件、生物技术等高新技术领域，并进一步向研发密集型服务活动延伸，跨国公司正在成为我国高技术产业研发活动的主导力量。科技部统计显示，2006年高技术产业中外资研发活动人员折合全时当量达59698人年，科技活动人员数达129710人年，均占高技术产业总体的30%以上；研发和新产品经费投入占高技术产业总体的40%以上。而从产出看，外资新产品的产值和销售收入占高技术产业的近70%。我国高科技领域中的发明专利绝大多数来自国外，如无线电传输、移动通信、半导体、西药、计算机领域，来自外国企业和外资企业的，分别占93%、91%、85%、69%、60%。2006年我国高技术产业中的外资企业科技机构已达588家，科技机构中科技活动人员达57697人，平均每家机构98人。同年，高技术产业中三资企业科技机构人均年科技活动经费支出为23.8万元，高于高技术产业中全部企业的19.3万元。从技术贸易活动的角度来看，外资研发也已成为我国技术交易市场中的一支重要力量。2006年，外资机构在华签订技术合同6644项，成交金额353亿元，分别占全国成交总数和金额的3.22%和19.45%。

（二）跨国公司在华研发是我国融入全球创新网络的枢纽和桥梁

跨国公司研发全球化作为科技全球化的主要力量，正在对区域创新体系产生深远的影响。一方面，跨国公司研发区位的全球搜寻，使越来越多具有较强创新能力和发展潜力的区域进入跨国公司的决策视野。而跨国公司在东道国设立的各类研发机构都会不可避免地同地方创新体系发生联系。首先，跨国公司的研发投资将引起东道国创新体系的结构性变化，与当地企业、科技机构、政府机构形成不同程度的相互作用，从而增加东道国创新体系的复杂性。其次，跨国公司在东道国的研发机构为跨国公司与东道国之间提供了资源共享的渠道，影响着后者的学习和创新。随着跨国公司对当地经济配置更多资源，东道国的创新体系越来越紧密地与跨国公司的全球研发网络以及地区的相应创新体系联系在一起。也就是说，跨国公司研发机构作为跨国公司创新网络同地方创新体系相接合的节点，它们的出现和运作，更加深刻地打破了区域创新体系的封闭边界，使其在超越区域甚至国家的范围中发生知识流动，从而成为一个更为开放的区域创新体系。

另一方面，跨国公司研发全球化加速了全球创新体系的再构，并影响着不同区域在全球创新体系中的地位和作用。在新的全球创新体系格局下，那些有跨国公司研发机构进入的区域，将比那些没有获得跨国公司研发资源的区域具有更多的发展机会，获得更快的发展速度，以及进入跨国公司全球创新网络，并在其中扮演不同的角色。那些吸引跨国公司研发机构多、创新领域综合的区域，成为全球创新体系顶端的节点，对全球创新活动具有控制和支配作用，是全球性创新区域。那些吸引跨国公司研发机构较多、创新领域较为单一的区域，则成为全球创新体系的中层节点，具有地区意义或在某领域具有重要意义，是区域性或行业性创新区域。而那些有少量跨国公司研发机构的区域，成为全球创新体系最末端的节点，参与全球创新体系的知识流动，但处于被支配、被管理的地位。此外，还有大量的落后区域，不能进入全球创新网络，处于被边缘化的地位。

对我国创新体系而言，跨国公司研发机构无疑是一种珍贵的优质资源。跨国公司研发机构拥有对全球市场的快速响应能力、与跨国公司全球研发网络的同步运转优势和即时连通全球各区域创新体系的枢纽性功能。它的注入不仅丰富了我国创新体系的组成要素，也不断改变着我国创新体系的开放格局和演变路径。因此，作为我国本土创新体系与跨国公司全球研发网络的结合点以及同全球创新体系连通的通道，跨国公司在华研发机构有助于扩大本土创新体系的开放性，促进知识在更大范围内的流动。我国创新体系可以获得更多有利于我国技术进步进程的有用新知识和新技术，从而受益于全球范围内的研发创新发展带来的知识溢出效应，真正实现我国科技创新体系同国际先进水平接轨，提升国际化管理运作的能力。从这一意义上来说，跨国公司研发机构扮演着我国创新体系融入全球创新网络的桥梁作用，这也是跨国公司研发机构在我国创新体系中的重要作用之一。

（三）跨国公司研发机构的双重性决定其在我国创新体系中的作用具有局限性

毋庸置疑，跨国公司对华研发投资的快速增加为我国科技创新体系的发展带来了难得的机遇。然而，同全球各地的外资研发活动一样，跨国公司在华研发机构具有双重性质。它们既可以看作是我国科技创新系统的组成部分，也可以视为跨国公司母国创新系统向海外的扩展和延伸。一方面，跨国公司在华研发机构与我国本土企业一样，是依照我国公司法注册登记并纳税，其研发投资和技术活动都已纳入全国经济和科技统计，已是我国经济体系中的有机组成部分。并且，跨国公司在华研发机构向上游与我国大学和科研机构以及母国其他研发分支机构相互连接，向下游连接跨国公司在华的生产、储运、销售、服务等价值链环节，是连接跨国公司、跨国公司母国及我国本土这三方创新体系的纽带，与我国创新体系发生着千丝万缕的联系。

但相比之下，跨国公司研发机构与跨国公司在华子公司及母公司研发系统间的技术和知识联系无疑最为密切。跨国公司以全球地理空间为载体选择研发区位，整合全球研发业务，并将全球研发体系纳入其全球一体化运营战略之中。作为跨国公司研发全球化的一个节点，跨国公司在华设立研发机构首先是为了满足跨国公司自身和在华子、分公司的利益而服务，跨国公司在华研发机构与我国创新体系各组成要素间的关联程度是受跨国公司主导的。而且，跨国公司在华研发机构的一切行动主要受其母公司指挥，机构的设立、合并、缩减、撤消等权力我国无法对其完全控制，这些机构的大部分研究成果和知识产权也归属母公司所有，显然不能纳入我国自主知识产权的范畴。因此，跨国公司的国籍属性又决定其并不能完全等同于我国内资机构。

进一步来看，跨国公司研发机构的这种双重性质，也同样决定跨国公司在华设立的研发机构对我国科技创新体系发展的作用具有双重性。它们既能有效促进我国科技创新发展，也会对我国科技创新造成一定冲击。一方面，跨国公司在华设立的研发机构将国际先进的知识、技术直接带进中国，促进先进技术的国产化，缩短中国和国际先进技术的距离，并产生显著的技术溢出效应。而另一方面，跨国公司在华研发机构挤占了中国的科研资源，而所获取到的技术却通过跨国公司之间的研发网络整合到跨国公司母公司的技术系统，进入其母国的国家创新体系，甚至传递到世界其他国家的国家创新体系之中，形成所谓的技术逆向扩散。有理由认为，虽然跨国公司在华设立研发机构，有力地增加了我国创新体系的创新源，但所开发出来的新技术和新知识往往被纳入到跨国公司母国的创新体系中去，在我国的传播和应用是相对有限的。

由此可见，跨国公司在华研发机构虽然在法律上与我国企业享有同等地位，但本质上并不完全等同于我国本土创新机构，跨国公司在华研发机构对我国科技创新体系的作用是存有局限性的。所以说，跨国公司研发机构在我国科技创新体系中的地位不应当是主导性的，而是次要性的。从国家推行自主创新战略的高度来认识，我国科技创新体系建设仍须最终立足于本土创新机构的培育和发展，坚持走自主发展技术的道路。

当然，这并非意味着跨国公司研发机构在我国创新体系中的地位不那么重要。相反，在当前我国自身技术水平仍较落后的条件下，跨国公司在华研发却有着不可或缺的战略重要性。客观上来讲，跨国公司研发机构的双重性就好比一个事物的两个方面。跨国公司在华研发活动为我国近距离学习跨国公司的先进技术和管理经验提供了难得机遇，也不可否认，由于我国整体的研发水平较低，对跨国公司研发机构的进入准备不足，因此跨国公司大举在华从事研发活动必然会对我国科技创新带来一定冲击。但是，应当看到，跨国公司研发机构对人才资源的争夺以及对技术控制的强化都是其逐利本质使然，只要我国坚持自主创新战略，重视对本土企业研发创新能力的提升，跨国公司研发机构就不可能对我国科技创新体系及自主创新活动产生根本上的动摇与危害。因此，从我国科技进步的长远利益和经济发展的大局来看，跨国公司在华设立研发机构对我国科技创新体系的影响利大于弊，是我国科技创新体系中的有机组成部分，对我国构建面向全球的、开放的科技创新体系至关重要。

三、充分利用跨国公司在华研发资源，促进我国科技创新更好更快发展

(一) 吸引更多高等级跨国公司研发机构入驻，推动跨国公司全球研发基地的快速成长

跨国公司全球研发基地的快速成长，有利于我国经济增长方式转变和产业结构升级调整，也有助于内资企业借助跨国公司研发机构的门户作用和节点功能，更有效融入跨国公司全球研发网络，更深入参与国际分工与合作。而要实现中国作为跨国公司全球研发基地的快速成长，除了要以更加开放的政策方式吸引更多跨国公司研发机构和研发活动入驻中国，还应通过创造更优越的创新环境，着重鼓励跨国公司将更多全球性、区域性、总部型的高等级研发机构设在中国，以提升中国在跨国公司全球战略体系中的地位。同时，跨国公司研发机构是否在华从事高水平的研发活动，对我国能否真正成为跨国公司的全球性研发基地至关重要。因此，应鼓励跨国公司将基础性、前瞻性研究和关键核心技术研制项目布局中国，并引导在华外资研发机构积极从事更多前沿的、尖端的、创新性的研发活动。建议国家或地方制定鼓励跨

国公司对华转移研发的相关政策，对那些高水平的外资在华研发项目给予政策扶持或资金资助。

（二）提高跨国公司研发机构与本土的产业关联度，加深其对本地创新网络的地理根植性

要使跨国公司研发机构发挥更积极的作用，不仅要鼓励其在华从事高水平研发活动，更需要不断深化其对本地创新网络的地理根植性，增强其在当地的归属性和依赖性。跨国公司及其研发机构在当地的根植程度越深，则越有可能在地理上形成跨国公司—供应商—客商之间的三位一体格局，也越有利于本土企业及时获得来自跨国公司研发、生产、销售等方面的技术信息反馈。所谓根植性是指经济行为深深嵌入本地社会关系之中。根据资本的社会嵌入理论，通过与外来资本建立必要的产业联系并获得紧密的产业关联度，是加深外来资本根植性的一个重要途径。因此，我国企业和机构应从全产业链的各个环节着手，包括对跨国公司原材料采购供应及其上下游产品供应的本地化程度、产品加工制造过程中的技术支持、产品研发设计过程中的合作交流、对本地企业的技术转移和技术溢出效应、与本地产业的接口、对地方产业结构升级的促进以及对本地产业竞争力提升的作用、人力资源的本地化程度等等，与在华跨国公司及跨国公司研发机构之间形成持续而稳定的产业关联性。

（三）增进本土与外资研发机构间的互动合作，诱导外资研发机构形成更多技术溢出

对国内创新主体来说，能否受益于跨国公司研发机构的技术溢出无疑倍受关注。一般而言，跨国公司会严格控制技术知识信息的外泄，对一些关键核心技术尤其如此。在此情况下，倘若我

国创新主体能增进同外资研发机构之间的交流与合作，形成你中有我、我中有你的互动发展格局，对我国企业获得外资研发的溢出技术无疑最为有利。因此，要促进外资研发活动的技术溢出，互动合作是关键。从某种意义上，如果双方没有互动合作，那么技术和知识的溢出将极为有限甚至为零。一方面，要鼓励中外企业合资设立研发机构，或合作开展研发，在合资合作中近距离学习跨国公司的研发流程和管理经验。建议中央出台专项政策，让中外合资设立的研发机构和合作研发项目在税收、土地、资金、人才等方面优先享受比一般外资研发机构更优惠的政策。其次，建立高校与外资研发机构的人才合作培养机制，如合作建立教学实习基地及博士后流动站，吸引外资机构高级人才到高校担任学科带头人，共同举办学术会议等。研究表明，人员的流动是知识溢出的主要途径。所以，要逐步建立起确保人才自由流动的市场机制，既欢迎外资研发机构聘用本土人才，培育本土人才，也鼓励外资研发机构的科技人才“回流”本土企业，形成人才在内外资机构间的双向流动。随着研发人才不断从外资研发机构流出，由此产生的技术溢出效应也将日益显著。

（四）吸纳跨国公司研发机构参与国家科研计划，整合外资研发资源解决重大技术问题

在当今科技全球化的大开放时代，跨界科技合作日趋频繁。不仅企业越来越多地将知识密集型创新活动面向外部开放，国家科技计划吸收外资机构参与的现象也越来越普遍。世界上许多国家都已对外开放本国科技计划。在美国、英国和德国等发达国家，外资参与政府重大科研项目更是屡见不鲜。在一些发展中国家如哈萨克斯坦，外资可以不受限制地投标参与当地科技计划，近似于完全开放，墨西哥、泰国、韩国等国家的开放程度也非常高。近年来，外资对参与我国国家科技计划的愿望愈益强烈，特别是863和973计划，对这些计划的参与甚至比对优惠政策更为关注。但目前我国对外开放的国家科技计划种类很少，外资参与我国科技计划仍处处受限，我国也尚未提出允许外资参与国家科技计划的明确政策。从国际经验来看，吸纳外资研发机构参与国家科研计划是充分利用国际创新资源的一个有效途径。我国急需研究解决的重大关键技术问题可以吸收世界先进成果，弥补国内在某些技术领域的不足。因此，应适时开放我国国家科技计划，鼓励外资参与国家重大科技项目。可依照国际经验，采取渐进式开放的办法，先以内资机构为主，允许有限数量的外国企业协助参与，以后逐渐放开限制。为确保本国利益最大化，在开放的同时，应设立限制门槛。可借鉴美国经验，规定外资必须有中国合作伙伴才有资格承担国家项目，研究须在中国进行，成果属中国所有，且须先在中国完成市场化。

（五）培育本地企业自主研发能力，增强对跨国公司先进技术的消化吸收水平

虽然跨国公司的技术溢出对优化我国创新体系功能具有促进作用，但其能否产生积极影响，关键还在于我国创新主体是否具备较强的技术吸收能力。根据跨国技术溢出理论，技术溢出效果由溢出双方的技术差距决定。如果我国企业与跨国公司之间的技术差距过大，则我国企业将难以有效吸收跨国公司的技术溢出。只有二者之间技术差距较小，才有可能发生知识的流动，溢出才会更明显。因此，只有不断提高我国本土的技术研发能力，才能充分吸收和消化跨国公司的先进技术。另外，虽然跨国公司在华研发机构设在我国本土，可以视作我国创新体系的组成部分，但由于其控制权与技术主导权仍取决于跨国公司，所以对中国来

说，如若一味追求跨国公司的研发投资，则可能逐步丧失在国家创新体系中的技术自主权。因此，在引进外资研发的同时，中国必须实行自主创新策略，走自主发展技术的道路，并有机地将自主创新与引进和消化外资研发结合起来，才能促进我国科技创新又好又快地发展。

试析国际社会对中国统一战线的研究及启示

朱雯霞[*]

内容提要：从历史的角度而言，中国统一战线肇始于民主革命时期的第一次国共合作，其间经历了中国抗日民族统一战线、中国人民民主统一战线、中国爱国统一战线等形式。虽然不同时期的统一战线的主要诉求不完全相同，但是中国统一战线从诞生之初就具有动员一切可用之力量，广结联盟，求同存异的主要特性。中国统一战线是历史的，更是现实的。本文试图初步梳理国际理论界对中国统一战线的研究评价，在此基础上对未来中国统一战线的发展建设提出相因应的启示。

统一战线是中国共产党从长期的革命和执政实践中形成的独特政治经验，巩固和发展最广泛的爱国统一战线不仅是民主革命时期中国维护国家独立和民族解放的三大法宝之一，在 21 世纪

* 朱雯霞，上海社会科学院当代中国政治研究中心助理研究员。

中国努力实现和平崛起和民族复兴的进程中，更是执政党必须长期坚持的治国理政的重要方针。进入 21 世纪之后，随着社会变革的深入，社会日渐趋向多元化发展，社会构成成分多样化、社会治理主体多样化、社会利益诉求多样化、社会价值观多样化等社会发展特点日益显著。其必然结果之一是社会力量的分散化以及社会成员的人格独立化和自主化。在此种社会状态中如何有效整合社会资源，动员可用之社会力量，构建更广泛的社会联盟，实现社会的大团结、大协调，促进中国和谐社会的建设与发展，从而夯实中国共产党的执政基础是当前统一战线研究必须解决的问题之一。在这个过程中倾听国外对中国统一战线的研究与评价就具有了他山之石的功效。

一、国际理论界对中国统一战线之发展的研究

就目前所知的资料来看，国际理论界对中国统一战线之发展的研究比较集中，成果也较丰富。国外学者对中国统一战线发展历程的研究一般包括中国统一战线的源起、中国统一战线发展的不同阶段及其主要任务、影响中国统一战线发展的主要因素等主要问题。

（一）关于中国统一战线的源起研究

国外学者对于基于第一次国共合作的国民革命联合战线之形成原因及其影响因素进行了广泛的研究。就中国国民革命联合战线的形成，多数西方学者通常从共产国际的视角分析研究共产国际对中国共产党及第一次国共合作的影响。他们认为，虽然从中国共产党的发展历史看，革命统一战线的思想萌芽从建党伊始就

已经出现了，但是这种建立革命联合战线的思想则来自共产国际。在建党之初，中国共产党的创始人们虽然已经清醒地认识到，中国要彻底摆脱半殖民地、半封建的状况，实现国家的独立和民族的复兴，仅仅依靠自身的力量是不够的，必须在各种不同的情形下团结一切可能参加和同情革命的阶级和阶层，团结人口占绝大多数的农民阶级、城市小资产阶级以及其他中间力量，组成广泛的革命统一战线。1922 年召开的中共“二大”的决议就公开宣布，“我们共产党应该出来联合全国革命新党派，组织民主联合战线，以扫清军阀，推翻帝国主义的压迫”①。但是，早在 1920 年共产国际就已经提出了有关构建革命统一战线的想法，与此同时中国共产党尚未成立而是处于中国马克思主义学习小组的组织状态。有部分学者进一步指出，中国共产党最初就是在苏联驻共产国际代表马林（Maring）的指导影响下提出建立中国国民革命联合战线的构想。鉴于共产国际在实际运作过程中由苏联主导，因此，苏联驻共产国际代表对中国共产党的指导和影响本身就代表了共产国际对中国共产党的指导。② 有学者在对马林与中国统一战线源起之关系的专门研究中也指出，由于马林本人在 1921 年到 1923 年间在中国境内工作并且参与了中国共产党建立的整个过程，因此他对当时中国社会革命现状具有自身的特殊认识。在他看来，中国革命的推进仅仅依靠当时非常羸弱的中国共产党是不可能实现的，而是需要利用中国民族主义运动的力量。而就当时中国社会的现状而言，最为强大的民族主义运动力量就是中国国民党。在这个认知基础上，加之共产国际有关建立统一

① 时光主编：《“二大”和“三大”：中国共产党第二、三次代表大会资料选编》，北京：中国社会科学出版社，1985 年版，第 104 页。

② Bruce A. Elleman, “Soviet Diplomacy and the First United Front in China”, *Modern China*, Vol. 21, No. 4 October, 1995, pp. 450—480.

战线的决议，马林向中国共产党建议与国民党合作建立国民革命联合战线。①

还有一些学者如 Bruce A. Elleman 等对中国国民革命联合阵线的源起持不同观点，他们认为与其说是共产国际促成了第一次国共合作，不如说苏联政府才是第一次国共合作实现的真正幕后推手。事实上，早在 1918 年的夏天，苏联就向孙中山提出建立联盟的构想。苏联政府对这个联盟的最初设想并不是推动中国共产党与中国国民党的联合，而是构建布尔什维克与国民党之间的联盟。苏联构建这个联盟的主要政策意图是利用这个联盟牵制当时的中国北洋政府，从而使苏联与北洋政府的秘密谈判中能够重新获得对中国满洲里的东方铁路的实际控制权。这个联盟在苏联看来是一项双赢的政策。对孙中山的广州革命政府而言，联盟为其带来了持续的外援，而对苏联而言其不仅可以在与北洋政府的谈判中获得先手，而且也能在一定程度上推动共产主义在中国的发展以及中国共产党的建立。在第一次国共合作形成之初，苏联更是直接派出代表与孙中山进行谈判，并允诺支持孙中山领导的民族统一运动，作为交换，孙中山则承认中国共产党并同意中国共产党党员以个人身份加入中国国民党。②

第二，关于中国统一战线发展的不同阶段及其主要目标的研究。从中国统一战线发展的断代研究而言，多数国外学者赞同中国统一战线主要分为最初的国民革命联合战线，中国抗日民族统一战线，中国人民民主统一战线等阶段。在主流学者看来，不同阶段的中国统一战线所具有不尽相同的名称在很大程度上概括和

---

① Tony Saich, *The Origins of the First United Front in China*: *The Role of Sneevliet* (*alias Maring*), Leiden E. J. Brill, 1991.

② Bruce A. Elleman, "Soviet Diplomacy and the First United Front in China", *Modern China*, Vol. 21, No. 4 October, 1995, pp. 450—480.

表达了其各自的主要目标和政治诉求。国民革命联合战线的建立，其主要目标和任务就是推动国民革命，实现民族统一。中国抗日民族统一战线的主要诉求则是动员一切力量抵抗日本的侵略。中国人民民主统一战线的政治诉求则是推进人民民主，巩固中国共产党的执政基础、促进国家统一与整合。①

同时，国际学界普遍认为，在中国统一战线发展的不同阶段，其具有不同的主导力量。在国民革命联合战线及中国抗日民族统一战线这两个阶段，中国共产党与中国国民党是联合战线的主要成员。在第一次国共合作过程中，由于中国共产党自身发展的先天不足使得中国国民党在联合战线中处于主导地位。在抗日民族统一战线阶段，虽然中国共产党率先提出了“停止内战，一致抗日”的建立广泛的爱国统一战线的主张，呼吁“无论各党派间在过去和现在有任何政见和利害的不同，无论各界同胞间有任何意见上或利益上的差异，无论各军队间过去和现在有任何敌对行动，大家都应当有‘兄弟阋于墙，外御其侮’的真诚觉悟”，有力推动了抗日民族统一战线的建立，使中国赢得了抗日战争的全面胜利。但是就实际情况而言，在抗日民族统一战线内部，中国国民党同样处于主导地位。在第一次国共合作失败之后，蒋介石的国民政府对中国共产党的主要政策就是进行军事围剿。在国民党军队的大规模围剿之后，中国共产党的力量受到了很大的削弱，甚至已经到了趋于消亡的边缘。而日本的入侵、国内抗日民意的日渐高涨以及蒋介石政府的消极抗日政策为中国共产党提出建立抗日民族统一战线提供了基础。但是，在中国抗日民族统一战线建立之后，国民党军队作为抵抗日军侵略的主力受到了国际

① King-Yi Hsu，“ Taiwan's Response to Peking's United Front Tactics”，*Asian Affairs*，November/December，1980，p. 89

社会的广泛关注，美国对其提供了大量的援助。而苏联的对华援助也大量流向了中国国民党，中国共产党则主要以游击战的方式对日作战。中国人民民主统一战线的主导力量是中国共产党，而联合的力量则是众多民主党派、知识分子和无党派知名人士等介于中国共产党与国民党之间的中间政治力量。①

第三，关于影响中国统一战线发展之因素的研究。国外众多学者在对中国统一战线发展的研究过程中列举了诸多影响因素。其主要包括共产国际对中国统一战线发展的影响、苏联对华政策对中国统一战线发展的影响、中国国民党与中国共产党力量对比变化对中国统一战线发展的影响、毛泽东等政治领导人对中国统一战线发展的影响以及全球时局背景对中国统一战线发展的影响。②

二、国际理论界对中国统一战线对中国民主革命发展之意义的评价

国外理论界普遍认为中国统一战线对中国民主革命发展进程具有重要意义，其最为主要的体现就是中国统一战线是中国共产党发展和壮大的主要法宝之一。中国统一战线就其内涵而言是指一定政治力量的联合。力量联合本身就是一种合纵连横

---

① 杨清海：《中共统一战线之研究》，国立台湾大学三民主义研究所，1990年版。

② John W. Garver，“The Origins of the Second United Front：The Comintern and the Chinese Communist Party，” *The China Quarterly*，March 1988，pp. 29—59. Lyman P. Van Slyke，“The United Front in China，” *Journal of Contemporary History*，July，1970，p. 119. John W. Garver，Comment：Mao，“The Comintern and the Second United Front，” *The China Quarterly*，March，1992，pp. 171－179.

的手段。国外学者普遍认为中国统一战线的实质就是“联合朋友，孤立敌人，团结力量，协调发展”。对于朋友与敌人的判断是建立在主观目标和客观力量对比的基础之上的。因此，从这个意义上而言，在特定的时空条件下，所有的政治力量都可以成为合纵连横的对象。就中国统一战线而言，其对中国主要意义首先表现在统一战线本身的发展进程体现了中国民主革命发展过程中的政治力量对比变化。根据国外学者对政治力量联合阵线的一般研究，在联合阵线中各支政治力量在联合的过程中都不可能实现全赢或全输。联合本身就是各方协调妥协的结果，是各方利益博弈的结果。如果出现全赢或全输的局面，联合就丧失了利益基础。因此，在政治力量的联合过程中，各方都能在一定程度上获益的同时必然在另一些方面付出一定的妥协代价，其主要的区别仅仅在于获益的程度不同。就中国统一战线这一政治力量联合的产物而言，其对中国民主革命发展的意义正是在于其促进了中国共产党自身力量的大发展，从而决定了中国民主主义革命最终取得胜利。

国外学者指出，在国共第一次合作过程中，从中国国民党的立场而言，其主要的获益是在中国共产党的协助下完成了国家整合，建立了合法的国民政府，获得了执政地位。对中国共产党而言，虽然以个人身份加入国民党使得中国共产党在一定程度上丧失了独立性。但是从绝对力量上而言，中国共产党确实在国共合作的过程中得到了极大的发展。统计数据显示，截至 1927 年，中国共产党的党员从 1922 年的 123 人迅速壮大到 1927 年的 57900 人。对中国政治发展或者说中国革命发展而言具有决定意义的是抗日民族统一战线。抗日民族统一战线中，中国共产党不仅在国民党全面围剿的困境中绝地重生，而且通过对日抗战实现了其与国民党之间力量的此消彼长，并迅速壮大了自身的实力。[①] 事实上，正如学者 Lyman P. Van Slyke 所言，建立抗日民族统一战线政策是中国共产党人通向执政的权力之路，是中国共产党最终获得成功的关键要素。[②] 在著名华人学者邹谠看来，正是八年抗战和抗日民族统一战线为中国共产党提供了扩展自身政治力量和军事实力的机会。一方面，国民党主力部队与侵华日军正面交火使得国民党军事实力受到了很大的削弱；另一方面，国民党力量在抗日过程中的失败和撤退为中国共产党力量的发展提供了空间。[③] 当然，有学者提醒抗日民族统一战线并不是决定中国共产党崛起和中国国民党失败的分水岭。因为在这些学者看来，中国共产党在抗战过程中实际控制的地区局限在陕甘宁等边区，而中国国民党在抗日战争结束之后仍然控制了中国大部分的城市。同时，由于国民党在抗战过程中接受了诸多外部对华援助，其在力量上仍然保持对共产党的绝对优势。中国共产党在抗日民族统一战线政策中的最大获益是巩固和壮大了自身的军事力量和政治影响力。[④]

中国统一战线对中国民主革命发展进程的另一重要意义就是，统一战线政策的实施过程是中国共产党逐渐走向自主独立的过程。成熟独立的中国共产党的出现是中国新民主主义革命最终获得成果的重要基础和保障。在国外学者看来，中国统一战线的发展，尤其是中国抗日民族统一战线的建立是中国共产党独立于共产国际和苏联共产党的自主过程，标志着中国共产党作为未来

---

① King-Yi Hsu，" Taiwan's Response to Peking's United Front Tactics"，*Asian Affairs*，Nov. /Dec.，1980，p. 89.

② Lyman P. Van Slyke，"The United Front in China"，*Journal of Contemporary History*，July，1970，p. 119.

③ 邹谠：《中国革命的再解释》，Oxford University Press，2002，pp. 128—132。

④ King-Yi Hsu，" Taiwan's Response to Peking's United Front Tactics"，*Asian Affairs*，November/December，1980，p. 89.

中国革命主导力量的日渐成熟。正如前文所言，国外学者认为共产国际和苏联共产党对国民革命联合战线和抗日民族统一战线的形成具有重要的影响力。在很大程度上苏联共产党和共产国际主导了中国统一战线最初的形成和发展。但是，一些国外学者通过研究指出，中国统一战线的发展过程本身就是中国共产党独立于苏联共产党控制的自主过程。就抗日民族统一战线而言，虽然共产国际和苏联共产党在共产国际第七次代表大会期间向王明等中国共产党领导人提出中国共产党与国民党联合构建抗日民族统一战线的决议，但是王明等人鉴于第一次国共合作的失败经验并不同意进行第二次国共合作。在经过苏共和共产国际的“多次沟通”之后，王明才同意与国民党合作共同抗日。王明的这种行动在一定程度上已经开始显现中国共产党的独立性。遵义会议之后，毛泽东在纠正王明等人的左倾路线的过程中逐渐成为了中国共产党的领导人。毛泽东提出构建抗日民族统一战线本身就是对苏共和共产国际有关建立统一战线的修正。以毛泽东为首的中国共产党人提出抗日民族统一战线的本质是构建最广泛的爱国抗日联盟，团结一切可以团结的力量，一致抵御日本的侵略，国民党只是可以团结的力量之一。此外，苏共和共产国际对中国共产党建立统一战线的主要诉求是通过实现国共合作，借助国民党政治军事力量有效牵制在华日军北上入侵苏联的西伯利亚，从而避免苏联受到德、日两国的两面夹击。鉴于此，斯大林要求中国共产党将自身领导的军事力量重新组编并入国民党部队编制，并且苏联将不再向中国共产党提供军事援助，苏联对华援助的主要输出对象变成了国民党。中国共产党并没有完全接受苏共和共产国际的有关要求，而是借助对日作战日益发展壮大自身军事力量和政治影响力。无论苏共和共产国际的决议如何，毛泽东领导的中国共产党在建立中国统一战线的过程中始终围绕着一个战略方针，即“谁是我们的朋友？谁是我们的敌人”。①

三、国外对统一战线之于中国社会政治发展的作用的评价

肇始于国共第一次合作的中国统一战线及之后的中国抗日民族统一战线，更多的是中国共产党为适应形势变化和自身发展需要而与中国国民党等国内其他政治力量结成的临时联盟。新中国建立之后，随着中国国内社会政治的发展，中国统一战线开始从中国共产党短期战略上升为中国政治的一项重要制度安排。从简单的孤立敌人的临时战略转变为动员力量、广结联盟、构建和夯实中国共产党执政基础的重要战略。国外理论界认为统一战线为新中国社会政治发展的作用主要体现在以下几个方面：

首先，统一战线为新中国外交政策的确立与发展提供了成功的经验借鉴。在新中国成立伊始，中国外交由于受到了西方国家的全面堵截而呈现“一面倒”的态势。国外学者认为，虽然中国外交在建国伊始呈现显著的“一面倒”的特点，但是在此背景

① Lyman P. Van Slyke, *Enemies and Friends: The United Front in Chinese Communist History*, Stanford University Press, 1967. King-Yi Hsu, “Taiwan's Response to Peking's United Front Tactics”, *Asian Affairs*, November/December, 1980, p. 89. Tetsuya Kataoka, “Resistance and Revolution in China”, *the Communists and the Second United Front*, Berkeley, University of California Press, 1974. Stuart R. Schram (ed.), *Mao's Road to Power: Revolutionary Writings*, 1912—1949. *Volume V: Toward the Second United Front, January* 1935—*July* 1937. Armonk, NY and London: M. E. Sharpe, 1999. Shum Kui-Kwong, *The Chinese Communists' Road to Power: The Anti-Japanese National United Front* (1935—1945), New York: Oxford University Press, 1988.

下，中国共产党人充分借鉴革命战争时期统一战线的成功经验，积极扩展与美苏两强之间的中间力量的互动空间。例如，中法建交的整个过程就是中国将统一战线之经验复制到国际领域的成功案例。此外，通过与广大第三世界国家发展外交关系更是一种团结中间力量，广结联盟的国际统一战线策略。统一战线的成功经验不仅为新中国外交提供了重要的参考，而且更为新中国拓展了社会政治发展所必需的国际空间。在20世纪70年代中国共产党更是将统一战线之成果经验在外交领域运用自如。在围绕“谁是我们的朋友？谁是我们的敌人”的统一战线方针的基础上，中国在美苏之间游刃有余，当苏联成为中国主要外部矛盾时通过与美国建交来制衡苏联，达到联美抗苏的战略目的。① 当然，国外学者也指出新中国外交政策的制定与实施虽然在很大程度上受到了革命战争时期统一战线的成功经验的影响，但是真正决定国家间合纵连横的因素仍然是国家现实利益。

其次，统一战线为中国政治制度化建设提供了“永恒的制度遗产”。在国外学者看来，中国统一战线的主要衍生品多党合作和政治协商制度及其主要组织载体的中国人民政治协商会议是中国社会政治制度的重要构成。统一战线是中国共产党领导下实现各方力量联盟和民主的重要方略，同时也是一种中国基本的政治制度和组织形式的价值内核。作为一种政治制度，统一战线体现的多党合作和政治协商制度虽然不是国家根本的政治制度，但它是对人民代表大会制度的重要补充，共同构成中国社会政治制度的整体。统一战线为中国共产党领导下的多党合作和政治协商制度提供了发展党际协商关系的制度平台。同时，从组织形式看，

---

① J. D. Armstrong, *Revolutionary Diplomacy: Chinese Foreign Policy and the United Front Doctrine*, Berkeley, University of California Press, 1977.

中国人民政治协商会议作为政治协商制度的组织载体，因其所具有的广泛代表性而在中国民主政治的实际运作与发展中具有不可替代的重要作用。①

第三，统一战线工作在建国之初为中国人民民主政权的建立以及中国共产党执政奠定了合法性基础。事实上，作为新中国第一部具有国家临时宪法性质的《中国人民政治协商会议共同纲领》本身就是中国统一战线工作的产物，其从宪政角度为中华人民共和国的成立以及中国共产党的执政奠定了法律基础。1949年9月召开的中国人民政治协商会议就宣称："中国人民民主专政是人民民主统一战线的国家权力。这个人民民主统一战线是有中国工人阶级、农民、小资产阶级、民族资产阶级以及爱国民主人士所组成的，以工农联盟为基础，以无产阶级为领导。"②

第四，统一战线工作在中国改革开放之初为中国提供了相当的社会经济保障。在国外学者看来，中国改革开放能够在短短30年间获得巨大成功，其与海外华人力量的支持密不可分。而海外华人对中国改革开放的支持在很大程度上就是统一战线工作的有效结果。根据国外学者统计，在改革开放之初，国外资本由于受到冷战思维即对中国社会政治发展态势的不确定等因素的影响并不愿意进入中国大陆。中国改革开放的"第一桶金"主要来自港澳台及海外华人华侨。海外华人和华侨不仅为中国改革开放提供了资金和技术支持，更对中国吸引外资起到了示范作用。③

---

① 邹谠：《中国革命的再解释》，Oxford University Press，2002，pp. 128—132。

② 邹谠：《中国革命的再解释》，Oxford University Press，2002，pp. 128—132. Tony Saich，*Governance and Politics of China*，Houndmills，Basingstoke，Hampshire，New York Palgrave Macmillan，2001。

③ 林国章：《中共四化政策对其侨务工作影响之研究》，中国文化大学民族与华侨研究所，076PCCU2101002，1987年。

第五，统一战线为中国社会政治发展提供了整合政治资源、协调各方立场、构建国家认同等功能。统一战线通过贯彻执行执政党的路线方针和政策，可以有效调节不同党派和群众团体的利益取向，巩固和发展最广泛的爱国统一战线。在中国社会政治实践过程中，统一战线使民主党派和无党派代表人士的政治愿望得到合法的表达，为其他社会利益团体的政治诉求提供了沟通平台。国外舆论认为，中国共产党领导下的多党合作和政治协商制度为中国民主党派的发展提供了相当的空间。① 2007 年中国致公党副主席万钢出任科学技术部部长一职更是中国共产党整合政治资源推动中国社会政治发展的典型性代表。国外学者认为，万钢所在的致公党，作为中国八大民主党派之一，其成员主要是归国华侨、侨眷和与海外有联系的知名人士、专家和学者。万钢的出任在一定程度上显示了中国共产党对整合海外华人政治力量的日益重视。当然也有舆论指出，万钢作为毛泽东时代之后的首位非中国共产党部长，其上任具有重要意义。较之其民主党派的身份，其多年留学德国的经历以及专业技术背景具有更为重要的意义。万钢的出任并不意味着中国统一战线中民主党派力量的提升以及中国政治阶层的扩大。而是中国共产党对各方政治资源的有效整合。万钢优秀的学术背景有助于中国打造拥有独立技术的本土产业，也呼应了国家主席胡锦涛提出的提升国家创新能力的发展战略。② 其次，统一战线工作对中国政治发展而言还具有构建国家认同的现实意义。作为统一战线的重要对象之一的宗教人士，如何在尊重宗教信仰自由的制度条件下有效构建国家认同是

---

① Gerry Groot，“Managing Transitions：The Chinese Communist Party，United Front Work”，*Corporatism and Hegemony*，New York，Routledge，2004.

② 《参考消息》，2007 年 4 月 29 日。

中国共产党必须回答的命题。国外学者认为，中国共产党正是通过统一战线，对宗教人士尤其是中国基督教徒有效的构建了国家认同。在新中国成立之初，由于此前中国基督教与罗马教廷的联系使得中国社会大众在爱国热情高涨的背景下将中国基督教徒视为非爱国人士，甚至视为非中国人。这种观点在党内外都具有相当的市场。与此同时，中国基督教组织与罗马教廷的联系由于受到种种因素的影响而中断了。因此，中国基督教徒在相当长的一段时间内处于认同迷茫的状态。而中国共产党正是通过统一战线工作，通过对中国基督教组织的统战工作使得中国基督教组织成为中国爱国统一战线的重要力量，中国基督教徒也由此加强了对中国的国家认同。[①]

第六，统一战线对中国社会政治发展的意义还在于为各社会政治力量提供了有序的政治参与途径，为保持中国政治体制的稳定提供了重要保证。公民的政治参与是当代民主政治的重要特点。在当前的中国，健全民主制度、丰富民主形式，扩大公民有序的政治参与是中国共产党推进人民民主，发展社会主义民主政治的重要抓手。国外学者认为统一战线及其组织形式人民政治协商会议为有序的政治参与提供了畅通的渠道，为公民和社会团体合法的政治意见表达提供更为宽松的空间，有利于使公民的意见和主张在国家政治生活中得到充分表达，最大范围的实现各民族、各团体、各阶层、各方面人士政治参与的愿望。同时，建立在统一战线工作基础上的畅通的民意表达渠道对保持中国政治体制的稳定具有相当重要的意义。国外学者普遍认为中国经济发展

---

① Philip L. Wickeri., *Seeking the Common Ground*: *Protestant Christianity*, *the Three-Self Movement*, *and China's United Front*, Maryknoll, New York, Orbis Books, 1988.

的必然结果是促进中国政治民主的发展。这种政治民主的发展主要体现在新兴中产阶层自我意识的觉醒以及政治参与愿望的萌发。由于中国统一战线为各方政治力量和社会阶层提供了必要的政治参与渠道和政治利益表达途径，中国新兴商业精英和中产阶级并不会向中国共产党的执政发起挑战。① 正如美国学者 Joseph Fewsmith 在 2007 年夏季号的《中国领导箴言》季刊上刊文指出的那样，中国当前的政治体制由于中产阶级的兴起而日渐趋于稳定。改革开放近 30 年以来，中国的中产阶级发展迅速。这些主要由职业经理人、基层干部、科技人员以及上班族构成的中产阶级主要居住于大城市，并且引领中国的消费走向和经济趋势。这些白领阶层虽然在绝对数量上并不占人口多数，但却对维护中国政治体制稳定具有相当的作用，其主要原因是中国的中产阶层不完全等同于西方意义上的中产阶级。中国的中产阶层在政治经济等各方面都依赖于国家和执政党，同时，他们的政治诉求具有比较畅通的表达渠道，他们对政府的态度更多的是配合与协作，而且会对政府的政策予以多方配合。据研究显示，中国的中产阶层和政府利益日趋一致。因此，随着中国社会城市化的推进及中产阶层的日渐发展兴起，中国政治体制将保持总体稳定。

① Margaret M. Pearson, *China's New Business Elite: The Political Consequences of Economic Reform*, Berkeley, University of California Press, 1997.

两个一体化夹缝中的欧洲民法法典化

朱淑丽*

内容提要：欧洲民法法典化根源于欧洲经济、政治两个一体化之间的矛盾：一方面，飞速发展的经济一体化要求与内部市场有紧密关联的法律超越国家疆界，在欧盟层面上形成一个统一的法律制度；另一方面，政治一体化的滞后却不能授予欧盟足够的权限，使其成为能够满足上述需要的超国家主体。受制于这样的社会现实，欧洲法典化走上了一条不同于传统的法典编纂道路，表现出超国家化、民间化和软法化等显著特征，成为透视20世纪以来引发国际性法制转型和法律全球化问题的一个重要范例。

欧洲民法法典化始于20世纪80年代初，经30年的发展历程，目前已成为当今世界最引人瞩目的法律事件之一。这场法典

* 朱淑丽：上海社会科学院当代中国政治研究中心副研究员。

化运动根源于欧洲经济、政治两个一体化之间的矛盾：一方面，飞速发展的经济一体化要求与内部市场有紧密关联的法律超越国家边界，在欧盟层面上形成一个统一的法律制度；另一方面，政治一体化的滞后导致欧盟不具有足够的权限，使其成为能够满足上述需要的超国家政体。这种矛盾反映了经济全球化的要求与超国家政治实体的缺失二者间的冲突，这是欧洲法典化的动因与运作环境，也是决定其发展轨迹的逻辑起点。处在夹缝中的欧洲法典化由此走上了一条不同于传统的法典编纂道路。正是在这一点上，它在区域范围内对应和反映了法律全球化问题，成为透视20世纪以来引发国际性法制转型和法律全球化问题的一个重要范例。

一、经济一体化的飞速发展与欧洲私法的出现

（一）内部市场的功能性扩张

欧洲一体化是以实现更紧密的联盟为目标的统一工程。自其以经济领域中的一个部门开始起步以来，它所取得的最显著的成就就是经济一体化。经济一体化旨在消除欧盟成员国之间的经济边界，增加实际或潜在的竞争，从而产生更多的收益。它之所以成为一项大有前途的事业和欧洲一体化的主要表现形式，是因为经济领域所涉及的问题是绝对财富的分配（即可以通过合作实现共赢），而不触及价值观方面的冲突（即政治冲突），因此可以通过技术专家进行治理。[①]

---

① ［德］贝娅特·科勒—科赫等著：《欧洲一体化与欧盟治理》，顾俊礼等译，中国社会科学出版社，2004年版，第54页。

经济一体化的核心部分是内部市场制度。在各国分割的市场基础上建立一个内部市场，实现商品、人员、服务和资本的自由流动以及充分竞争，以规模经济促进商品的生产和分配，是欧盟的关键性目标。这个目标明文载入一系列基础条约，并被欧盟次级立法予以贯彻和实施。所有的欧盟法律，无论公法、私法，实际上都是实现内部市场计划的工具。①

然而，由于私法具有强烈的民族性，长期以来它一直是欧共体难以染指的领域。私法的民族性产生于视民法典为现代民族国家诞生标志的历史认同，因为民法典体现了民族国家作为政治和法律单位的本质，具有宪法性宪章的象征性价值。1957 年签订《罗马条约》的 6 个欧洲国家各自都有一部自给自足的民法典，并由一套确定的国家司法系统予以适用和解释。在这种背景下，无怪乎基础条约在框架设计和调整范围上都是公共性的。条约意欲确保的四大自由尽量在不触及各国民法典的内容和结构的情况下得以实现。

然而没过多久，建立内部市场所产生的强大的功能性压力很快就突破公法/私法之分，使欧共体的调整范围“溢出”到私法领域。这种“溢出效应”归因于欧盟调整策略的变化。在建立内部市场的权限范围内，欧盟可以实行两种策略：消极一体化（negative integration）和积极一体化（positive integration）。前者集中于减少和消除国家对跨界交易的限制（即取消成员国规制），包括关税、数量限制以及其他贸易壁垒；后者是指欧盟采取积极行动，以法律协调（legal harmonization）为手段，为内

① Christoph U. Schmid, “The Instrumentalist Conception of the Acquis Communautaire in Consumer Law and its Implications on a European Contract Law Code”, *European Review of Contract Law*, Vol. 1, No. 2, 2005, pp. 215—216.

部市场确立统一性法律（即建立欧盟规制）。在1987年《单一欧洲法令》生效之前，欧共体主要采用消极一体化策略；此后，则主要采用积极一体化策略。

（二）欧洲私法的出现

内部市场的核心就是清除成员国之间存在的各种贸易壁垒，包括关税壁垒和非关税壁垒。前者经由消极一体化策略很快就被解决，但是这种策略对于非关税壁垒却无济于事。后者产生于成员国为数众多的有关消费者保护、环境保护、雇员保护及技术标准的规定，只能通过法律协调手段（即制定欧盟立法）才能逐渐消除。然而，由于当时的决策程序采用的是全体一致表决制，每个成员国都可以一票否决欧共体的立法提案，因此协调各国法律的尝试举步维艰。

为了克服上述难题，《单一欧洲法令》简化了决策程序，将欧共体立法的表决程序由原来的全体一致转变为多数表决制，这便利了欧共体立法的顺利通过。自此，欧共体以建立和完善内部市场为名，开始越来越频繁地通过次级立法协调成员国相关领域的私法。这些法律领域主要是合同法和侵权责任法，因为它们构成市场交易的基本法律依据。因此，涉及这些法律分支的欧盟立法不可避免地侵入了核心的民法领域。传统的私法规则由此在欧盟层面上受到塑造和影响，这种现象被称为“私法欧洲化”（Europeanization of Private Law），即相关私法的管辖权由成员国向欧共体/欧盟层面转移，其结果是促生了一种新的法律类型——“欧洲私法”（European Private Law）。

从实证角度看，欧共体以建立共同市场为目的而使成员国法律趋于接近（通称为“法律协调”）的权限，成为其干预私法的主要根据。这方面的权限通过《建立欧共体条约》第94、95条

（现合并为《欧盟运转条约》第 114 条）得到了具体化，[1] 这两条允许欧共体采取措施，使直接影响内部市场的建立和运行的成员国法律趋于接近。然而，这不意味着欧共体拥有调整内部市场的一般权限，因为根据《欧共体条约》第 5 条（现为《欧盟条约》第 5 条）规定的授权原则，依照第 94、95 条采取的措施必须真正地以促进内部市场为目标。另外，《欧共体条约》第 153 条（现为《欧盟运转条约》第 169 条）还明确授权欧共体在消费者保护领域开展活动，“在完成内部市场的框架内依照第 95 条制定措施”。据此，欧共体可以借助消费者保护立法侵入私法领域。然而，该规定将消费者保护与第 95 条中的内部市场权限结合在一起，使该领域的立法关注的不是形成一个连贯的消费者保护体系，而是协调影响到内部市场运行的成员国消费者法律中的差异。

综上所述，第 94、95 条关于“法律协调”的规定，以及与第 95 条联系在一起的第 153 条关于“消费者保护”的规定，目前是欧盟干预私法的主要来源。这类干预最终都来源于其发展内部市场的法律协调计划。因此可以说，欧洲私法其实是以内部市场为旨归的欧盟法律协调计划产生的一种“溢出效应”。[2] 这表明，欧盟调整私法事务的权限不是独立的，而是功能性的（即服从于内部市场的需要），因而具有潜在的无限性和不确定性，其可行性依赖于特定的政治环境。

---

① 文中所涉条款参照的是经《尼斯条约》修订的《建立欧洲共同体条约》合并版本，后面所附为这些条款在《里斯本条约》修改后的《欧盟运转条约》和《欧盟条约》合并文本中的编号。

② Stefan Vogenauer, Stephen Weatherill, “The European Community’s Competence for a Comprehensive Harmonisation of Contract Law — an Empirical Analysis”, *European Law Review*, Vol. 30, 2005, p. 822.

二、政治一体化的滞后与欧洲私法的缺陷

（一）欧盟权限的不完整

经济一体化的推动力是努力减少或消除成员国国界作为经济边界的公共作用。在一个没有国家政府或民族国家观念的虚拟世界中，假定不考虑政治的话，一体化会归结为纯粹的市场一体化。但在现实世界中，经济一体化在一定程度上是政治性的，往往需要得到政治一体化进程的配合，或者是后者的结果。① 从这个角度看，欧洲政治一体化的滞后状态与经济一体化的飞速发展不相匹配。

政治一体化意味着成员国向欧盟这个超国家组织转让主权。由于政治冲突是典型的价值冲突，它关系到认同意识和合法性问题，因此政治一体化只能艰难地循序渐进。尽管在过去的几十年中，成员国已经让渡了许多单个政策领域的管辖权，但是仍然把“自裁管辖权”即“界定权限的权力”留在自己手中。于是，欧盟仅拥有成员国让渡的权力，只能在基础条约授予的权限范围内采取行动。

就欧盟在私法事务上的立法权限而言，首先应该明确的是，根据条约规定，欧盟在一般的民事领域并没有明确的立法权。条约中并没有关于各个法律领域（比如合同法、公司法、商法等）的立法权限的规定，这意味着欧盟无权制定诸如合同法、商法等一般性法律。相反，只有一些着眼于政治、经济因素的特殊规定

① ［荷］雅克·佩克曼斯著：《欧洲一体化：方法与经济分析》，吴弦、陈新译，中国社会科学出版社，2006年版，第4—5页。

间接涉及到私法事务。如上所述，欧盟对私法的干预具体来源于其建立内部市场的法律协调权限。

其次，欧盟的法律协调权限进一步受到几个宪法原则的限制。它在任何领域的立法活动都受到《欧盟条约》第 5 条的限制。该条确定了三个基本的宪法原则——授权原则、从属性原则和适当性原则，它们是审查一项欧盟立法是否合法的基本条件。授权原则要求欧盟只能在条约授予的权限内制定立法。最近生效的《里斯本条约》没有改变这种状况，反而把欧盟权限清晰地划分为专属权限、共享权限和默示权限三种（《欧盟运转条约》第 2—6 条）。内部市场和消费者保护属于共享权限的范围，从而进一步受到从属性原则的约束。这项原则要求，只有在拟议中的行动目标成员国没有充分能力予以完成，而出于拟议中的行动的规模和效果的原因，联盟能够更好地完成时，才由联盟采取行动。适当性原则则要求欧盟的任何行动都不应超越条约的目标所必需的限度。从属性原则支配一项欧盟行动的发动，适当性原则用于评价欧盟行动的强烈程度。①

最后，自《单一欧洲法令》之后，欧盟的协调权限受到越来越严格的限制，这是引进多数表决制付出的代价。此前，由于采用全体一致表决制，每一个成员国都几乎完全控制着共同体的进程，共同体似乎更像是各国政府手中的一种工具而不是一个正在侵吞成员国主权的超国家主体，因此共同体的权限问题无须郑重对待。此后，由于采用了多数表决制，共同体可以在违背某些成员国意愿的情况下通过立法。成员国与欧盟的权限划分问题，由此成为高度敏感的焦点。

---

① ［法］德尼·西蒙著：《欧盟法律体系》，王玉芳等译，北京大学出版社，2007 年版，第 121 页。

综上所述，政治一体化的滞后使欧盟的权限受到了重重限制。这种限制造成的结果是，欧盟不但不能通过立法途径一劳永逸地解决欧洲私法问题，而且由于其权限的不完整，反而使欧洲私法内在地具有不可克服的缺陷。

（二）欧洲私法的缺陷

欧盟进行法律协调的措施主要分为“条例”和“指令”两种。由于条例具有完整的约束力和普遍的法律效力，其颁布受到很大限制，且由于成员国私法差异较大，因此，如果只能取得最低程度的协调，欧盟一般采用指令的形式。成员国必须在规定的期限内，采用可以灵活选择的形式和方法，把指令的内容转化为国内法。这既可以使成员国法律维持一定的共性，又得以保留一定的差异性，是为“最低限度协调”（minimum harmonization）。“最低限度协调”只规定最基本的要求，这意味着成员国在欧盟指令所涉及的事项上仍然拥有立法权，只要它的立法比协调性措施具有更高程度的保护性。消费者保护领域中的许多指令，如《消费者合同中的不公平条款》（93/13/ECC），都是“最低限度协调”的例子。

20世纪80年代中期以来，欧共体颁布了大量指令影响到若干私法领域，由此形成了“欧洲私法”，尤其是相对密集的“欧洲合同法”。例如，《误导广告指令》（84/450/EEC）、《上门推销指令》（85/577/ECC）、《产品责任指令》（85/374/ECC）、《独立商务代理人指令》（86/653/EEC）、《消费者信贷指令》（87/102/EEC）、《一揽子旅游指令》（90/314/EEC）等立法（90年代后又出台了十几项重要立法），不仅涉及一般合同法规则，以及一些特殊合同规则（大多数都是消费者合同），还零星地涉及侵权法和财产法。

然而，由于欧盟权限的不完整和分散性，导致其立法针对的不是具有概括性的法律问题（比如债法、合同法）；相反，为了符合特定的政策目标（建立内部市场、消费者保护等），其立法针对的是阻碍跨国贸易的国家法律规定，它对私法的干预因而被限定为具体事项，不得不以“一事一法”的方式逐个产生。欧盟后来把这种方法称为“逐部分进行的方法”（sector-by-sector approach）或“特定部分解决办法”（sector-specific solutions）；欧洲学界则形象地称其为“点彩画法”。[①] 这种方法产生了如下几个弊端：

首先，在欧盟层面上，造成了民事立法的碎片化（fragmentation）和内部的不一致（inconsistency），使其在基本价值判断甚至关键概念的界定等方面都缺乏内在的连贯性，因此难以形成一个统一的私法体系。其次，在国家层面上，严重危害了成员国法律的统一性。当指令被贯彻进国家法体系中时，二者常常难以和谐相处。成员国不得不为欧盟法调整的特殊领域杀出一条路，以免本国法律体系的其余部分受新插入的欧盟法的影响。结果，大量特殊的转化立法日益侵入国家法，使其丧失了原有的统一性和连贯性。最后，从效果上看，导致法律适用上的复杂化，达不到“法律趋同”的目的。“最低限度协调”允许成员国继续适用或制定更严格的国家法。这样，欧盟法就不能取代国家法，而是和它们一道发生效力。这就造成欧盟法与成员国法律之间、成员国法律彼此间在解决同一问题上的不一致，甚至欧盟和成员国两套法律规则的平行适用，结果不但没有简化和统一法律的适用，反而

① “点彩画法”原本是19世纪法国画家发明的一种新印象主义绘画技巧，用各种单色的小点来增强颜色的亮度和光彩。从近处看，只看到许多单个的小点；从远处看，这些小点就融会成一幅完整的画面。此处借用的这个术语不同于原来的含义，它指代欧盟立法的碎片化、专门性和不成体系的发展风格，无论远看近看都不是一幅和谐的画面。

使原来的问题雪上加霜。这种状况显然不利于内部市场的建立和运行，因而成为亟待解决的难题。欧洲民法法典化由此应运而生。

三、法学者对法典化的推动

法典化的推动力首先来自欧洲法学者。他们不仅率先提出法典化方案，而且始终是这项事业的坚定支持者。因为长期以来，法学家们（至少大陆法系）一直垄断着私法知识的精致化发展，因此只有他们才擅长各国法律的专门知识，有能力领导基础研究，而且能够建立起超越民族、政治和社会的特殊利益的学术团体，忠诚地追求最公平和最有效率的法律原则。再者，共同市场的高度复杂远非政治家们所能理解和掌握。因此，法典化很大程度上就成为一项学术事业。

（一）法典化方案的提出

随着欧洲私法的日益增多，它们的不连贯、碎片化以及因而导致的不良影响，遭到欧洲法学者越来越热烈的批评，最终引起了一种反抗运动。这根源于法律共同体尤其是欧洲大陆法学者的一个坚定信念，即国家法体系的一致性不能任由欧盟立法侵害，因而必须对其进行改革，以实现三个目的：一是填补欧洲私法中的空白；二是解决现行的不连贯；三是避免在未来欧盟立法中出现新的不连贯。达到这些目的的唯一方法是制作一套系统的欧洲私法规则。[①] 这种方法就是法典化，即以一部“欧洲民法典”取

① Ulrich Drobnig, “Unified Private Law for the European Internal Market”, *Dickinson Law Review*, Vol. 106, 2001, p. 107.

代现行的欧洲私法，它一方面可以把碎片化的欧洲私法进行编纂、安排和系统化，将其纳入一个体系化的法典；另一方面不再打断和侵蚀成员国私法的精密结构。

虽然早在欧共体建立之初，就有人讨论过欧洲民法典问题，但是作为实际行动的法典化则始于 1982 年欧洲合同法委员会（Commission on European Contract Law，又名“兰多委员会”）的建立。[①] 该委员会是一个民间学术团体，由当时最有国际声望的欧洲法学家组成，目的是为欧共体制作统一的合同法规则，为未来的“欧洲民法典”或“欧洲合同法典”奠定基础。起初，这只是少数法律精英开展的一项小规模的学术活动，并没有引起广泛的社会关注。后来，学者提出的法典化方案得到欧洲议会的大力支持，该机构于 1989 年通过一项决议，认为“总括个别问题的法律不能满足实现没有壁垒的单一市场的需要和目标”，要求启动必要的准备工作，起草一部“欧洲私法典”；同时要求原则上同意法律统一的成员国建立专家委员会详细论证法典统一的优先顺序，并组织这方面的工作，还要求给比较法研究中心以及法典起草工作提供财政支持。[②] 1993 年《欧盟条约》的通过进一步为法典化议题注入新活力，欧洲议会不失时机地于次年再次发布决议，重申它的要求：“就起草一部‘共同欧洲民法典’的可能性着手工作。”[③]

法典化方案由此迅速成为欧洲法律一体化的焦点和热门话题，吸引越来越多的法学者参与其中。他们通过各种形式推动私

① 因其领导人为奥列·兰多（Ole Lando）。

② European Parliament Resolution on Action to Bring into Line the Private Law of the Member States，1989 O.J.（C 158）400.

③ European Parliament Resolution on the Harmonization of Certain Sectors of the Private Law of the Member States，1994 O.J.（C 205）518.

法一体化事业，使欧洲成为创造一种超国家法制的“实验室”和“竞技场”。这场规模空前的学术动员，使法典化事业在20世纪90年代发展为一场宏大的“欧洲民法典运动”。

(二) 主要成就

20世纪最后20年，欧洲法典化尤其表现出学术化的特点。首先，法学者是这个阶段的领导者，他们围绕法典化的基本问题展开争论，使拟议的民法典轮廓逐渐清晰；其次，大批致力于民法典事业的学术团体、专门期刊和研究成果潮水般涌现，汇聚成强大的舆论动员和学术准备，使欧洲共同法的实现被认为是“大势所趋，无法避免也无法阻挡”[①]。该阶段取得的主要成就有如下几个方面。

1. 对于“欧洲民法典”的形态基本达成一致

大多数学者都程度不同地支持法典化，他们以降低交易成本、促进经济效率和司法安全为理由，强调法典化的必要性，并积极探讨民法典的实质方面和实现方式，最终就这些问题达成基本的共识。

(1)“欧洲民法典”的实质问题。普遍认为，应该从紧迫性和现实性出发，把法典的内容局限于“财产关系法”（Patrimonial Law）中的债法和少量动产法，[②] 具体包括合同、非合同之债（即侵权、赔偿、不当得利和无因管理）以及动产所有权转移，而把不动产、继承和家庭法排除在外。这种安排出于如下考虑：“财产关系法”是技术性的，容易归入内部市场的功能性逻

---

① ［德］莱因哈德·齐默曼、［英］西蒙·惠特克（主编）：《欧洲合同法中的诚信原则》，丁广宇等译，法律出版社，2005年版，第7页。

② 欧洲大陆把民法典中具有经济性质的债法和财产法合称为“财产关系法”，用以区别法典中具有人身性质的法律。

辑中；不动产、继承和家庭法具有强烈的民族性和伦理性，且与市场没有直接关联，理应留给成员国处理，否则会增加法典化的难度。同样，为了减轻政治上的阻力，法典在适用范围上应该局限于欧盟内部的跨国法律关系，而把纯国内事务留给成员国自己。

关于法典的具体设计还没有完全形成定论。比如：大多数人主张把欧盟消费者合同法与一般私法融合在一起，然而问题是如何把合同中的“强行法”与“任意法”揉进一部法典、如何平衡私人自治与消费者保护之间的关系？还有，法典应该建立在哪种合法性的基础上——是一体化功能主义，抑或以新自由主义为导向的市场合理性（即单纯地服务于内部市场的建设），还是以保护弱势群体为着重点的社会正义？等等。

（2）实现法典化的道路。大多数学者都认为，由于欧盟对于一般私法不具有立法权，因此法典化不能依照大陆模式进行，而必须借鉴美国的法典化模式。

大陆模式的法典化是常规的大型立法活动，它以一部具有国家权威的法典为中心，旨在提供一个构造清晰和前后一致的规则体系（外在结构），促进法律的内在连贯性（内在结构），为学说、司法和立法的进一步发展提供一个概念结构，常常起到推动法律统一和政治统一的作用。按照这种理解，“欧洲民法典”具有很强的意识形态因素，它隐含和标志着欧盟政治身份的转变——它不再是目前这个享有少量功能性权限、仅具有超国家性质的政治实体，而是更趋近于一个拥有独立主权的联邦制国家。在欧洲制宪一直危机不断、欧盟与成员国权限划分日趋严格的政治现实下，大陆模式在可预见的未来是行不通的。

美国法律家开创的“法律重述”和以《统一商法典》为代表的示范法传统，创造了一种独特的法典化模式。它由民间机构推进，试图凭借其制作的法律文本的“理性权威”（即合理性、说服力）而非“权力强制”（即官方权威）获得广泛的社会接受性，从而渐进地发展为正式立法。这种技术被《联合国国际货物销售合同公约》(CISG)、《国际商事合同原则》运用后，成功地发展出一种国际“法律重述”传统。这种传统又通过兰多委员会影响到整个欧洲法典化事业。

在一方面缺乏权限另一方面又亟需解决法律多样化这个问题上，欧盟与美国有惊人的类似。无怪乎欧洲学者在大陆模式行不通的情况下，会自然而然地仿效美国模式解决问题。因此，欧洲法典化不是传统意义上的法典化，而是一种经过变通的普通法意义上的法典化。它从解决社会合法性问题入手，试图以“示范法典”或“法律重述”的形式渐进而温和地实现法典化目标（理想的结果是解决形式合法性问题，制定一部正式的《欧洲民法典》）。

在法典化的最终目标上，激进派主张实行一元化，即缔造出一部单一法典，取代成员国法律中的相应部分。温和派则主张多元化，反对欧盟机构强制实施有约束力的法典，而赞同构造一部“软性法典”补充而不是替代成员国法律，与现行近30种国家法律体系并行不悖，任由合同当事人选择。无论如何，学者们的共同认识是：法典化是一个长期的过程，必须分阶段进行，目前由于欧盟缺乏编纂民法典的权限，而且这部重要的法典需要立足于详尽的比较研究和充分的知识储备，因此较为适度和现实的目标是在比较研究的基础上制作核心的“欧洲财产关系法原则”，为新阶段的法典化奠定基础，无论其结果是软法典还是硬法典（这取决于未来的政治—社会环境）。

2. 构造法典蓝本

构造法典蓝本，以便给政治家和利益团体提供一个立法基础，是推动法典化事业的首要任务。欧洲有几个重要的学术团体从事这方面的工作，主要有：兰多委员会及其后继者欧洲民法典研究组（Study Group on a European Civil Group）、欧盟私法研究组（Research Group on Existing EC Private Law，简称 Acquis Group）、帕维亚研究组（Pavia Group）等。其中，兰多委员会和欧洲民法典研究组影响力最大，这两个团体一脉相承，追求相同的目标，即在广泛的比较研究的基础上，从各种法律秩序中提取具有普遍性的规则，运用法律重述技术制作具有体系性的法律文本，为未来的法典编纂奠定基础。这类文本按惯例被通称为“法律重述”或“原则”，概指通过比较研究形成的具有重述风格的软法。①

兰多委员会的工作目标是制作欧洲合同法的“原则”，并从 1995 年开始相继推出三卷《欧洲合同法原则》，最后一卷于 2001 年完成。《原则》仅处理一般合同法即合同法总则部分，而不涵盖特殊合同及非合同事项。自其出版后赢得了崇高的国际声望，不仅被全世界学术著作广泛借鉴和参考，而且被欧洲几个最高法院（尤其是西班牙、葡萄牙、瑞典和英国）引用，还对合同法领域的国家立法产生了重要影响。

欧洲民法典研究组则以《欧洲合同法原则》为出发点，研制一般合同法之外的债法原则。主要包含三个领域的法律：特殊类型的合同、非合同之债（侵权法、不当得利和无因管理）以及动

---

① “比较研究”意味着其法源不限于欧盟现行法（实在法），还包括成员国法、国际惯例等其他渊源；“重述风格”是指这类文本采用了美国法律重述的形式，通常由“黑体字规则”（Black-Letter Rules，类似法典条文）、评注（类似立法理由）、示例、比较性索引（列明规则的来源及其与成员国法的联系）等几部分组成。令人费解的“原则”（Principles，国内译为“通则”）是兰多委员会沿袭《国际商事合同原则》的用法，意指不具有法律效力的一般规则，用以区别具有官方权威的实在法。

产所有权的转让和担保。研究组计划首先出版各个部分的“原则”，齐备后再出版包括《欧洲合同法原则》在内的统一版本。这个统一本预期成为一部完整的《欧洲债权法典》的模本。

值得一提还有欧盟私法研究组，它的目标是分析欧盟现行的次级立法和欧洲法院的司法判决，从中提炼出一套连贯的合同法规则，从而直接借助欧盟立法的形式合法性，为其法律文本博取优势地位。

3. 缔造欧洲法律文化

还有一批学者通过学术研究和法律教育等“自下而上”的方法，循序渐进地缔造欧洲法律文化，依靠这只“无形的手”（相对于“有形的”法典文本）推动欧洲私法统一。

法学研究的目的是试图用足够宽广的概念来包涵不同法律体系，构造一种通行欧洲的法律语言。这方面最突出的当属“欧洲私法共同核心项目”（Common Core of European Private Law Project）。该项目旨在详细解释各成员国的合同法、侵权法和财产法的主要概念，揭示各个私法制度中的共同特征，其最终目标是培育共同的欧洲法律文化。一系列旨在推动“欧洲共同法”的法学著作也引人瞩目，它们试图从欧洲角度理解共同私法这一整体领域，培养“共同欧洲思维方式”。①

法学教育旨在通过培养欧洲一体化法学人才来推动各国法律文化趋向统一。专家们以比较方法研究不同法律体系的异同点，然后以欧洲为视角把知识传授给学生，让其将所学应用于实践。目前已经建成几所“欧洲法学院”，围绕比较法、国际法和欧洲法而不是内国法开设课程，培育“欧洲共同法”理念。传统法学

① ［德］克里斯蒂安·冯·巴尔著，张新宝译：《欧洲比较侵权行为法》（上卷），法律出版社，2001年版，德文版序。

院则突破以国家法为中心的教学模式，纷纷设立各种有利于培养欧洲法律文化的课程。

四、欧盟对法典化的推动

进入21世纪，掌握实权的欧盟委员会和理事会开始对法典化议题做出积极反应，成为这场运动的主导角色。此前，由于欧洲议会的有名无实，它发表的两份决议并没有被严肃地视为欧盟的官方立场，也没有引起委员会和理事会的回应。1999年，欧盟理事会坦佩雷会议的召开扭转了时机。会议强调，“在一个真正的欧洲司法领域，不能让成员国法律的不统一或复杂性妨碍个人及商业机构行使权利”，并号召“就是否需要趋同成员国的民事立法，以消除民事行为顺利运行的障碍，展开全面调研。”[①] 此后，欧洲议会接连做出决议，委员会发布系列重要通报，理事会进一步召开峰会，成员国政府和首脑纷纷发表宣言和评论，热烈商讨此事。其中，掌握立法提案权的委员会相继发表三份关于欧洲合同法的通报，正式拉开了欧盟试图编纂欧洲私法的帷幕。

（一）关于欧洲合同法的三份通报

1. 2001年通报

2001年，为了回应坦佩雷理事会的决议，委员会发布了

① Conclusions of the Tampere European Council (15 and 16 October 1999), available at http://www.europarl.eu.int/summits/tam_en.Htm#b, last accessed on 15 January 2010.

《关于欧洲合同法的通报》，[①] 就如下两个问题广泛征求意见：一是各国合同法体系之间的差异是否阻碍了内部市场的顺利运行；二是如果确实存在阻碍，那么应该采取如下哪种解决方案：方案1，不采取行动，将问题留给市场解决；方案2，促进共同合同法原则的研制，引导国家法更加趋同（“法律重述”方案）；方案3，改善欧盟法的质量（“改善立法”方案）；方案4，在欧盟层面上采取新的“综合性立法”（Comprehensive Legislation，“法典编纂”方案）。

2. 2003年通报

2003年，委员会在听取反馈意见的基础上，再次以通报形式推出了《关于更连贯的欧洲合同法的行动计划》。[②] 在这份文件中，委员会断定，各国合同法体系之间的差异以及欧盟立法的不连贯确实阻碍了内部市场的顺利运行，因而应该采取行动。为了形成较为连贯的欧洲合同法，《行动计划》决定保留当前立法运用的“特定部分解决办法”；同时提议采取措施：第一，增进欧洲合同法的连贯性；第二，进一步论证合同法领域中的问题是否需要采用“选择性法律文件”（Optional Instrument）这样的“非特定部分解决办法”。通报中极具技术官僚色彩的用语旨在淡

① Communication from the Commission to the Council and the European Parliament on European Contract Law，COM（2001）398 final，July 11，2001；（2001）O. J. C255/1，Sep. 3，2001.

② Communication from the Commission to the European Parliament and the Council—A More Coherent European Contract Law-An Action Plan，COM（2003）68 final（12.2.2003）.

化法典化的政治色彩，[1] 它们其实对应了学者们论证过的方案。“非特定部分解决办法”和上述的“综合性立法”是法典编纂的迂回说法；“选择性法律文件”即一部软性的《欧洲民法典》，这里的“选择性”指的是合同当事人（而非成员国）原则上享有在各种法律体系之间进行选择的自由；尤其是当从事跨国交易的当事人不愿适用他们其中一方或第三国的法律时，可以用“选择性法律文件”管辖他们的合同。

引人注意的是，《行动计划》决定研制一份新文件——“共同参考框架”（Common Frame of Reference），试图借助它融合“法律重述”方案和“改善立法”方案，作为实现上述两项措施的手段和基础。

3. 2004 年通报

2004 年，委员会再次发布通报《欧洲合同法与欧盟法的修订：前进路线》，[2] 强调要借助《共同参考框架》（简称《框架》）增强欧盟法的连贯性，并进一步讨论在《框架》的基础上采用一份或多份“选择性法律文件”的适宜性；此外，还列举了《框架》的结构样本，详细讨论了“选择性法律文件”的限定因素。前者可视为委员会立法规划的短期目标，后者则是长期目标。这份通报详细阐述了《共同参考框架》。拟议的《框架》暂时是一份不具约束力的法律文件。它将从成员国合同法、欧盟法和国际统一法文件中提取最佳解决办法。其结构包括三部分：第一部分

---

① 有学者指出，“给意义深远的法律概念穿上一件无辜的外衣，是欧盟委员会的拿手好戏”（Hans. W. Micklitz，Failure or Ideological Preconceptions-Thoughts on Two Grand Projects：The European Constitution and the European Civil Code，European University Institute Working Paper，Law Department，2010/04，p. 12）。

② Communication from the Commission to the European Parliament and the Council — European Contract Law and the revision of the acqius：the way forward，COM (2004) 651 final (11. 10. 2004)．

综述欧洲合同法的共同的基本原则（包括特定情况下这些原则的限制适用），例如合同自由原则以及为保护消费者权益而做出的强制性规定；第二部分以诸如“合同”、“损失”等关键概念的定义支持这些原则；第三部分以基本原则和关键概念的定义为基础，制作合同法的示范规则。

至此，委员会关于欧洲合同法的三份通报最终落实为一项具体方案——《共同参考框架》。这份拟议的法律文件将利用已有的研究成果进行研制，从而将欧盟立法规划与学界的法典化工程汇聚在一起，成为这场运动的焦点。

（二）《共同参考框架》的起草

2004 年底，委员会启动了《框架》的准备工作，预定 2007 年完成基础研究，2008—2009 年进入起草阶段，2009 年完成并正式启用。

《框架》的起草需要对欧盟及成员国的法律制度进行详尽的比较研究，在分析和评价的基础上提炼“最佳解决办法”。面对如此繁重的任务，委员会自然不会另起炉灶，因而把起草工作委托给几个重要的学术团体组成的“杰出专家工作组”（Network of Excellence），并由欧洲民法典研究组和欧盟私法研究组担任领导工作。

与此同时，委员会成立了包括消费者、实业界和职业界有关专家组成的“《共同参考框架》协会”（CFR-net），保证各方利害关系人广泛参与，从实践角度给起草工作提供信息。此外，还成立了各政府专家组成的团体代表成员国，从国家角度提供信息。

(三)《共同参考框架草案》

经过3年的紧张准备，2007年底《共同参考框架草案》初稿如期完成。2008年上半年，《草案》初稿由其它学术团体组成的“评估组”(Evaluative Groups)进行评论；同年底，修订后的《草案》提交给了欧盟委员会。[①]

《草案》遵循法律重述风格，试图综合欧盟及其成员国法律，形成一套连贯的欧洲私法规则。范围超出了委员会关于“欧洲合同法”的规划，不仅包括一般合同和特殊合同法，还包括无因管理、不法行为、不当得利等非合同之债以及小部分动产法。《草案》的核心部分“示范规则”结构上分为10编，编下依次分为章、节、分节和条款。[②] 其来源主要有三部分：一是经过修订的兰多委员会的《欧洲合同法原则》，收录于《草案》第2、3编；二是欧洲民法典研究组刚刚完成的系列《欧洲法原则》，构成《草案》的其余几编；三是欧盟私法研究组的学术成果，其主要内容来源于消费者合同指令，反映于《草案》第1、2编，来源于其他指令的规定则散见于其余各编。

《草案》汇集和整合了法典化运动中涌现出来的杰出的法典

---

① 2009年2月，起草者将修订后的《草案》以出版物的形式公布给全社会征求意见，全名为《欧洲私法的原则、定义和示范规则：共同参考框架草案》(概要版)。本文依据的就是这个版本(C. Von Bar, E. Clive and H. Schulte-Nolke el. eds., *Principles, Definitions and Model Rules of European Private Law: Draft Common Frame of Reference*, Outline Edition, Sellier, 2009)。

② 第1编是关于整个文本如何使用的“一般规定”，第2编是“合同与其他法律行为”，第3编是“债及相应权利”，第4编是“特殊合同及其权利和义务”，第5编是“善意干涉他人事务”，第6编是“损害他人引起的非合同责任”，第7编是“不当得利”，第8编是“货物所有权的获得和丧失”，第9编是“动产所有权的担保”，第10编是“信托”。

文本，性质上是欧洲法学者的一部学术创制，因此又名“共同参考框架学术稿”（Academic Common Frame of Reference），目的是为下一步的欧盟立法，特别是未来的“欧洲民法典”或“欧洲合同法典”提供基础。尽管为了避免政治难题，欧盟委员会一再保证它不会制定一部“欧洲民法典”，官方和学界领导人都尽量以技术性用语（如“选择性法律文件”、“法律重述”、“共同参考框架”等）来掩盖法典化实质，然而《草案》本质上是一套覆盖核心的私法领域、具有系统性和综合性的规则体系，符合一部法典的全部要求，因此被称为一部“不具名的《欧洲民法典》”[①]。

（四）有待确定的法律地位

按照原来的规划，《共同参考框架》完成后，欧盟委员会将在2009年讨论决定其法律地位。这里存在三种可能性：一是以此为基础颁布一部《欧洲民法典》或《欧洲合同法典》；二是充当欧盟未来立法的“工具箱”；三是被采纳为一份或多份“选择性法律文件”。

由于民法典方案从一开始就遭到普遍质疑，委员会只得放弃这个选项。所以，《框架》暂时不会被颁布为一部具有约束力的硬性法典，从而取代现行的国家法律体系。这样一部法典仍然是学者和政治家的长期目标。

《框架》比较现实的一个目标是充当欧盟未来立法的工具箱，即服务于立法者的一本指南，用以指导现行法律的修订和新立法的起草。有学者指出，充当“工具箱”的《框架》虽然不具法典

① Nils Jansen and Reinhard Zimmermann, “A European Civil Code in all but Name: Discussing the Nature and Purposes of the Draft Common Frame of Reference”, *Cambridge Law Journal*, Vol. 69, No. 1, 2010, p. 98.

之名，却具备法典的实质效力。一旦《框架》被采纳为欧盟未来立法的“工具箱”，委员会将以它为“矫正器”修订现行法令，并根据它提供的连贯体系制定新指令，新指令将与《框架》一起构成一个完整而统一的体系。指令构成这个体系的有约束力的部分，不具约束力的《框架》则是这体系的基座，与生效的欧盟法彼此呼应，相互补充。如果不参考作为软法部分的《框架》，就不可能彻底理解生效部分的意义。[①]

除了可被用作未来立法的“工具箱”外，《框架》还有可能被采用为一份或多份“选择性法律文件”，性质上是没有约束力的软性法典。在这种情况下，《框架》可视为欧盟范围内的第 28 个法律体系，它不会取代成员国现行法律，而是与 27 个成员国的法律体系并行不悖、相互竞争。通过这种方法，《框架》有望以法律文本的内在质量获得普遍接受，从而渐进地发展为正式法典。

然而，就在《框架》的准备过程中，2005 年《欧洲宪法条约》遭到否决，于是整个政治氛围变得不利于法典化事业。在此背景下，欧盟委员会不得不大幅缩减原来的立法规划，暂时只优先考虑修订消费者合同法领域中的 8 个指令，而不愿在欧洲宪法问题解决之前，明确讨论《框架》的形式、性质、生效日期等事项。因此，对《框架》的政治性决定没有按原定计划确定下来。然而，这并不意味着欧洲民法典计划遭到失败，它将与“欧宪”改头换面为《里斯本条约》一样，以其他名目呈现于欧盟的政治议程上。

不过，无论欧洲政治前景如何，都改变不了《共同参考框架

---

① Hugh Beale, “The European Civil Code Movement and the European Union's Common Frame of Reference”, *Legal Information Management*, Vol. 6, 2006, p. 9.

草案》事实上的权威地位，它虽然不是与国家法典和欧盟法意义相同的“有效法律”（Valid Law），但是它将享有高度的、甚至超越《欧洲合同法原则》的学术权威甚至法律权威，成为一个真正的欧洲合同法的基础和法律渊源。法典化运动将在这个新基点上继续推进。

五、欧洲法典化的显著特点

欧洲法典化运动不同于传统的法典编纂，它超越民族国家的界限，在欧洲层面上展开，其涉及范围之广、面临问题之复杂都非以往任何一次法典编纂所能比拟。由于处在两个一体化的夹缝中，这场仍在进行的运动表现出如下三个相互关联的特点：

首先，它发生在法律全球化的背景下，具有明显的超国家化或欧洲化特征。传统私法的效力和合法性都来源于国家，欧洲私法的出现和法典化则体现了法律全球化的趋向，标志着私法超越了民族国家的界限，不再是国家的产物。这场运动可视为欧盟这个超国家的政治权威试图全面控制大部分私法领域，并将代替民族国家成为私法有效性的最终基础。这表明民族国家的权力正向欧盟这个全球化机构转移。

法律的超国家化源于经济全球化和欧洲内部市场产生的私法一体化的要求和压力，它要求去除国家边界，将有关统一市场的立法权转移给欧盟。然而，政治一体化的滞后却使欧盟并不拥有充分的立法权。于是，欧洲法典化不能通过传统的立法手段实现，而不得不在当前社会现实的局限下，采用一套新的造法思路和技术来解决上述矛盾。

其次，由于缺乏可靠的法律基础，欧洲法典化不得不通过

“自下而上”的建构方法进行，从而表现出明显的“民间化”特点。“民间造法”（Private Lawmaking）是这场运动的一个突出现象。表面上看，由于欧盟在私法事务上不具备充分的立法权限，法典化不可能单纯依靠政治力量一蹴而就地实现，学术共同体因而在其中起着“发动机”的作用。不过，从法律发展的历史经验来看，法典编纂从来就没有单纯地局限于政治领域，而是“一种特殊的发端于法律科学的历史现象”[①]，其目的主要是重新整理私法，使之理性化和系统化。同样，欧洲法典化也不纯粹依赖欧盟，而主要立足于学术共同体的支持及其对一个统一的欧洲私法体系的追求。在这个过程中，大量的民间团体成为法律的创制者和塑造者，其结果就是出现了一种不以国家强力为后盾的民间化了的私法。因此，这次法典化不仅可视为欧盟政治家试图统一和控制私法的一次尝试，而且也是欧洲法学者通过法典编纂的方法私立地统一私法的学术事业的一种延续和发展。

如今，除不具有正式的法律效力外，“欧洲民法典”几乎呼之欲出，其范围、内容、结构、形式等实质方面都来自学术共同体的创造。诸如《欧洲合同法原则》和《共同参考框架草案》这样的“民间法典”外观上非常类似正式立法。它们以现代法典的形式起草，试图发展出一种通行于欧洲的法律话语，供其接受者适用，并凭借其“理性权威”已经或即将被普遍接受，从而渐进地发展为正式的法律。在这种复杂的动态下，民间制作的法典获得了权威性文本的地位，距离正式的民法典仅一步之遥。

最后，欧洲法典化表现出显著的软法化特点。迄今为止，支持法典化运动的欧盟机构以及学界领导人都避而不谈高度敏感的

---

① Reinhard Zimmermann, “Codification: History and Present Significance of an Idea”, *European Review of Private Law*, Vol. 3, 1995, p. 98.

权限问题，以免这项工程会像走“自上而下”路线的“欧宪”那样遭受挫折。相反，他们试图通过“自下而上”的建构方法达到目标，这就必然造成了法典化的另一个特点——软法化。

“民间造法”自然不具有正式的法律效力，仅凭其内在合理性有望获得实质的效力，这种软法性特征自不待言。更主要的软法化特征表现在欧盟委员会的立法策略上，它倾向于采用软法措施而不是正式立法来处理法典化问题，旨在避免因自上而下地施加一部法典而伤害成员国的民族情感，从而导致法典化陷入僵局。从上文分析可见，无论是把《框架》用作“工具箱”还是“选择性法律文件”，其实质都是没有法律约束力的“软法”。

欧盟委员会的这种做法其实由来已久。过去几十年，特别是自 1993 年引入从属性原则以来，欧盟比过去更多地限制使用条例和指令之类的硬法措施，而有意识地采用软法措施，来表明它尊重成员国的立法权威。当欧盟的某个政策处于其权限边缘时，它尤其倾向于使该政策经历一段由“软”到“硬”的过渡时期，以不具约束力的措施作为正式立法的前奏，避免采取激进行动导致其政策一开始就胎死腹中。

软法具有灵活性、动态性、渐进性的优点，“虽然原则上不具有法律约束力，然而会产生实际的效果”，[1] 可以成为富有说服力的指南，帮助欧盟或成员国解释它们采用的其他措施，还可以影响这些主体的行为。无论是《欧洲合同法原则》、《共同参考框架草案》等民间性法律文本，还是欧盟委员会打算采用的“选择性法律文件”，都直接诉诸合同当事人自治，试图以其内在品质和普遍接受性产生实际的法律效力。相对于具有垄断性和官僚政治色彩的国家法，这类软法能够更快捷、更灵活、更有效地应

① Jo Shaw, *Law of the European Union*, 3rd edition, Palgrave, 2000, p. 449.

对国际市场的需求。它们的异军突起一方面减轻了经济全球化对传统私法体系造成的结构性压力，使其不致因为疲于应对新的需要而变得过分复杂；另一方面又对传统的法律有效性和合法性观念形成挑战，使人们有必要对这些问题进行重新思考。

书 评

当国际政治遇到能源

——评《世界能源政治与中国国际能源合作》一书

朱雯霞*

由于社会的发展变迁无形中扩大了我们的政治视域，能源政治也成为了当前国际政治场域中的重要议题。利用和开发能源是人类得以生存和发展的重要基础和条件。迄今为止，人类社会已经走过了薪柴时代、煤炭时代及至现今的油气时代并逐步向着新能源时代迈进。现代社会，能源的掌握与否在很大程度上决定了社会的发展与否。也因此，本身并不具有政治属性的能源产品成为了能影响国际关系、世界经济和全球战略格局走向的要素之一。这也就是由上海社会科学院欧亚研究所余建华研究员领衔所著的《世界能源政治与中国国际能源合作》（长春出版社，2011年5月版）论述命题成立的先决条件。该书的作者在观察当代国际关系发展的过程中注意到了从海湾战争到“9·11”事件以及

* 朱雯霞，上海社会科学院当代中国政治研究中心助理研究员。

当下的世界金融危机，每一次的重大国际事变都引起了世界市场油气价格的剧烈波动。能源产品价格的波动继而又对全球政治经济发展造成了严重的影响。因此，该著作将能源植入国际政治经济学研究范式，具体剖析了国际关系中的能源因素及中国的应对。

该书运用地缘政治学、相互依存理论、非传统安全论等相关国际关系理论，为整部著作的分析构架了多维的理论框架，提出新的国际能源政治格局的主流既竞争又协作，各国“相互依赖与合作”的世界能源态势日渐形成，国家间的能源关系正在从早期的“零和博弈”模式转向多赢合作模式。同时，在以最新数据对全球能源供需格局进行白描式的勾勒之后，作者指出从“北非的马格里布经中东的海湾到中亚里海和俄罗斯”形成的“世界油气资源心脏带”与亚太、北美和欧洲构成的世界能源主要消费区之间具有结构性的世界能源供需矛盾。这个矛盾使得国际能源政治格局必然具有难以回避的竞争性。

但作者又注意到，全球化所带来的相互依存为能源供给者与需求者及其内部之间的相互合作提供了可能和路径。该书通过分国别对外能源战略的个案分析，发现无论是产油国还是油气进口国，各国越来越重视基于能源的区域性合作和双边合作。作者认为，这种竞争与合作并存的世界能源政治格局为中国实施“全方位、多元化、机制化、长期化、互利共赢”的对外能源合作战略、确保国家能源安全提供了有利条件。针对保障中国国家能源安全，拓展国际能源合作战略，该书着墨甚多，提出了在全球一体化进一步深化的形势下，我国石油企业“走出去”战略的实施必须借助国家政治、外交、财政金融等多方面的支持，通过政府、外交界甚至学术界等多方管道，协调好与资源国及其所有的国家石油公司的关系，实行资源开发与对外经济合作、援助的有机结合，构建全面的战略合作关系。通过构建全方位的、多层次的、区域与双边并存的国际能源合作，建立中国安全稳定的能源保障体系。

以能源为视角关注国际政治并非为该书作者所首创，相关的学术著作近年来所见不少。然该书以多维理论视角研究国际能源政治，结合中国能源保障，以战略的高度对国际能源合作进行细致的分析和论证却是不多见的学术尝试。同时，该书在论述当下国际能源政治的过程中，常常笔锋一转回溯到历史，“以史照今”使得《世界能源政治与中国国际能源合作》一书具有相当的历史底蕴。这种历史与现代兼顾的论述方式和行文习惯，使得读者在阅读时，不由滋生一种在历史中遇见当下的快感。该书行文的另一特点就是理论分析与典型案例分析兼具。在进行地缘政治学、国际关系学、经济学、外交学等多学科整合理论研究的同时，通过对具体国别、地区的个案剖析，将理论演绎与翔实的材料分析有机结合，使得全文论证更富逻辑性和说服力。

当然，著作所表达的学术论点仅仅代表一家之言，仍然存在学术争鸣的空间，有的观点和表述也需要进一步的商榷。该书虽然在行文过程中对新能源有所涉猎，但在篇幅上远不能与传统油气能源相比；该书虽然针对中国国际能源合作战略的实施提出了诸多政策建议，然细究之下，这些建议在国际能源形势动态建构中具体实施的可操作性上仍略显不足。但总体而言，《世界能源政治与中国国际能源合作》一书仍不失为一部比较优秀的国际政治著作，其为国际能源格局的总体把握、中国能源安全和“走出去”战略的研究提供了新的视角，为批驳“中国能源威胁论”、倡导新能源安全观提供了较为翔实的学理依据。

图书在版编目（CIP）数据

地缘关系与区域秩序的建构/上海社会科学院世界经济与政治研究院编. —北京：时事出版社，2011.11

ISBN 978-7-80232-480-0

Ⅰ.①地… Ⅱ.①上… Ⅲ.①地缘政治学—研究 Ⅳ.①D5

中国版本图书馆 CIP 数据核字（2011）第 214391 号

出版发行：时事出版社
地　　址：北京市海淀区万寿寺甲 2 号
邮　　编：100081
发行热线：（010）88547590　88547591
读者服务部：（010）88547595
传　　真：（010）68418647
电子邮箱：shishichubanshe@sina. com
网　　址：www. shishishe. com
印　　刷：北京百善印刷厂

开本：787 × 1092　1/16　印张：25. 5　字数：305 千字
2011 年 12 月第 1 版　2012 年 3 月第 2 次印刷
定价：64. 00 元
（如有印装质量问题，请与本社发行部联系调换）